시작
토익

LC+RC

시작 토익
LC+RC

초판 1쇄 인쇄 2023년 2월 10일
초판 1쇄 발행 2023년 2월 17일

지 은 이 | 파고다교육그룹 언어교육연구소
펴 낸 이 | 박경실
펴 낸 곳 | **PAGODA Books** 파고다북스
출판등록 | 2005년 5월 27일 제 300-2005-90호
주   소 | 06614 서울특별시 서초구 강남대로 419, 19층(서초동, 파고다타워)
전   화 | (02) 6940-4070
팩   스 | (02) 536-0660
홈페이지 | www.pagodabook.com

저작권자 | ⓒ 2023 파고다아카데미

ISBN 978-89-6281-893-2 (13740)

파고다북스   www.pagodabook.com
파고다 어학원   www.pagoda21.com
파고다 인강   www.pagodastar.com
테스트 클리닉   www.testclinic.com

❚ 낙장 및 파본은 구매처에서 교환해 드립니다.

시작 토익

LC+RC

LC

Point + Check up

토익 기출 유형 중 반드시 알아야 할 핵심 포인트만 정리한 부분입니다. 시험에 출제된 예문들과 함께 학습한 후, Check up 문제를 통해 복습해보세요.

기출 유형 풀어보기

Point에서 학습한 내용이 실전 문제에서는 어떻게 적용되는지 단계별로 확인해보세요. 보다 높은 점수 달성을 위해 반드시 알아야 할 부분, 암기해야 할 부분들을 중점적으로 정리했습니다.

실전 문제 풀어보기

최신 출제 경향을 반영한 다양한 문제를 풀어 보며 실전에 대한 두려움은 없애고, 실전 감각을 높이는 훈련을 해보세요.

MP3는 파고다북스 홈페이지(www.pagodabook.com)에서 다운로드하실 수 있습니다.

RC

Point + Check up

토익 기출 문법 중 반드시 알아야 할 기초 문법을 정
리한 부분입니다. 기초 문법을 학습한 후, Check up
문제를 통해 복습해보세요.

단서 보며 풀어보기

Point에서 학습한 내용이 실전 문제에서는 어떻게 적
용되는지 확인해보세요. 답을 고르는 데 어려움이 있
다면, 제시된 단서를 보고 앞서 학습한 부분으로 다시
돌아가 복습해보세요.

실전 문제 풀어보기

최신 출제 경향을 반영한 다양한 문제를 풀어 보며 실
전에 대한 두려움은 없애고, 실전 감각을 높이는 훈련
을 해보세요.

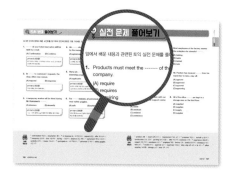

목차

LC

RC

토익이란?

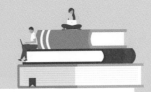

TOEIC(Test of English for International Communication)은 영어가 모국어가 아닌 사람들을 대상으로 일상생활 또는 국제 업무 등에 필요한 실용 영어 능력을 평가하는 시험입니다.

상대방과 '의사소통할 수 있는 능력(Communication ability)'을 평가하는 데 중점을 두고 있으므로 영어에 대한 '지식'이 아니라 영어의 실용적이고 기능적인 '사용법'을 묻는 문항들이 출제됩니다.

TOEIC은 1979년 미국 ETS(Educational Testing Service)에 의해 개발된 이래 전 세계 160개 이상의 국가 14,000여 개의 기관에서 승진 또는 해외 파견 인원 선발 등의 목적으로 널리 활용하고 있으며 우리나라에는 1982년 도입되었습니다. 해마다 전 세계적으로 약 700만 명 이상이 응시하고 있습니다.

▶ 토익 시험의 구성

	파트	시험 형태		문항 수	시간	배점
듣기 (LC)	1	사진 묘사		6	45분	495점
	2	질의응답		25		
	3	짧은 대화		39		
	4	짧은 담화		30		
읽기 (RC)	5	단문 공란 메우기 (문법/어휘)		30	75분	495점
	6	장문 공란 메우기		16		
	7	독해	단일 지문	29		
			이중 지문	10		
			삼중 지문	15		
계		7 Parts		200문항	120분	990점

1979 첫 토익

2006 NEW 토익

2016 신 토익

Present

토익 시험 접수와 성적 확인

토익 시험은 TOEIC 위원회 웹사이트(www.toeic.co.kr)에서 접수할 수 있습니다. 본인이 원하는 날짜와 장소를 지정하고 필수 기재 항목을 기재한 후 본인 사진을 업로드하면 간단하게 끝납니다.

보통은 두 달 후에 있는 시험일까지 접수 가능합니다. 각 시험일의 정기 접수는 시험일로부터 2주 전에 마감되지만, 시험일의 3일 전까지 추가 접수할 수 있는 특별 접수 기간이 있습니다. 그러나 특별 추가 접수 기간 에는 응시료가 4,800원 더 비싸며, 희망하는 시험장을 선택할 수 없는 경우도 발생할 수 있습니다.

성적은 시험일로부터 12~15일 후에 인터넷이나 ARS(060-800-0515)를 통해 확인할 수 있습니다.

성적표는 우편이나 온라인으로 발급받을 수 있습니다. 우편으로 발급 받을 경우는 성적 발표 후 대략 일주일이 소요되며, 온라인 발급을 선택 하면 유효 기간 내에 홈페이지에서 본인이 직접 1회에 한해 무료 출력할 수 있습니다.

시험 당일 준비물

시험 당일 준비물은 규정 신분증, 연필, 지우개입니다. 허용되는 규정 신분증은 토익 공식 웹사이트에서 확인하시기 바랍니다. 필기구는 연필 이나 샤프펜만 가능하고 볼펜이나 컴퓨터용 사인펜은 사용할 수 없습니다. 수험표는 출력해 가지 않아도 됩니다.

시험 진행 안내

시험 진행 일정은 시험 당일 고사장 사정에 따라 약간씩 다를 수 있지만 대부분 아래와 같이 진행됩니다.

▶ 시험 시간이 오전일 경우

AM 9:30~9:45	AM 9:45~9:50	AM 9:50~10:05	AM 10:05~10:10	AM 10:10~10:55	AM 10:55~12:10
15분	5분	15분	5분	45분	75분
답안지 작성에 관한 Orientation	수험자 휴식 시간	신분증 확인 (감독 교사)	문제지 배부, 파본 확인	듣기 평가(LC)	읽기 평가(RC) 2차 신분증 확인

* 주의: 오전 9시 50분 입실 통제

▶ 시험 시간이 오후일 경우

PM 2:30~2:45	PM 2:45~2:50	PM 2:50~3:05	PM 3:05~3:10	PM 3:10~3:55	PM 3:55~5:10
15분	5분	15분	5분	45분	75분
답안지 작성에 관한 Orientation	수험자 휴식 시간	신분증 확인 (감독 교사)	문제지 배부, 파본 확인	듣기 평가(LC)	읽기 평가(RC) 2차 신분증 확인

* 주의: 오후 2시 50분 입실 통제

파트별 토익 소개

PART 1 PHOTOGRAPHS
사진 묘사 문제

PART 1은 제시한 사진을 올바르게 묘사한 문장을 찾는 문제로, 방송으로 사진에 대한 4개의 짧은 설명문을 한번 들려준다. 4개의 설명문은 문제지에 인쇄되어 있지 않으며 4개의 설명문을 잘 듣고 그중에서 사진을 가장 정확하게 묘사하고 있는 문장을 답으로 선택한다.

문항 수	6문항(1번 ~ 6번에 해당합니다.)
Direction 소요 시간	약 1분 30초(LC 전체 Direction 약 25초 포함)
문제를 들려주는 시간	약 20초
다음 문제까지의 여유 시간	약 5초
문제 유형	1. 1인 중심 사진 2. 2인 이상 사진 3. 사물/풍경 사진

▶ 시험지에 인쇄되어 있는 모양

1.

▶ 스피커에서 들리는 음성

Number 1. Look at the picture marked number 1 in your test book.

(A) They're writing on a board.
(B) They're taking a file from a shelf.
(C) They're working at a desk.
(D) They're listening to a presentation.

정답 **1.** (C)

PART 2

QUESTION-RESPONSE
질의응답 문제

PART 2는 질문에 대한 올바른 답을 찾는 문제로, 방송을 통해 질문과 질문에 대한 3개의 응답문을 각 한 번씩 들려준다. 질문과 응답문은 문제지에 인쇄가 되어 있지 않으며 질문에 대한 가장 어울리는 응답문을 답으로 선택한다.

문항 수	25문항(7번 ~ 31번에 해당합니다.)
Direction 소요 시간	약 25초
문제를 들려주는 시간	약 15초
다음 문제까지의 여유 시간	약 5초
문제 유형	1. 의문사 의문문 - Who/When/Where - What/Which - How/Why 2. 비의문사 의문문 - Be/Do/Will/Have/Should/May - 부정/부가/간접/선택 - 제안문·요청문/평서문

▶ 시험지에 인쇄되어 있는 모양

7. Mark your answer on your answer sheet.

▶ 스피커에서 들리는 음성

Number 7. How was the English test you took today?

(A) I took the bus home.
(B) I thought it was too difficult.
(C) I have two classes today.

정답 7. (B)

PART 3

SHORT CONVERSATIONS
짧은 대화 문제

PART 3는 짧은 대화문을 듣고 이에 대한 문제를 푸는 형식으로, 먼저 방송을 통해 짧은 대화를 들려준 뒤 이에 해당하는 질문을 들려준다. 문제지에는 질문과 4개의 보기가 인쇄되어 있으며 문제를 들은 뒤 제시된 보기 중 가장 적절한 것을 답으로 선택한다.

문항 수	13개 대화문, 39문항(32번 ~ 70에 해당합니다.)
Direction 소요 시간	약 30초
문제를 들려주는 시간	약 30~40초
다음 문제까지의 여유 시간	약 8초
지문 유형	- 회사 생활, 일상생활, 회사와 일상의 혼합 - 총 13개 대화문 중 '2인 대화문 11개, 3인 대화문 2개'로 고정 출제 - 주고받는 대화 수: 3~10번
질문 유형	- 일반 정보 문제: 주제·목적, 화자의 신분, 대화 장소 - 세부 정보 문제: 키워드, 제안·요청, 다음에 할 일/일어날 일 - 화자가 그렇게 말한 의도를 묻는 문제(2문제 고정 출제) - 시각 자료 연계 문제(62~70번 사이에서 3문제 고정 출제)

▶ 시험지에 인쇄되어 있는 모양

32. What is the conversation mainly about?
    (A) Changes in business policies
    (B) Sales of a company's products
    (C) Expanding into a new market
    (D) Recruiting temporary employees

33. Why does the woman say, "There you go"?
    (A) She is happy to attend a meeting.
    (B) She is frustrated with a coworker.
    (C) She is offering encouragement.
    (D) She is handing over something.

34. What do the men imply about the company?
    (A) It has launched new merchandise.
    (B) It is planning to relocate soon.
    (C) It has clients in several countries.
    (D) It is having financial difficulties.

▶ 스피커에서 들리는 음성

Questions 32 through 34 refer to the following conversation with three speakers.

M1: How have you two been doing with your sales lately?

W: Um, not too bad. My clients have been ordering about the same amount of promotional merchandise as before.

M2: I haven't been doing so well. But I do have a meeting with a potential new client tomorrow.

W: There you go. I'm sure things will turn around for you.

M1: Yeah, I hope it works out.

W: It's probably just temporary due to the recession.

M2: Maybe, but I heard that the company may downsize to try to save money.

M1: Actually, I heard that, too.

정답 **32.** (B) **33.** (C) **34.** (D)

PART 4

SHORT TALKS
짧은 담화 문제

PART 4는 짧은 담화문을 듣고 이에 대한 문제를 푸는 형식으로, 먼저 방송을 통해 짧은 담화를 들려준 뒤 이에 해당하는 질문을 들려준다. 문제지에는 질문과 4개의 보기가 인쇄되어 있으며 문제를 들은 뒤 제시된 보기 중 가장 적절한 것을 답으로 선택한다.

문항 수	10개 담화문, 30문항(71번 ~ 100번에 해당합니다.)
Direction 소요 시간	약 30초
문제를 들려주는 시간	약 30~40초
다음 문제까지의 여유 시간	약 8초
지문 유형	– 전화 메시지, 회의 발췌록, 안내 방송, 광고 방송, 뉴스 보도, 연설 등
질문 유형	– 일반 정보 문제: 주제·목적, 화자/청자의 신분, 담화 장소 – 세부 정보 문제: 키워드, 제안·요청, 다음에 할 일/일어날 일 – 화자가 그렇게 말한 의도를 묻는 문제(3문제 고정 출제) – 시각 자료 연계 문제(95~100번 사이에서 2문제 고정 출제)

▶ 시험지에 인쇄되어 있는 모양

71. Where most likely is the speaker?
(A) At a trade fair
(B) At a corporate banquet
(C) At a business seminar
(D) At an anniversary celebration

72. What are the listeners asked to do?
(A) Pick up programs for employees
(B) Arrive early for a presentation
(C) Turn off their mobile phones
(D) Carry their personal belongings

73. Why does the schedule have to be changed?
(A) A speaker has to leave early.
(B) A piece of equipment is not working.
(C) Lunch is not ready.
(D) Some speakers have not yet arrived.

▶ 스피커에서 들리는 음성

Questions 71 through 73 refer to the following talk.

I'd like to welcome all of you to today's employee training and development seminar for business owners. I'll briefly go over a few details before we get started. There will be a 15-minute break for coffee and snacks halfway through the program. This will be a good opportunity for you to mingle. If you need to leave the room during a talk, make sure to keep your wallet, phone, and … ah… any other valuable personal items with you. Also, please note that there will be a change in the order of the program. Um… Mr. Roland has to leave earlier than originally scheduled, so the last two speakers will be switched.

정답 **71.** (C) **72.** (D) **73.** (A)

PART 5

INCOMPLETE SENTENCES
단문 공란 메우기

PART 5는 빈칸이 포함된 짧은 문장과 4개의 보기를 주고 빈칸에 들어갈 가장 알맞은 보기를 고르는 문제로, 총 30문제가 출제된다. 크게 문장 구조/문법 문제와 어휘 문제로 문제 유형이 나뉜다.

문항 수	30개 문장, 30문항(101~130번에 해당합니다.)
문제 유형	- 문장 구조 / 문법 문제: 빈칸의 자리를 파악하여 보기 중 알맞은 품사나 형태를 고르는 문제와 문장의 구조를 파악하고 구와 절을 구분하여 빈칸에 알맞은 접속사나 전치사, 또는 부사 등을 고르는 문제 - 어휘 문제: 같은 품사의 4개 어휘 중에서 정확한 용례를 파악하여 빈칸에 알맞은 단어를 고르는 문제
보기 구성	4개의 보기

▶ 시험지에 인쇄되어 있는 모양

어형 문제
≫

101. If our request for new computer equipment receives -------, we are going to purchase 10 extra monitors.

(A) approval   (B) approved
(C) approve   (D) approves

어휘 문제
≫

102. After being employed at a Tokyo-based technology firm for two decades, Ms. Mayne ------- to Vancouver to start her own IT company.

(A) visited   (B) returned
(C) happened   (D) compared

문법 문제
≫

103. ------- the demand for the PFS-2x smartphone, production will be tripled next quarter.

(A) Even if   (B) Just as
(C) As a result of   (D) Moreover

정답 101.(A) 102.(B) 103.(C)

PART 6

TEXT COMPLETION
장문 공란 메우기

PART 6는 4개의 지문에 각각 4개의 문항이 나와 총 16문제가 출제되며, PART 5와 같은 문제이나, 문맥을 파악해 정답을 골라야 한다. 편지, 이메일 등의 다양한 지문이 출제되며, 크게 문장 구조/문법을 묻는 문제, 어휘 문제, 문장 선택 문제로 문제 유형이 나뉜다.

문항 수	4개 지문, 16문항(131~146번에 해당합니다.)
지문 유형	설명서, 편지, 이메일, 기사, 공지, 지시문, 광고, 회람, 발표문, 정보문 등
문제 유형	– 문장 구조 / 문법 문제: 문장 구조, 문맥상 어울리는 시제 등을 고르는 문제 – 어휘 문제: 같은 품사의 4개 어휘 중에서 문맥상 알맞은 단어를 고르는 문제 – 문장 선택 문제: 앞뒤 문맥을 파악하여 4개의 문장 중에서 알맞은 문장을 고르는 문제
보기 구성	4개의 보기

▶ 시험지에 인쇄되어 있는 모양

Questions 131-134 refer to the following e-mail.

To: sford@etnnet.com
From: customersupport@interhosptimes.ca
Date: July 1
Subject: Re: Your Subscription

Congratulations on becoming a reader of *International Hospitality Times*. -------- the plan you have subscribed to,
131.
you will not only have unlimited access to our online content, but you will also receive our hard copy edition each
month. If you wish to -------- your subscription preferences, contact our Customer Support Center at +28 07896
132.
325422. Most -------- may also make updates to their accounts on our Web site at www.interhosptimes.ca. Please
133.
note that due to compatibility issues, it may not be possible for customers in certain countries to access their
accounts online. --------. Your business is greatly appreciated.
134.

International Hospitality Times

문법 문제
▶▶

131. (A) Besides
(B) As if
(C) Under
(D) Prior to

어휘 문제
▶▶

132. (A) purchase
(B) modify
(C) collect
(D) inform

어형 문제
▶▶

133. (A) subscribe
(B) subscriptions
(C) subscribers
(D) subscribing

문장 삽입 문제
▶▶

134. (A) We have branches in over 30 countries around the globe.
(B) We provide online content that includes Web extras and archives.
(C) We are working to make this service available to all readers soon.
(D) We would like to remind you that your contract expires this month.

정답 **131.**(C) **132.**(B) **133.**(C) **134.**(C)

PART 7

READING COMPREHENSION
독해

PART 7은 단일·이중·삼중 지문을 읽고 그에 딸린 2~5문제를 푸는 형태로, 총 15개 지문, 54문제가 출제되어 RC 전체 문항의 절반 이상을 차지한다. 같은 의미의 패러프레이징된 표현에 주의하고, 문맥을 파악하는 연습을 한다. 키워드 파악은 문제 해결의 기본이다.

문항 수	15개 지문, 54문항(147~200번에 해당합니다.)
지문 유형	– **단일 지문**: 이메일, 편지, 문자 메시지, 온라인 채팅, 광고, 기사, 양식, 회람, 공지, 웹 페이지 등 – **이중 지문**: 이메일/이메일, 기사/이메일, 웹 페이지/이메일 등 – **삼중 지문**: 다양한 세 지문들의 조합
문제 유형	– **핵심 정보**: 주제 또는 제목과 같이 가장 핵심적인 내용을 파악하는 문제 – **특정 정보**: 세부 사항을 묻는 문제로, 모든 질문이 의문사로 시작하며 지문에서 질문의 키워드와 관련된 부분을 읽고 정답을 찾는 문제 – **NOT**: 지문을 읽는 동안 보기 중에서 지문의 내용과 일치하는 보기를 대조해서 소거하는 문제 – **추론**: 지문의 내용을 바탕으로 전체 흐름을 이해하며 지문에 직접 언급되지 않은 사항을 추론하는 문제 – **화자 의도 파악**: 화자의 의도를 묻는 문제로, 문자 메시지나 2인 형태의 대화로 출제되며 온라인 채팅은 3인 이상의 대화 형태로 출제 – **동의어**: 주어진 단어의 사전적 의미가 아니라 문맥상의 의미와 가장 가까운 단어를 고르는 문제 – **문장 삽입**: 지문의 흐름상 주어진 문장이 들어갈 적절한 위치를 고르는 문제로, 세부적인 정보보다 전체적인 문맥 파악이 중요한 문제
보기 구성	4개의 보기

▶ 시험지에 인쇄되어 있는 모양

Questions 151-152 refer to the following text message chain.

Naijia Kuti	12:02 P.M.

My bus to Ibadan was canceled due to engine problems, and all other buses to that city are full. I don't know if I can give my presentation at the history conference. What should I do?

Adebiyi Achebe	12:04 P.M.

Not to worry. I'll come pick you up in my car.

Naijia Kuti	12:05 P.M.

I appreciate it! My seminar starts at 5 P.M. As long as we depart from Lagos by 1:30, I'll be able to make it on time.

Adebiyi Achebe	12:07 P.M.

Where should I go?

Naijia Kuti	12:08 P.M.

In front of La Pointe Restaurant, near Terminal Rodoviario. Call me when you're getting close.

151. At 12:04 P.M., what does Mr. Achebe most likely mean when he writes, "Not to worry"?
(A) He has a solution to Ms. Kuti's problem.
(B) He can reschedule a presentation.
(C) He knows another bus will arrive soon.
(D) He is happy to cover Ms. Kuti's shift.

152. What is implied about Ms. Kuti?
(A) She has a meeting at a restaurant.
(B) She is going to be late for a seminar.
(C) She plans to pick up a client at 1:30 P.M.
(D) She is within driving distance of a conference.

정답 **151.**(A) **152.**(D)

Questions 158-160 refer to the following Web page.

http://www.sdayrealestate.com/listing18293

Looking for a new home for your family? This house, located on 18293 Winding Grove, was remodeled last month. It features 2,500 square feet of floor space, with 5,000 square feet devoted to a gorgeous backyard. Also included is a 625 square feet garage that can comfortably fit two mid-sized vehicles. —[1]—. Located just a five-minute drive from the Fairweather Metro Station, this property allows for easy access to the downtown area, while providing plenty of room for you and your family. —[2]—. A serene lake is just 100-feet walk away from the house. —[3]—. A 15 percent down payment is required to secure the property. —[4]—. For more detailed information or to arrange a showing, please email Jerry@sdayrealestate.com.

158. How large is the parking space?
(A) 100 square feet
(B) 625 square feet
(C) 2,500 square feet
(D) 5,000 square feet

159. What is NOT stated as an advantage of the property?
(A) It has a spacious design.
(B) It has been recently renovated.
(C) It is in a quiet neighborhood.
(D) It is near public transportation.

160. In which of the positions marked [1], [2], [3], and [4] does the following sentence best belong?

"A smaller amount may be accepted, depending on the buyer's financial circumstances."

(A) [1]
(B) [2]
(C) [3]
(D) [4]

정답 **158.**(B) **159.**(C) **160.**(D)

LC

Point ❶ 인물의 동작 / 상태 묘사

인물의 동작이나 상태는 주로 현재 진행형 「is/are + 동사원형 + -ing」로 묘사하며, '~하는 중이다'로 해석해요.

미국 🎧 U1-01

✓ 남자가 컴퓨터를 사용하고 있다.

✓ 남자가 타자를 치고 있다.

✓ 남자가 안경을 쓰고 있다.

인물의 동작

He **is using** a computer. 남자가 컴퓨터를 사용하고 있다.

A man **is typing** on a laptop. 남자가 노트북으로 타자를 치고 있다.

인물의 상태

The man **is wearing** glasses. 남자가 안경을 쓰고 있다. (안경을 이미 착용한 상태)

✅ Check up

다음을 잘 듣고 사진을 바르게 묘사한 문장이면 ◎, 아니면 ❌에 표시하세요. (보기는 2번 들려줍니다.) 🎧 U1-02

1. A woman is **reading** a book. ◎❌
2. A woman is **writing** on a document. ◎❌

Point ② 인물의 공통 동작 / 상태와 개별 동작 / 상태

두 사람 이상이 등장할 때 주어를 통해 그들의 공통된 동작 / 상태를 묘사하는지, 아니면 한 명 또는 일부의 동작 / 상태를 묘사하는지를 구별하세요.

호주 🎧 U1-03

✓ **등장인물 전체를 나타내는 주어**
they / people / the men / the women

✓ **전체 중 일부를 나타내는 주어**
some people

✓ **전체 중 한 명을 나타내는 주어**
one of the people

인물의 공통 동작 / 상태

They are having a conversation. 사람들이 대화를 나누고 있다.
People are sitting in a circle. 사람들이 둥글게 앉아 있다.

인물의 개별 동작 / 상태

Some people are facing a woman. 몇몇 사람들이 한 여자를 바라보고 있다.
One of the people is holding some paper. 사람들 중 한 명이 종이를 들고 있다.

⊘ Check up

다음을 잘 듣고 사진을 바르게 묘사한 문장이면 ◎, 아니면 ⊗에 표시하세요. (보기는 2번 들려줍니다.) 🎧 U1-04

1. Some people are **leaning** on the railing. ◎⊗
2. They are **going up** some stairs. ◎⊗

🗏 빈출 표현 익히기

시험에 자주 나오는 인물과 관련된 동사 표현들을 미리 익혀 두세요.

❶ 보다

He's **looking at** a computer monitor.
남자가 컴퓨터 화면을 보고 있다.

She's **reading** a document.
여자가 서류를 보고 있다.

The man is **examining** an item.
남자가 어떤 물건을 보고 있다.

❷ 들다

She's **holding** an umbrella.
여자가 우산을 들고 있다.

She's **carrying** a suitcase.
여자가 여행 가방을 들고 있다.

They're **loading** a truck.
사람들이 트럭에 짐을 싣고 있다.

❸ 걷다

They're **walking** on a path.
사람들이 길을 걷고 있다.

They're **strolling** in the park.
사람들이 공원에서 산책하고 있다.

People are **crossing** the bridge.
사람들이 다리를 건너고 있다.

❹ 앉다 / 서다

They're **sitting** on a bench.
사람들이 벤치에 앉아 있다.

Some people are **standing** in a line.
몇몇 사람들이 한 줄로 서 있다.

She's **leaning against** a railing.
여자가 난간에 기대어 있다.

❺ 타다 / 내리다

Some people are **boarding** the train.
몇몇 사람들이 기차에 탑승하고 있다.

A woman is **riding** her bicycle.
여자가 자전거를 타고 있다.

A man is **exiting** a truck.
남자가 트럭에서 내리고 있다.

❻ 작업하다

She's **typing** on a keyboard.
여자가 키보드로 타자를 치고 있다.

He's **using** a shovel.
남자가 삽을 사용하고 있다.

People are **preparing** some food.
사람들이 음식을 준비하고 있다.

📱 기출 유형 풀어보기

〈1인 중심 사진 또는 2인 이상의 사진〉

영국 🎧 U1-05

(A)

(B)

(C)

(D)

STEP ① 듣기 전에 사진 먼저 확인하기

인물의 동작(손 / 발, 시선)과 상태(자세, 외양)를 중심으로 사진을 먼저 확인하세요.

동작	자세	외양
핸드폰을 보고 있다 (looking at) 핸드폰을 사용하고 있다 (using)	계단에 앉아 있다 (sitting)	배낭을 메고 있다 (carrying) 헤드폰을 쓰고 있다 (wearing)

STEP ② 들으며 오답 소거하기

다음 각 보기를 들으며 맞으면 ◎, 틀리면 ⊗로 표시를 하여 오답을 소거하고 정답을 남기세요.

(A) A man is going down a staircase. 남자가 계단을 내려가고 있다. ◎⊗
  ⋯▸ 계단을 내려가는 동작(going down)이 아님

(B) A man is holding a handrail. 남자가 난간을 잡고 있다. ◎⊗
  ⋯▸ 잡고 있는 것은 핸드폰이지 난간(a handrail)이 아님

(C) A man is sitting on a step. 남자가 계단 위에 앉아 있다. ◎⊗
  ⋯▸ 계단에 앉아 있는 것이 맞음

(D) A man is picking up his backpack. 남자가 배낭을 집어 들고 있다. ◎⊗
  ⋯▸ 배낭을 메고 있지 집어 드는 동작(picking up)이 아님

어휘 엿보기

carry 들고 있다, 나르다 | staircase 계단 | hold 잡다 | handrail (계단의) 난간 | step 계단 | backpack 배낭

실전 문제 풀어보기

다음을 잘 듣고 사진을 가장 잘 묘사한 보기를 고르세요.

1.

(A) ☐O ☐X (B) ☐O ☐X (C) ☐O ☐X (D) ☐O ☐X

2.

(A) ☐O ☐X (B) ☐O ☐X (C) ☐O ☐X (D) ☐O ☐X

3.

(A) ☐O ☐X (B) ☐O ☐X (C) ☐O ☐X (D) ☐O ☐X

4.

(A) ☐O ☐X (B) ☐O ☐X (C) ☐O ☐X (D) ☐O ☐X

5.

(A) ☐O ☐X (B) ☐O ☐X (C) ☐O ☐X (D) ☐O ☐X

6.

(A) ☐O ☐X (B) ☐O ☐X (C) ☐O ☐X (D) ☐O ☐X

어휘 엿보기

¹ reach for ~을 향해 손을 뻗다 | shelf 선반 | hold 들다 | try on ~을 입어 보다 | examine 살펴보다 | clothing 옷, 의류 | ² stack 쌓다, 쌓아 올리다 | organize 정리하다 | cloth 옷 | carry 나르다, 옮기다 | basket 바구니 | look in ~안을 보다 | drawer 서랍 | ³ wash 씻다 | vegetable 채소 | prepare 준비하다 | meal 식사 | close 닫다 | window 창문 | dry 말리다, 건조시키다 | dish 접시 | ⁴ attend 참석하다 | presentation 발표, 프레젠테이션 | face 마주보다, 향하다 | each other 서로 | hand out 나눠주다 | laptop 노트북, 랩톱 컴퓨터 | ⁵ get off ~에서 내리다 | bicycle 자전거 | cross (길을) 건너다 | street 길, 거리 | wait for ~을 기다리다 | traffic signal 교통 신호 | sweep (빗자루로) 쓸다 | sidewalk 보도 | ⁶ microwave 전자레인지 | mobile phone 핸드폰 | pour 따르다 | drawer 서랍

UNIT 02 사물 / 풍경 사진

MP3 바로 듣기

Point ① 사물의 상태 묘사

사물의 상태는 주로 현재 수동태 「is/are + 과거분사(p.p.)」 또는 현재완료 수동태 「has/have been + 과거분사(p.p.)」로 묘사해요. 둘 다 '~되어 있다'라는 뜻으로 의미는 비슷해요.

미국 🎧 U2-01

✓ 책꽂이가 책으로 채워져 있다.

✓ 불이 켜져 있다.

현재 수동태	현재완료 수동태	의미
Shelves **are filled** with books.	Shelves **have been filled** with books.	책꽂이가 책으로 채워져 있다.
Some lights **are turned** on.	Some lights **have been turned** on.	불이 켜져 있다.

🗹 Check up

다음을 잘 듣고 사진을 바르게 묘사한 문장이면 ◎, 아니면 ✕에 표시하고, 빈칸을 채우세요. (보기는 2번 들려줍니다.) 🎧 U2-02

1. Some books are stacked _____. ◎✕

2. A lamp _____ on a table. ◎✕

Point ❷ 사물 주어로 인물의 동작 묘사

❶ 사물에 행해지는 동작을 나타낼 때 현재진행 수동태 「is/are + being + 과거분사(p.p.)」로 묘사해요. 사물을 주어로 하여 '사물이 ~되고 있다'라는 의미로 쓰여요.

— 미국 — 🎧 U2-03

✓ He is assembling a bookcase.
남자가 책장을 조립하고 있다.

= A bookcase **is being assembled**.
책장이 조립되고 있다.

❷ 현재진행 수동태는 대개 사물에 대한 인물의 동작을 묘사하는 표현이라서, 사람이 등장하지 않는 사물 사진에서 현재진행 수동태가 쓰인 보기는 거의 다 오답이에요.

— 영국 — 🎧 U2-04

✓ A bookcase **is assembled**. ◉
= A bookcase **has been assembled**. ◉
책장이 조립되어 있다.

✓ A bookcase **is being assembled**. ✕
책장이 조립되고 있다.

⋯→ 책장을 조립하고 있는 사람이 보이지 않으므로 오답!

✔ Check up

다음을 잘 듣고 사진을 바르게 묘사한 문장이면 ◉, 아니면 ✕에 표시하고, 빈칸을 채우세요. (보기는 2번 들려줍니다.) 🎧 U2-05

1. Some cars _____ on the road. ◉✕
2. Some trees _____ along the street. ◉✕

장소별로 시험에 자주 나오는 사물의 상태 및 사물 주어로 인물의 동작을 묘사하는 표현들을 익혀 두세요.

❶ 사무실

None of the seats are occupied.
자리에 아무도 없다.

Some drawers have been left open.
몇몇 서랍들이 열린 채로 있다.

Some objects are spread on the desk.
몇몇 물건들이 책상 위에 펼쳐져 있다.

❷ 집

Some utensils have been hung on a rack.
몇몇 기구들이 걸이에 걸려 있다.

A painting is mounted on the wall.
그림 한 점이 벽에 걸려 있다.

A lamp has been positioned next to the sofa.
램프 하나가 소파 옆에 놓여 있다.

❸ 상점

Some produce is displayed on shelves.
농산물이 선반에 진열되어 있다.

Some items are arranged in a display case.
몇몇 물품들이 진열장에 진열되어 있다.

Tables have been set up outdoors.
테이블들이 야외에 설치되어 있다.

④ 교통

The train **is stopped** at a platform.

기차가 플랫폼에 정차해 있다.

Some vehicles **are parked** near the building.

몇몇 차량들이 건물 근처에 주차되어 있다.

Some boats **are docked** at a pier.

몇몇 배들이 부두에 정박해 있다.

⑤ 공사장

A ladder **is leaning against** a house.

사다리가 집에 기대어져 있다.

Some cords **are lying** on a table.

몇몇 전기선들이 테이블 위에 놓여 있다.

Some equipment **is being used**.

장비가 사용되고 있다.

⑥ 야외 활동

A wheelbarrow **has been filled with** branches.

외바퀴 손수레가 나뭇가지들로 채워져 있다.

Some logs **are stacked** on the ground.

몇몇 통나무들이 땅바닥에 쌓여 있다.

A walkway **is being paved with** bricks.

보도가 벽돌로 포장되고 있다.

〈사물 중심 사진 또는 '인물+사물' 혼합 사진〉

호주 🎧 U2-06

(A)

(B)

(C)

(D)

STEP ① 듣기 전에 사진 먼저 확인하기

부각된 인물의 동작, 외양, 사물의 위치 등을 중심으로 사진을 먼저 확인하세요.

> 인물   여자가 테이블을 차리고 있다. (She's setting up the table.)
> 여자가 앞치마를 두르고 있다. (She's wearing an apron.)

> 사물   테이블이 차려지고 있다. (The table is being set up.)
> 꽃병이 테이블 위에 놓여 있다. (A vase has been put on the table.)

STEP ② 들으며 오답 소거하기

다음 각 보기를 들으며 맞으면 ◎, 틀리면 ✕로 표시를 하여 오답을 소거하고 정답을 남기세요.

(A) Some plants are being watered. 식물들에 물을 주고 있다. ◎✕
   ⋯➔ 여자가 식물에 물을 주는 동작(watering)을 하고 있지 않음

(B) Tables are arranged in a row. 테이블들이 일렬로 배열되어 있다. ◎✕
   ⋯➔ 테이블은 하나뿐이고, 일렬로(in a row) 배열된 상태인지 알 수 없음

(C) Some food is being served. 음식이 내어지고 있다. ◎✕
   ⋯➔ 음식이 사진에 보이지 않음

(D) A vase has been placed on the table. 꽃병이 테이블 위에 놓여 있다. ◎✕
   ⋯➔ 꽃병이 테이블 위에 놓여(has been placed) 있음

어휘 엿보기

set up 준비하다 | apron 앞치마 | put 놓다, 두다 | plant 식물 | water 물을 주다 | arrange 배열하다 | in a row 일렬로 | serve (음식을) 내다, 제공하다 | vase 꽃병 | place 놓다, 두다

💡 실전 문제 풀어보기

다음을 잘 듣고 사진을 가장 잘 묘사한 보기를 고르세요.

1.

(A) ⊙ ✕ (B) ⊙ ✕ (C) ⊙ ✕ (D) ⊙ ✕

2.

(A) ⊙ ✕ (B) ⊙ ✕ (C) ⊙ ✕ (D) ⊙ ✕

3.

(A) ⊙ ✕ (B) ⊙ ✕ (C) ⊙ ✕ (D) ⊙ ✕

4.

(A) ⊙ ✕ (B) ⊙ ✕ (C) ⊙ ✕ (D) ⊙ ✕

5.

(A) ⊙ ✕ (B) ⊙ ✕ (C) ⊙ ✕ (D) ⊙ ✕

6.

(A) ⊙ ✕ (B) ⊙ ✕ (C) ⊙ ✕ (D) ⊙ ✕

어휘 엿보기

¹ move 옮기다 ǀ unoccupied 사용 중이 아닌, 비어 있는 ǀ frame 액자 ǀ hang 걸다, 매달다 ǀ cupboard 찬장 ǀ ² passenger 승객 ǀ exit 내리다, 나오다 ǀ worker 인부, 일꾼 ǀ fix 고치다, 수리하다 ǀ railroad track 선로 ǀ enter 들어오다 ǀ station 역, 정거장 ǀ platform 플랫폼 ǀ be crowded with ~로 붐비다 ǀ ³ customer 고객 ǀ pot 화분 ǀ arrange 정리하다, 배열하다 ǀ in a row 일렬로, 한 줄로 ǀ plant 식물 ǀ water 물을 주다 ǀ display 진열하다 ǀ outside 밖에 ǀ ⁴ read 읽다, 보다 ǀ document 서류, 문서 ǀ look out ~밖을 보다 ǀ stack 쌓다 ǀ material 자료 ǀ carry 옮기다, 나르다 ǀ ⁵ assist 돕다 ǀ customer 고객 ǀ display shelf 진열 선반 ǀ be stocked with ~으로 채워져 있다 ǀ product 제품 ǀ remove 치우다, 제거하다 ǀ item 물품, 품목 ǀ merchandise 상품 ǀ counter 계산대, 카운터 ǀ ⁶ park 세우다, 주차하다 ǀ along ~을 따라 ǀ fence 울타리 ǀ cyclist 자전거 타는 사람, 사이클리스트 ǀ line up 줄 서다 ǀ race 경주 ǀ repaint 페인트를 다시 칠하다

UNIT 03 Who / When / Where 의문문

MP3 바로 듣기

Point ❶ Who 의문문   미국 ↔ 영국 🎧 U3-01

Who 의문문은 '누구인가요?', '누가 하나요?'라고 물을 때 사용해요.

❶ 사람 이름으로 응답해요.

Q. **Who's in charge of** the marketing campaign? 그 마케팅 캠페인은 누가 담당하고 있나요?

A. **Ms. Nelson**, I think. 넬슨 씨일 거예요.

❷ 직책명이나 부서명으로 응답해요.

Q. **Who should I call** to replace this bulb? 이 전구를 교체하려면 누구에게 연락해야 하나요?

A. Contact **the maintenance team**. 시설관리팀에 연락하세요.

❸ '누구'가 아닌, 질문에 어울리는 다양한 우회적인 응답을 사용해요.

Q. Who's in charge of the marketing campaign? 그 마케팅 캠페인은 누가 담당하고 있나요?

A. **It has been canceled.** 그건 취소됐어요. (⋯ 마케팅 캠페인이 취소됐으니 담당자는 없죠.)

Q. Who should I call to replace this bulb? 이 전구를 교체하려면 누구에게 연락해야 하나요?

A. **I have the number.** 제게 전화번호가 있어요. (⋯ 알려주는 번호로 전화하세요.)

✅ Check up

다음을 잘 듣고 질문에 어울리는 응답이면 ⭕, 아니면 ❌에 표시하고, 빈칸을 채우세요. (문제는 2번 들려줍니다.) 🎧 U3-02

_____ will _____ the new project?

1. _____ has the most experience. ⭕❌
2. At the end of _____. ⭕❌

Point ❷ When 의문문

When 의문문은 '언제인가요?', '언제 하나요?'라고 물을 때 사용해요.

❶ 과거의 일을 물으면 과거 시점 표현으로 응답해요.

Q. **When did you purchase** your computer? 컴퓨터를 언제 구입하셨나요?

A. About **5 years ago**. 약 5년 전에요.

❷ 앞으로의 계획이나 일정을 물으면 미래 시점 표현으로 응답해요.

Q. **When will** the sales report **be available**? 매출 보고서는 언제 준비될까요?

A. **Sometime tomorrow.** 내일쯤에요.

❸ '언제'가 아닌, 질문에 어울리는 다양한 우회적인 응답을 사용해요.

Q. When did you purchase your computer? 컴퓨터를 언제 구입하셨나요?

A. **Let me check the calendar.** 제가 달력을 확인해 볼게요. (⋯ 달력 확인하고 알려 드릴게요.)

Q. When will the sales report be available? 매출 보고서는 언제 준비될까요?

A. **I already submitted it.** 제가 이미 제출했어요. (⋯ 이미 제출했으니 바로 확인 가능해요.)

✓ Check up

다음을 잘 듣고 질문에 어울리는 응답이면 ⊙, 아니면 ⊗에 표시하고, 빈칸을 채우세요. (문제는 2번 들려줍니다.) 🎧 U3-04

_____ will you _____ the new printers?

1. _____ the electronics store. ⊙⊗
2. Conan should _____. ⊙⊗

Where 의문문은 '어디인가요?', '어디서 하나요?'라고 물을 때 사용해요.

❶ 특정 장소로 응답해요.

Q. **Where** can I **purchase** a phone recharger? 어디서 핸드폰 충전기를 살 수 있나요?

A. I bought mine **online**. 저는 제 것을 온라인에서 샀어요.

❷ 위치나 방향으로 응답해요.

Q. **Where** can I **adjust** the volume of the speaker? 스피커 볼륨을 어디서 조정할 수 있나요?

A. There's a button **on the left side**. 왼쪽에 버튼이 있어요.

❸ '어디'가 아닌, 질문에 어울리는 다양한 우회적인 응답을 사용해요.

Q. Where can I purchase a phone recharger? 어디서 핸드폰 충전기를 살 수 있나요?

A. **You can use mine.** 제 것을 쓰셔도 돼요. (⋯ 제 것을 빌려 드릴 테니 안 사셔도 돼요.)

Q. Where can I adjust the volume of the speaker? 스피커 볼륨을 어디서 조정할 수 있나요?

A. **Ask Mr. Nelson.** 넬슨 씨에게 물어보세요. (⋯ 저는 모르지만 넬슨 씨는 알아요.)

✓ Check up

다음을 잘 듣고 질문에 어울리는 응답이면 ◎, 아니면 ✕에 표시하고, 빈칸을 채우세요. (문제는 2번 들려줍니다.) 🎧 U3-06

_____ is the post office?

1. The _____ will be redesigned. ◎✕
2. _____ _____ the City Hall. ◎✕

📖 기출 유형 풀어보기

〈일반적인 응답 유형〉

호주 ↔ 미국   🎧 U3-07

Mark your answer on your answer sheet.

(A)   (B)   (C)

STEP ❶ 질문의 키워드 잡기

다음을 들으며 의문사를 포함한 질문의 핵심 내용을 기억하세요.

Who approved the design for this product?
이 제품의 디자인을 누가 승인했나요?

내 머릿속에,
"누가 승인했어?"
를 남기고, 되뇌세요!

STEP ❷ 들으며 오답 소거하기

다음 각 보기를 들으며 맞으면 ◉, 틀리면 ⊗로 표시를 하여 오답을 소거하고 정답을 남기세요.

(A) A brand-new concept. 아주 새로운 콘셉트요. ◉⊗
⤷ concept가 승인할 수 없음
(질문의 design을 듣고 연상할 수 있는 concept를 사용하여 혼동을 일으킨 함정)

(B) Someone from headquarters. 본사에 계신 분이요. ◉⊗
⤷ 승인한 사람을 Someone이라고 했으니 질문에 상응한 답변

(C) Several samples. 여러 샘플들이요. ◉⊗
⤷ samples가 승인할 수 없음
(질문의 product를 듣고 연상할 수 있는 samples를 사용하여 혼동을 일으킨 함정)

어휘 엿보기

approve 승인하다 | brand-new 아주 새로운, 신제품의 | someone 누군가 | headquarters 본사 | several 몇 개의 | sample 샘플, 견본

〈우회적인 응답 유형〉

Mark your answer on your answer sheet.

(A)　　(B)　　(C)

STEP ① 질문의 키워드 잡기

다음을 들으며 의문사를 포함한 질문의 핵심 내용을 기억하세요.

Where is the **company picnic taking place** this summer? 올여름 회사 야유회는 어디에서 하나요?	내 머릿속에, "야유회 어디서 해?" 를 남기고, 되뇌세요!

STEP ② 들으며 오답 소거하기

다음 각 보기를 들으며 맞으면 ◉, 틀리면 ✖로 표시를 하여 오답을 소거하고 정답을 남기세요.

(A) Oh, can you come? 어머, 오실 수 있어요? ◉✖
　⟶ 올 수 있냐고 되물으며 질문에 어울리게 응답했음

(B) There'll be a lot of people. 사람들이 많을 거예요. ◉✖
　⟶ 야유회 장소를 물었지, 사람들이 얼마나 올지 물은 것이 아님
　　(질문의 company picnic을 듣고 연상할 수 있는 a lot of people을 활용하여 혼동을 일으킨 함정)

(C) No, I won't be going. 아니요, 저는 안 갈 거예요. ◉✖
　⟶ 야유회 장소를 물었지, 갈지 말지를 물은 것이 아님
　　(의문사 의문문에는 Yes / No로 대답할 수 없음)

**어휘
엿보기**

company picnic 회사 야유회 | take place 열리다, 일어나다 | a lot of 많은

💡 실전 문제 풀어보기   🎧 U3-09

다음을 잘 듣고 질문에 가장 잘 대답한 보기를 고르세요.

1. Mark your answer on your answer sheet.　　(A)　(B)　(C)

2. Mark your answer on your answer sheet.　　(A)　(B)　(C)

3. Mark your answer on your answer sheet.　　(A)　(B)　(C)

4. Mark your answer on your answer sheet.　　(A)　(B)　(C)

5. Mark your answer on your answer sheet.　　(A)　(B)　(C)

6. Mark your answer on your answer sheet.　　(A)　(B)　(C)

7. Mark your answer on your answer sheet.　　(A)　(B)　(C)

8. Mark your answer on your answer sheet.　　(A)　(B)　(C)

9. Mark your answer on your answer sheet.　　(A)　(B)　(C)

10. Mark your answer on your answer sheet.　　(A)　(B)　(C)

PART 2 | UNIT 03

어휘 엿보기

¹ plan 계획하다 ǀ sell 팔다 ǀ fresh 신선한 ǀ produce 농산물 ǀ floor plan 평면도 ǀ ² store 저장하다, 보관하다; 상점, 가게 ǀ painting 그림 ǀ supplies 용품 ǀ closet 벽장, 붙박이장 ǀ talented 재능 있는 ǀ ³ lecture 강의 ǀ professor 교수 ǀ ⁴ restoration 복원, 복구 ǀ lobby 로비 ǀ locate ~위치에 두다 ǀ right 오른쪽 ǀ fresh 새로운, 신선한 ǀ coat 칠, 도금 ǀ paint 페인트 ǀ ⁵ lead 이끌다 ǀ brand-new 아주 새로운 ǀ choose 선출하다, 선택하다 ǀ news release 보도 자료 ǀ ⁶ fill out 작성하다 ǀ registration form 신청서 ǀ pay 지불하다 ǀ register 계산대 ǀ right 바로 ǀ helpful 도움이 되는, 유용한 ǀ ⁷ package 소포 ǀ get delivered 배달되다 ǀ Shipping Department 배송 부서 ǀ sign 서명하다 ǀ set time 정해진 시간 ǀ ⁸ be supposed to ~하기로 되어 있다 ǀ contact 연락하다; 연락처 ǀ take care of 처리하다 ǀ already 이미, 벌써 ǀ list 목록 ǀ ⁹ pick up 픽업하다, 가져가다 ǀ ID 신분증 ǀ card reader 카드 판독기 ǀ valid 유효한 ǀ form 서식, 양식 ǀ security office 경비실 ǀ ¹⁰ launch 출시하다, 시작하다 ǀ still 여전히, 아직도 ǀ wait for ~을 기다리다 ǀ confirmation 확인

UNIT 04 What / How / Why 의문문

MP3 바로 듣기

Point ① **What 의문문**

미국 ↔ 영국 🎧 U4-01

What 의문문은 '무엇인가요?', '어떤 ~을 하나요?'라고 물을 때 사용해요.

❶ What 뒤에 오는 명사에 따라 다양한 질문이 가능하므로 명사를 꼭 들어야 해요.

Q. **What type of laptop** do you have? 어떤 종류의 노트북을 가지고 있나요?

A. **The newest one** from Ace Tech. 에이스 테크의 최신 제품이요.

Q. **What** was the **meeting** about? 그 회의는 무엇에 관한 것이었나요?

A. Marketing strategies. 마케팅 전략이요.

'~에 대해 어떻게 생각하세요?'라는 뜻으로 상대의 의견을 물을 때 빈번하게 사용되는 질문 표현입니다. 시험에 자주 출제되니 기억해두세요.

Q. **What do you think about** the new **intern**? 새로 온 인턴에 대해 어떻게 생각하세요?

A. He's very talented. 그는 재능이 아주 많아요.

❷ '무엇'이 아닌, 질문에 어울리는 다양한 우회적인 응답이 등장해요.

Q. What type of laptop do you have? 어떤 종류의 노트북을 가지고 있나요?

A. **Are you planning to buy one?** 하나 살 계획이세요? (⋯ 하나 새로 구입하려고 물어보는 건가요?)

Q. What was the meeting about? 그 회의는 무엇에 관한 것이었나요?

A. **I made some notes.** 제가 메모를 좀 했어요. (⋯ 메모 확인하고 알려드릴게요.)

Q. What do you think about the new intern? 새로 온 인턴에 대해 어떻게 생각하세요?

A. **I haven't met him yet.** 그를 아직 만나보지 못했어요. (⋯ 만나보지 않아서 아직 몰라요.)

✓ Check up

다음을 잘 듣고 질문에 어울리는 응답이면 ◎, 아니면 ✕에 표시하고, 빈칸을 채우세요. (문제는 2번 들려줍니다.) 🎧 U4-02

_____ _____ is the staff workshop?

1. Her _____ is Stephanie. ◎✕

2. It's _____ for _____ o'clock. ◎✕

Point ❷ How 의문문

How 의문문은 '어떻게 하나요?', '얼마나 하나요?'라고 물을 때 사용해요.

❶ How 뒤에 오는 동사에 따라 방법이나 의견을 물어요.

Q. **How** can I **get to** the museum? 박물관에 어떻게 갈 수 있나요? 방법

A. **Turn left at** Park Avenue. 파크 가에서 좌회전하세요.

Q. **How was** the seminar yesterday? 어제 세미나는 어땠나요? 의견

A. It was **good**. 좋았어요.

❷ How 뒤에 오는 형용사 / 부사에 따라 기간이나 수량 등을 물어요.

Q. **How long** is your **presentation** on marketing? 마케팅 프레젠테이션은 얼마나 걸리나요?

A. About **20 minutes**. 20분쯤이요.

↳ 〈How + 형용사 / 부사 ~? 질문 표현〉　How long ~? 얼마나 오래 ~인가요?　　How soon ~? 얼마나 곧 ~인가요?
　　　　　　　　　　　　　　　　　How often ~? 얼마나 자주 ~인가요?　　How many[much] ~? 얼마나 많은 / 많이 ~인가요?

❸ '어떻게', '얼마나'가 아닌, 질문에 어울리는 다양한 우회적인 응답이 등장해요.

Q. How can I get to the museum? 박물관에 어떻게 갈 수 있나요?

A. **Your taxi driver will know.** 택시 기사님이 알 거예요. (⋯ 택시 타세요.)

Q. How long is your presentation on marketing? 마케팅 프레젠테이션은 얼마나 걸리나요?

A. **I just received the schedule.** 일정표를 지금 받았어요. (⋯ 확인해 봐야 알아요.)

PART 2 UNIT 04

✅ Check up

다음을 잘 듣고 질문에 어울리는 응답이면 ⊙, 아니면 ⊗에 표시하고, 빈칸을 채우세요. (문제는 2번 들려줍니다.)　🎧 U4-04

_____ did you _____ your dessert?

1. It was _____. ⊙⊗
2. To _____ with my family. ⊙⊗

Why 의문문은 '왜 그런가요?', '왜 ～하나요?'라고 물을 때 사용해요.

❶ 이유나 목적으로 응답해요.

Q. **Why** is the community center closed? 커뮤니티 센터가 왜 문을 닫았죠?

↱ Because 없이 응답하기도 해요.
A. **(Because)** today is a holiday. 오늘은 공휴일이라서요.

A. **To renovate** the lobby. 로비를 개조하기 위해서요.

❷ 「Why don't you / we / I ～?」는 이유가 아닌 '～하는 게 어때요?'라는 뜻의 제안문이에요.

Q. **Why don't we** submit the budget report? 우리가 예산 보고서를 제출하는 게 어떨까요?

A. **That's a good idea.** 그거 좋은 생각이에요.

❸ '왜'가 아닌, 질문에 어울리는 다양한 우회적인 응답이 등장해요.

Q. Why is the community center closed? 커뮤니티 센터가 왜 문을 닫았죠?

A. **Isn't the renovation finished already?** 공사가 이미 끝나지 않았나요? (⋯ 저도 잘 모르겠어요.)

✓ Check up

다음을 잘 듣고 질문에 어울리는 응답이면 ⓞ, 아니면 ✗에 표시하고, 빈칸을 채우세요. (문제는 2번 들려줍니다.)   🎧 U4-06

_____ is Sam _____ _____ a new _____?

1. _____ the company's website. ⓞ✗

2. He wants _____ _____ fewer hours. ⓞ✗

기출 유형 풀어보기

〈일반적인 응답 유형〉

> Mark your answer on your answer sheet.
>
> (A)　　(B)　　(C)

STEP ① 질문의 키워드 잡기

다음을 들으며 의문사를 포함한 질문의 핵심 내용을 기억하세요.

How many times have you **visited** London?　런던을 몇 번이나 방문해 보셨어요?	내 머릿속에,　"몇 번 방문했어?"　를 남기고, 되뇌세요!

STEP ② 들으며 오답 소거하기

다음 각 보기를 들으며 맞으면 ◎, 틀리면 ✖로 표시를 하여 오답을 소거하고 정답을 남기세요.

(A) It's my first time. 이번이 처음이에요. ◎✖
　⋯▸ 이번이 처음이라고 했으니 질문에 상응한 답변

(B) Round-trip ticket, please. 왕복 티켓으로 부탁합니다. ◎✖
　⋯▸ 방문 횟수를 묻는 질문임
　　(질문의 visited, London을 듣고 연상할 수 있는 ticket을 사용하여 혼동을 일으킨 함정)

(C) Yes, I moved last week. 네, 지난주에 이사했어요. ◎✖
　⋯▸ 의문사 의문문에는 Yes / No로 대답할 수 없음
　　(질문의 visited, London을 듣고 연상할 수 있는 moved를 사용하여 혼동을 일으킨 함정)

어휘 엿보기

visit 방문하다 ㅣ round-trip 왕복 여행 ㅣ move 이사하다, 이동하다

〈우회적인 응답 유형〉

Mark your answer on your answer sheet.

(A)   (B)   (C)

STEP 1 질문의 키워드 잡기

다음을 들으며 의문사를 포함한 질문의 핵심 내용을 기억하세요.

Why is the **sales report taking** so **long**? 매출 보고서가 왜 그렇게 오래 걸리죠?	내 머릿속에, **"보고서 왜 오래 걸려?"** 를 남기고, 되뇌세요!

STEP 2 들으며 오답 소거하기

다음 각 보기를 들으며 맞으면 ◎, 틀리면 ✖로 표시를 하여 오답을 소거하고 정답을 남기세요.

(A) **By the sales team.** 영업팀에 의해서요. ◎✖
　　⋯→ 보고서가 오래 걸리는 이유를 물었지, 누가 작성하는지를 묻는 것이 아님
　　　(질문의 sales를 반복해서 사용하여 혼동을 일으킨 함정)

(B) **Hasn't Chris sent it to you?** 크리스가 보내드리지 않았어요? ◎✖
　　⋯→ Chris가 보내지 않았냐며 이미 보고서 작성이 완료되었음을 의미함

(C) **I'd like to take out a loan.** 대출을 받으려고요. ◎✖
　　⋯→ 질문과 아무 관계가 없음
　　　(질문의 taking, long과 발음이 유사한 take, loan을 사용하여 혼동을 일으킨 함정)

**어휘
엿보기**

sales report 매출 보고서 ｜ take (시간이) 걸리다 ｜ sales team 영업팀 ｜ take out a loan 대출을 받다

실전 문제 풀어보기

다음을 잘 듣고 질문에 가장 잘 대답한 보기를 고르세요.

1. Mark your answer on your answer sheet. (A) (B) (C)

2. Mark your answer on your answer sheet. (A) (B) (C)

3. Mark your answer on your answer sheet. (A) (B) (C)

4. Mark your answer on your answer sheet. (A) (B) (C)

5. Mark your answer on your answer sheet. (A) (B) (C)

6. Mark your answer on your answer sheet. (A) (B) (C)

7. Mark your answer on your answer sheet. (A) (B) (C)

8. Mark your answer on your answer sheet. (A) (B) (C)

9. Mark your answer on your answer sheet. (A) (B) (C)

10. Mark your answer on your answer sheet. (A) (B) (C)

PART 2 UNIT 04

어휘 엿보기

[1] tech 기술 ㅣ conference 회의, 콘퍼런스 ㅣ conference call 전화 회의 ㅣ trade 교환하다 ㅣ [2] reservation 예약 ㅣ downtown 시내에 ㅣ make a reservation 예약하다 ㅣ [3] train 기차 ㅣ delay 연기하다, 늦추다 ㅣ heavy 심한 ㅣ rainstorm 폭우 ㅣ reschedule 일정을 변경하다 ㅣ client 고객 ㅣ [4] watch 보다, 시청하다 ㅣ right now 지금, 바로 ㅣ get 사다, 구입하다 ㅣ video clip 동영상 ㅣ edit 편집하다 ㅣ [5] seat 좌석 ㅣ luggage 수하물 ㅣ [6] make (a) payment 지불하다, 결제하다 ㅣ wallet 지갑 ㅣ credit card 신용카드 ㅣ cost (비용이) ~가 들다 ㅣ [7] current 현재의 ㅣ position 직위, 자리 ㅣ flower arrangement 꽃장식 ㅣ [8] start 시작하다 ㅣ headquarters 본사 ㅣ appreciate 고마워하다 ㅣ [9] meal 식사 ㅣ recipe 조리법 ㅣ [10] delivery 배달 ㅣ delay 지연시키다 ㅣ shipment 배송(품) ㅣ arrive 도착하다 ㅣ later 이따가, 나중에 ㅣ manufacturing plant 제조 공장

UNIT 05 일반 / 부정 / 부가 의문문

MP3 바로 듣기

Point ❶ 일반 의문문 `미국↔영국` 🎧 U5-01

일반 의문문은 「Is/Was ~? (~인가요/~였나요?)」, 「Do/Did ~? (~하나요/~했나요?)」, 「Have/Has ~?
(~했나요/~해봤나요?)」로 시작하는 의문문을 말해요.

❶ 질문의 핵심이 들어 있는 주어, 동사, 목적어를 꼭 들어야 해요.

    Q. **Is she** the **new manager?** 그녀가 새로 온 매니저인가요?

    A. (Yes,) we hired her last week. (네,) 우리가 지난주에 그녀를 고용했어요.
              ↳ 일반 의문문의 응답으로 Yes / No는 생략하기도 하니까 주의하세요.

    Q. **Did you check** your **e-mail?** 이메일 확인하셨어요?

    A. Of course, I did. 그럼요, 확인했어요.

    Q. **Have you reviewed** the **annual report?** 연례 보고서를 검토하셨어요?

    A. (No,) I've been too busy. (아니요,) 너무 바빴어요.

❷ 질문에 어울리는 다양한 우회적인 응답이 등장해요.

    Q. Is she the new manager? 그녀가 새로 온 매니저인가요?

    A. **I have no idea.** 모르겠어요.

    Q. Did you check your e-mail? 이메일 확인하셨어요?

    A. **I didn't know I had to.** 그래야 하는지 몰랐어요. (⋯→ 아니요, 아직 확인 안 했어요.)

    Q. Have you reviewed the annual report? 연례 보고서를 검토하셨어요?

    A. **James will show me later today.** 제임스가 오늘 중으로 보여줄 거예요. (⋯→ 아직 못했어요.)

✓ Check up

다음을 잘 듣고 질문에 어울리는 응답이면 ◎, 아니면 ✗에 표시하고, 빈칸을 채우세요. (문제는 2번 들려줍니다.) 🎧 U5-02

_____ _____ _____ the computer technician?

1. _____, someone will be here later today. ◎✗
2. Please write down your _____ address. ◎✗

Point ❷ 부정 의문문

미국 ↔ 미국   🎧 U5-03

부정 의문문은 Be/Do/Have에 not을 붙인 의문문으로 '~하지 않나요?', '~아닌가요?'라고 물을 때 사용해요.

❶ not을 생략하고 일반 의문문처럼 해석해야 헷갈리지 않아요.

Q. **Aren't you[⋯ Are you] taking** some **time off** next week?
다음 주에 휴가 <u>가시지 않나요?</u>[⋯ 가시죠?]

A. **Yes**, but only for a few days. <u>네[가요]</u>, 하지만 며칠 동안만이요.

Q. **Didn't you[⋯ Did you] buy** some ink **cartridges**? 잉크 카트리지를 <u>사지 않으셨나요?</u>[⋯ 사셨죠?]

A. **No**, not yet. <u>아니요[안 샀어요]</u>, 아직이요.

❷ 질문에 어울리는 다양한 우회적인 응답이 등장해요.

Q. Aren't you taking some time off next week? 다음 주에 휴가 가시지 않나요?

A. **It's been postponed.** 연기됐어요. (⋯ 연기되어서, 다음 주에 휴가 안 가요.)

Q. Didn't you buy some ink cartridges? 잉크 카트리지를 사지 않으셨나요?

A. **They haven't arrived yet.** 아직 도착하지 않았어요. (⋯ 샀는데, 아직 안 왔어요.)

✔ Check up

다음을 잘 듣고 질문에 어울리는 응답이면 ⓞ, 아니면 ✕에 표시하고, 빈칸을 채우세요. (문제는 2번 들려줍니다.)   🎧 U5-04

_____ you _____ _____ for the conference?

1. The _____ on the window. ⓞ✕

2. _____, I did it yesterday. ⓞ✕

부가 의문문은 동의를 얻거나 사실을 확인하기 위해 '그렇지 않나요?', '맞죠?'라며, 평서문 뒤에 꼬리말처럼 붙는 의문문을 말해요.

❶ 부가 의문문은 전혀 신경 쓸 필요가 없어요. 평서문만 잘 듣고 대답이 긍정이면 Yes로, 부정이면 No로 답해요.

Q. **You ordered** the extra **supplies**, didn't you? 추가 용품을 주문하셨죠, 그렇지 않나요?[··→ 주문하셨죠?]

A. **Yes, this morning.** 네, 오늘 아침에요.

Q. The **sports festival was postponed**, wasn't it? 운동회가 연기되었죠, 그렇지 않나요?[··→ 연기되었죠?]

A. It's **still being decided**. 아직 결정 중이에요.

❷ 질문에 어울리는 다양한 우회적인 응답이 등장해요.

Q. You ordered the extra supplies, didn't you? 추가 용품을 주문하셨죠, 그렇지 않나요?

A. **The manager said we won't need them.**
매니저가 필요 없을 거라고 말하던데요. (··→ 아니요, 주문 안 했어요.)

Q. The sports festival was postponed, wasn't it? 운동회가 연기되었죠, 그렇지 않나요?

A. **Where did you hear that?** 어디서 들으셨어요? (··→ 아니요, 저는 처음 듣는데요.)

✔ Check up

다음을 잘 듣고 질문에 어울리는 응답이면 ⊙, 아니면 ⊗에 표시하고, 빈칸을 채우세요. (문제는 2번 들려줍니다.)　🎧 U5-06

Mike has been _____ to sales _____, hasn't he?

1. I think _____ _____ Cathy. ⊙⊗
2. Just enter the _____ code. ⊙⊗

📖 기출 유형 풀어보기

〈일반적인 응답 유형〉

미국 ↔ 미국 🎧 U5-07

> Mark your answer on your answer sheet.
>
> (A)   (B)   (C)

STEP 1 질문의 키워드 잡기

다음을 들으며 질문의 핵심 내용을 기억하세요.

Hasn't the **budget proposal been approved yet?** 예산안이 아직 승인되지 않았나요?	내 머릿속에, "예산안 승인됐어?" 를 남기고, 되뇌세요!

STEP 2 들으며 오답 소거하기

다음 각 보기를 들으며 맞으면 ⊙, 틀리면 ✕로 표시를 하여 오답을 소거하고 정답을 남기세요.

(A) I just emailed it. 방금 이메일로 보냈어요. ⊙✕
‥→ (승인이 되어서) 방금 이메일로 보냈다는 것이니 질문에 상응한 답변

(B) The annual expenses. 연간 지출 비용이요. ⊙✕
‥→ 예산안이 승인되었는지의 여부를 묻는 질문임
(질문의 budget을 듣고 연상할 수 있는 annual expenses를 사용하여 혼동을 일으킨 함정)

(C) That's what I proposed. 그게 제가 제안했던 거예요. ⊙✕
‥→ 질문과 관계없는 내용임
(질문의 proposal과 발음이 유사한 proposed를 사용하여 혼동을 일으킨 함정)

budget proposal 예산안 | approve 승인하다 | yet 아직 | email 이메일로 보내다 | annual 연례의 | expense 비용 |
propose 제안하다

어휘 엿보기

〈우회적인 응답 유형〉

> Mark your answer on your answer sheet.
>
> (A)　　(B)　　(C)

STEP ❶ 질문의 키워드 잡기

다음을 들으며 질문의 핵심 내용을 기억하세요.

You sent the **clients** the **invoice**, didn't you? 고객들에게 송장을 보내셨죠, 그렇지 않나요?	내 머릿속에, "고객들에게 송장 보냈지?" 를 남기고, 되뇌세요!

STEP ❷ 들으며 오답 소거하기

다음 각 보기를 들으며 맞으면 ◎, 틀리면 ✕로 표시를 하여 오답을 소거하고 정답을 남기세요.

(A) She has a great voice. 그녀는 훌륭한 목소리를 갖고 있어요. ◎✕
  ⟶ 질문과 아무 관계가 없음
   (질문의 invoice와 발음이 유사한 voice를 사용하여 혼동을 일으킨 함정)

(B) **Haven't they made the payment yet?** 그들이 아직 대금을 지불하지 않았나요? ◎✕
  ⟶ 그들이 아직 대금을 지불하지 않았냐며 송장을 이미 보냈음을 우회적으로 드러낸 응답

(C) A fast delivery service. 빠른 배송 서비스요. ◎✕
  ⟶ 질문과 아무 관계가 없음
   (질문의 invoice를 듣고 연상할 수 있는 delivery service를 사용하여 혼동을 일으킨 함정)

어휘 엿보기

invoice 송장 ┃ voice 목소리 ┃ make a payment 지불하다, 납부하다 ┃ fast 빠른, 신속한 ┃ delivery service 배송 서비스

💡 실전 문제 풀어보기

🎧 U5-09

다음을 잘 듣고 질문에 가장 잘 대답한 보기를 고르세요.

1. Mark your answer on your answer sheet.   (A) (B) (C)

2. Mark your answer on your answer sheet.   (A) (B) (C)

3. Mark your answer on your answer sheet.   (A) (B) (C)

4. Mark your answer on your answer sheet.   (A) (B) (C)

5. Mark your answer on your answer sheet.   (A) (B) (C)

6. Mark your answer on your answer sheet.   (A) (B) (C)

7. Mark your answer on your answer sheet.   (A) (B) (C)

8. Mark your answer on your answer sheet.   (A) (B) (C)

9. Mark your answer on your answer sheet.   (A) (B) (C)

10. Mark your answer on your answer sheet.   (A) (B) (C)

어휘 엿보기

¹ ice 얼음 | iced coffee 아이스 커피 | weigh 무게가 ~이다 | pound 파운드 | freezer 냉동고 | ² software 소프트웨어 | design 설계, 디자인 | afterwards 나중에, 그 뒤에 | ³ replace 교체하다 | chair 의자, 의장 | committee 위원회 | relocate 이사하다 | soon 곧 | place 장소 | get 사다, 구입하다 | ⁴ packed (사람들이) 꽉 들어찬 | excellent 훌륭한 | pack 싸다, 포장하다 | ⁵ company picnic 회사 야유회 | light 가벼운 | snack 간식 | beverage 음료 | event hall 행사장 | ⁶ turn on ~을 켜다 | light 조명 | community 지역 사회 | park 공원 | try on ~을 입어보다 | ⁷ rent 빌리다 | room 방 | city center 도심 | ⁸ musical performance 음악 공연 | musical instrument 악기 | orchestra 관현악단 | respond 응답하다, 대답하다 | ⁹ microwave 전자레인지 | still 아직 | available 구할 수 있는 | sale 판매 | check 확인하다 | inventory 재고 | discount 할인 | heat 데우다 | ¹⁰ City Hall 시청 | lead 이끌다, 진행하다 | training session 교육

UNIT 06
선택 의문문 /
제안·제공·요청문 / 평서문

MP3 바로 듣기

Point ❶ 선택 의문문

영국 ↔ 미국 🎧 U6-01

「A or B」의 구조로 제시되는 선택 의문문은 'A인가요, 아니면 B인가요?'로 묻는 의문문을 말해요.

❶ A, B 둘 중 하나를 선택하여 응답하며, 이때 A나 B를 직접 선택하기도 하고, 돌려서 말하기도 해요.

Q. Should we **repair** this **printer** or just **buy a new one**?
이 프린터를 수리할까요, 아니면 그냥 새것을 하나 살까요?
A1. **Buying a new one** would be more convenient. 새것을 하나 사는 게 더 편리할 것 같아요. 직접적 표현
A2. **I don't think it can be fixed.** 고칠 수 없을 것 같은데요. 우회적 표현

❷ 둘 다 수락하거나, 완곡하게 거절하며 응답해요.

Q. Do you want to play **tennis** or **baseball**? 테니스를 치고 싶으세요, 아니면 야구를 하고 싶으세요?
A1. I enjoy **both**. 둘 다 좋아해요.
A2. **Actually**, I'm a little tired. 실은 좀 피곤하네요.

❸ 제3의 선택 또는 질문에 어울리는 다양한 우회적인 응답이 등장해요.

Q. Do you want to play tennis or baseball? 테니스를 치고 싶으세요, 아니면 야구를 하고 싶으세요?
A. **We usually play basketball.** 우리는 보통 농구를 해요.

✓ Check up

다음을 잘 듣고 질문에 어울리는 응답이면 ◎, 아니면 ✖에 표시하고, 빈칸을 채우세요. (문제는 2번 들려줍니다.) 🎧 U6-02

Would you like a _____ _____ or an _____ one?

1. I'm looking forward to the _____. ◎✖
2. Please send it to my e-mail address. ◎✖

Point ❷ 제안·제공·요청문

제안·제공·요청문은 상대방에게 '~하는 게 어때요?'라고 제안할 때, 또는 '~해 드릴까요?', '~해 주시겠어요?'라고 도움을 제공하거나 요청할 때 사용해요.

❶ 자주 쓰이는 제안·제공·요청 표현과 수락·거절 표현을 하나의 단어처럼 기억해 두세요.

Q. **How about** meeting a bit earlier? 좀 더 일찍 만나는 게 어때요? 제안
~하는 게 어때요?

A. That sounds great. 좋아요.

Q. **Would you like** something to drink? 마실 것 좀 드릴까요? 제공
~을 원하세요?

A. Yes, I'd like a glass of water, please. 네, 물 한 잔 주세요.

Q. **Could you** revise this document? 이 문서를 수정해 주시겠어요? 요청
~해 주시겠어요?

A. Sure, no problem. 물론이죠, 문제없어요.

❷ 제안·제공·요청의 질문과 수락·거절 표현

	질문	수락 표현	거절 표현
제안	~하는 게 어때요? How / What about ~?, Why don't you / we ~? ~하시겠어요? Would you like to ~?	좋은 생각입니다. That's a good idea., Sounds great. 당신 말이 맞아요. You are right. 그거 좋죠. Why not?	미안하지만(고맙지만), 괜찮습니다. (I'm) Sorry, but that's fine., No, thanks., Thanks, but ~., Unfortunately, ~. 제가 할 수 있어요. 감사합니다. I can handle it. Thanks., I can take care of it. Thanks.
제공	~해 드릴까요? Would you like me to ~?, Do you want me to ~?, Why don't I ~?, Should I ~?	그래 주시면 고맙겠습니다. I'd appreciate it., That would be nice. 괜찮으시면요. If you don't mind.	유감이지만 ~입니다. I'm afraid ~. 실은요, Actually,
요청	~해 주시겠어요? Can[Could] you ~?, Please ~. ~해도 될까요? Can[Could / May] I ~?	물론이죠. Sure., Of course., Certainly., Absolutely., Definitely., No problem. 기꺼이 그러죠. I'd be glad / happy to ~.	기타 거절 표현 I'm busy right now., I'm not interested., I have other plans.

PART 2 UNIT 06

✓ Check up

다음을 잘 듣고 질문에 어울리는 응답이면 ◎, 아니면 ✗에 표시하고, 빈칸을 채우세요. (문제는 2번 들려줍니다.) 🎧 U6-04

_____ _____ us for _____ after the meeting.

1. The _____ room. ◎✗

2. _____ for inviting me. ◎✗

평서문은 「주어 + 동사」 또는 명령문의 구조로 된 일반 문장을 말해요. 주어, 동사, 목적어를 중심으로 문장 전체를 이해해야 답을 고를 수 있어요.

❶ 평서문의 제시 문장은 주로 특정 사실이나 감정 및 정보를 전달하거나 의견을 제시해요.

Q. **I've had a headache** since yesterday. 어제부터 두통이 있어요. 특정 사실 / 감정 전달

Q. **All utilities are included** in the **rent**. 모든 공과금은 임대료에 포함되어 있습니다. 정보 전달

Q. I think **we need to buy** a new **printer**. 우리는 새 프린터를 하나 사야 될 것 같아요. 의견 제시

❷ 평서문의 응답은 주로 제안이나 충고, 되묻기, 동의나 수락이 일반적이에요.

Q. I've had a headache since yesterday. 어제부터 두통이 있어요.

A. **Why don't you take a break?** 좀 쉬시는 게 어때요? 제안 / 충고

Q. All utilities are included in the rent. 모든 공과금은 임대료에 포함되어 있습니다.

A. **Does that include Internet access?** 인터넷 접속료는 포함된 건가요? 되묻기

Q. I think we need to buy a new printer. 우리는 새 프린터를 하나 사야 될 것 같아요.

A. **That would be a good idea.** 그거 좋은 생각이에요. 동의 / 수락

✓ Check up

다음을 잘 듣고 질문에 어울리는 응답이면 ⭕, 아니면 ❌에 표시하고, 빈칸을 채우세요. (문제는 2번 들려줍니다.) 🎧 U6-06

The _____ is too _____ today.

1. Why don't we _____ _____ ? ⭕❌

2. I'll meet you at _____ then. ⭕❌

〈일반적인 응답 유형〉

미국 ↔ 미국 🎧 U6-07

Mark your answer on your answer sheet.

(A)   (B)   (C)

PART 2 UNIT 06

STEP ❶ 질문의 키워드 잡기

다음을 들으며 A or B를 포함한 질문의 핵심 내용을 기억하세요.

Should I **wear** the **brown** jacket or the **blue** one? 제가 갈색 재킷을 입어야 할까요, 파란색 재킷을 입어야 할까요?	내 머릿속에, "갈색 입을까, 파란색 입을까?" 를 남기고, 되뇌세요!

STEP ❷ 들으며 오답 소거하기

다음 각 보기를 들으며 맞으면 ⊙, 틀리면 ✖로 표시를 하여 오답을 소거하고 정답을 남기세요.

(A) The blue one matches your pants. 파란색 재킷이 당신 바지와 잘 어울리네요. ⊙✖
   ⋯➝ 파란색 재킷이 잘 어울린다며 후자를 선택한 답변임

(B) It's really cold outside. 밖이 정말 추워요. ⊙✖
   ⋯➝ 질문과 관계없는 내용임
   (질문의 wear, jacket을 듣고 연상할 수 있는 cold outside를 사용하여 혼동을 일으킨 함정)

(C) Put it in the first drawer. 첫 번째 서랍에 넣으세요. ⊙✖
   ⋯➝ 질문과 관계없는 내용임
   (질문의 jacket을 듣고 연상할 수 있는 drawer를 사용하여 혼동을 일으킨 함정)

어휘
엿보기

match 어울리다 | pants 바지 | outside 밖에 | put in ~을 집어넣다 | drawer 서랍

〈우회적인 응답 유형〉

Mark your answer on your answer sheet.

(A)   (B)   (C)

STEP ❶ 질문의 키워드 잡기

다음을 들으며 의문사를 포함한 질문의 핵심 내용을 기억하세요.

Why don't we get on the express bus? 우리 고속버스를 타는 건 어떨까요?	내 머릿속에, "고속버스 타는 게 어때?" 를 남기고, 되뇌세요!

STEP ❷ 들으며 오답 소거하기

다음 각 보기를 들으며 맞으면 ◎, 틀리면 ✕로 표시를 하여 오답을 소거하고 정답을 남기세요.

(A) It doesn't come to this stop. 그 버스는 이 정류장에 정차하지 않아요. ◎✕
⋯▸ 그 버스가 이 정류장에는 오지 않는다며 탈 수 없음을 우회적으로 말함

(B) The express delivery option. 빠른 배송 옵션이요. ◎✕
⋯▸ 질문과 관계없는 내용임
(질문의 express를 반복해서 사용하여 혼동을 일으킨 함정)

(C) One hour ago. 한 시간 전에요. ◎✕
⋯▸ 고속버스를 언제 탔냐는 When 의문문에 어울리는 응답임

**어휘
엿보기**

get on ~에 타다 | express bus 고속버스 | stop 정류장, 정거장 | express delivery 빠른 배송 | option 옵션, 선택
사항

💡 실전 문제 풀어보기

다음을 잘 듣고 질문에 가장 잘 대답한 보기를 고르세요.

1. Mark your answer on your answer sheet.   (A)   (B)   (C)

2. Mark your answer on your answer sheet.   (A)   (B)   (C)

3. Mark your answer on your answer sheet.   (A)   (B)   (C)

4. Mark your answer on your answer sheet.   (A)   (B)   (C)

5. Mark your answer on your answer sheet.   (A)   (B)   (C)

6. Mark your answer on your answer sheet.   (A)   (B)   (C)

7. Mark your answer on your answer sheet.   (A)   (B)   (C)

8. Mark your answer on your answer sheet.   (A)   (B)   (C)

9. Mark your answer on your answer sheet.   (A)   (B)   (C)

10. Mark your answer on your answer sheet.   (A)   (B)   (C)

어휘 엿보기

¹ move 옮기다 ǀ box 상자 ǀ rain 비가 오다 ǀ umbrella 우산 ǀ send 보내다 ǀ ² decide 결정하다 ǀ buy 사다 ǀ beige 베이지 ǀ brown 갈색 ǀ suggestion 제안, 의견 ǀ go with ~으로 선택하다 ǀ different 다른 ǀ color 색상 ǀ ³ email 이메일을 보내다 ǀ slide 슬라이드 ǀ leave 떠나다 ǀ right now 지금 바로 ǀ post office 우체국 ǀ close 문을 닫다 ǀ ⁴ recommend 추천하다 ǀ join 가입하다 ǀ vegetarian 채식주의자(의) ǀ option 선택(할 수 있는 것) ǀ ⁵ expressway 고속도로 ǀ drive 운전하다 ǀ through ~을 통해서 ǀ win 이기다 ǀ competition 경쟁, 대회 ǀ right away 지금 바로 ǀ ⁶ turn on 켜다 ǀ air conditioner 에어컨 ǀ loud (소리가) 큰 ǀ cold 추운 ǀ turn 돌리다 ǀ knob 문손잡이 ǀ right 오른쪽 ǀ ⁷ fill (주문대로) 이행하다 ǀ order 주문 ǀ uniform 유니폼 ǀ take care of ~을 처리하다 ǀ quickly 빠르게, 신속하게 ǀ ⁸ give a ride 태워 주다 ǀ train station 기차역 ǀ trip 여행 ǀ postpone 연기하다 ǀ wrong 틀린 ǀ ⁹ ride 타다 ǀ take (도로 등을) 타다, 이용하다 ǀ stairs 계단 ǀ repairperson 수리 기사 ǀ ¹⁰ wallet 지갑 ǀ anywhere 어디에서도 ǀ find one difficult 어렵다고 생각하다 ǀ check 확인하다 ǀ fine 좋은, (날씨가) 맑은

대화 초반부에 나오는 문제 유형

Point ❶ 대화의 주제 / 전화를 건 목적

영국 ↔ 미국 🎧 U7-01

PART 3는 하나의 대화에 세 개의 문제가 딸려 나와요. 첫 번째 문제의 유형은 주로 세 가지인데, 그 중 첫 번째 유형은 '대화의 주제 또는 전화를 건 목적'을 묻는 문제예요. 질문의 형태가 거의 고정되어 있고, 대화의 첫 화자가 주제 또는 목적을 언급하는 경우가 대부분이기 때문에 첫 한두 문장을 잘 듣고 대화 내용과 일치하는 보기를 고르도록 해요.

> 첫 번째 화자가 질문을 하면, 두 번째 화자가 어떤 식이든 답을 하는 게 PART 3 대화문이기 때문에, 첫 번째 화자가 던지는 질문 속에 대화의 주제를 암시하는 단서가 포함될 가능성이 높아요.

Q. What are the speakers discussing?

Ⓦ Mr. Cheong, do you know **what happened to the Internet**? **I can't access any websites**.

Ⓜ **Internet seems to be out** for the entire building.

A. An Internet failure

Q. 화자들은 무엇에 대해 이야기하는가?

Ⓦ 정 씨, 인터넷이 왜 이런지 아세요? 웹사이트에 접속할 수가 없어요.

Ⓜ 건물 전체에 인터넷이 나간 것 같아요.

A. 인터넷 장애

🗨 질문의 형태

대화의 주제	**What** are the speakers **discussing**? 화자들은 무엇에 대해 이야기하는가?
	What is the conversation **mainly about**? 대화는 주로 무엇에 관한 것인가?
전화를 건 목적	**What** is the **purpose** of the **call**? 전화를 건 목적은 무엇인가?
	Why is the woman **calling**? 여자는 왜 전화를 하고 있는가?

✓ Check up

다음을 잘 듣고 빈칸을 채운 뒤 질문에 맞는 답을 고르세요. (녹음은 2번 들려줍니다.)

미국 ↔ 미국 🎧 U7-02

Ⓦ Good morning. I'm Elizabeth Lopez from Ace Technologies. We received your job application, and I want to _____ next week.

Ⓜ Yes, of course. I'll be free any time during the week.

Q. Why is the woman calling?

> '~하기를 바라고 있다'라는 뜻의 I want to, I'd like to, I hope to, I'm looking forward to 뒤에는 화자의 바람이 나오기 때문에 첫 화자가 이런 표현들을 사용한다면 여기서 대화의 주제나 전화를 건 목적이 등장할 가능성이 높아요.

(A) To inquire about a service

(B) To set up a job interview

첫 번째 문제의 두 번째 유형은 '화자의 신분'을 묻는 문제예요. 질문의 형태가 고정적이며, 대화 초반에 답의 단서가 등장해요. 직업이나 업무 분야를 직접 말하기보다는 직업적 특성을 드러내는 단어나 표현을 통해 정답을 유추해야 하는 문제로 주로 출제됩니다.

Q. Who most likely are the speakers?	**Q.** 화자들은 누구겠는가?
W Chris, what are you working on over there?	W 크리스, 거기서 무슨 작업 하세요?
M Oh, I'm just finishing up some examples for this afternoon's **watercolor painting class. What are you going to teach** today?	M 아, 오늘 오후에 있을 수채화 수업용 견본 작품을 마무리하고 있어요. 오늘은 어떤 걸 가르치세요?
W **Baroque art.**	W 바로크 미술이요.
A. Art teachers	**A.** 미술 교사들

남자가 사용한 단어 및 표현(watercolor painting class)과 질문(What are you going to teach?)으로 화자들의 직업을 유추할 수 있어요.

💬 질문의 형태

Who (most likely) is the **man**? 남자는 누구인가(누구겠는가)?

What kind of business does the **woman work** for? 여자는 어떤 업종에서 일하는가?

Where do the **speakers** most likely **work**? 화자들은 어디서 일하겠는가?

PART 3 UNIT 07

✓ Check up

다음을 잘 듣고 빈칸을 채운 뒤 질문에 맞는 답을 고르세요. (녹음은 2번 들려줍니다.)

M Julia, I'm excited to be _____ for our newest client. You're one of the most creative designers I've ever worked with.

W Thank you. That means a lot.

Q. Where do the speakers most likely work?

(A) At an advertising agency

(B) At a publishing house

Point ❸ 대화 장소

첫 번째 문제의 세 번째 유형은 '대화 장소'를 묻는 문제예요. 화자의 신분을 묻는 문제 유형과 마찬가지로 대화 장소를 직접 말하기보다는 특정 장소에서 쓰이는 단어나 표현을 통해 정답을 유추해야 하는 문제로 출제됩니다.

Q. Where most likely are the speakers?

Ⓜ How can I help you? → 여자가 말한 예약 표현과 사용된 단어들을 토대로 대화 장소를 어렵지 않게 유추할 수 있어요.

Ⓦ **I made an 11 A.M. appointment with Dr. Murray for a dental checkup.** My name is Molly Reese.

A. At a dental clinic

Q. 화자들은 어디에 있겠는가?

Ⓜ 무엇을 도와드릴까요?

Ⓦ 제가 오전 11시에 머레이 박사에게 치과 검진을 예약했어요. 제 이름은 Molly Reese입니다.

A. 치과에

💬 질문의 형태

Where most likely are the **speakers**? 화자들은 어디에 있겠는가?

Where is the conversation **taking place**? 대화는 어디에서 이뤄지고 있는가?

Where does the conversation probably **take place**? 대화는 어디에서 이뤄지고 있겠는가?

✓ Check up

다음을 잘 듣고 빈칸을 채운 뒤 질문에 맞는 답을 고르세요. (녹음은 2번 들려줍니다.)

Ⓦ This is the newest edition of Unique Careers, _____
_____. Today's guest is Ryan West. We're glad to have you here, Ryan.

Ⓜ Hello, thank you for having me.

Q. Where is the conversation most likely taking place?

(A) At a broadcasting station

(B) At a department store

📖 빈출 표현 익히기

❶ 대화의 주제를 나타내는 단서 표현

- I want to ~ / I'd like to ~ ~하고 싶습니다
- I need to ~ ~해야 합니다
- I'm here to ~ / I came to ~ ~하려고 왔어요
- I hope to ~ / I'm looking forward to ~ ~하기를 바라고 있어요

❷ 전화를 건 목적을 나타내는 단서 표현

- I'm calling to ~ ~하려고 전화 드립니다
- I'm calling because ~ ~때문에 전화 드립니다
- I am wondering if ~ ~인지 궁금합니다

❸ 화자의 신분을 나타내는 단서 표현

- Thanks for joining ~ ~와 함께해 주셔서 감사합니다
- here at 업체명 이곳 (업체명)에
- This is 이름 from 업체명. 저는 (업체명)의 (이름)입니다.
- I'm calling from 업체명. (업체명)에서 전화 드립니다.

📱 기출 유형 풀어보기

영국 ↔ 미국 🎧 U7-07

Q. Where do the speakers most likely work?

(A) At a travel company

(B) At a restaurant

(C) At a grocery store

(D) At an auto dealership

STEP ① 질문의 키워드 잡기

대화를 듣기 전에 질문을 미리 읽으면서 키워드에 표시하고, 대화의 흐름을 예상하세요.

Where do the speakers most likely **work**? 화자들은 어디에서 일하겠는가?	내 머릿속에, **"화자가 일하는 곳"**을 저장하고, 첫 한두 문장을 집중해서 들으면서, 화자들의 신분을 드러내는 단어나 표현을 포착하여 정답을 유추하세요!

STEP ② 들으며 정답 찾기

대화를 들으면서 동시에 정답을 고르세요.

> 첫 화자의 말에서 포착한 단서를 종합하여 이와 일치하는 보기를 고르세요!
> cleaned the tables (테이블을 닦았다), customers, meal, chef (손님들, 식사와 관련된 일)
> → At a restaurant (식당이구나!)

W	I just **cleaned the tables**. The **customers** said they were very happy with their **meal**. I'm going to tell the **chef**.	W	제가 방금 테이블을 치웠어요. 손님들이 식사가 아주 만족스러웠다고 하셨어요. 주방장에게 전해 주려고요.
M	Great. By the way, will you be available to work an additional shift this Saturday?	M	좋네요. 그나저나, 이번 주 토요일에 추가 근무 가능하세요?
W	I'm sorry. My car broke down, and I was hoping to get it repaired on Saturday.	W	죄송해요. 제 차가 고장 나서 토요일에 수리받을까 하거든요.

···· 화자들은 어디에서 일하겠는가?

(A) 여행사에서 **(B) 식당에서** (C) 식료품점에서 (D) 자동차 대리점에서

어휘 엿보기

travel company 여행사 | grocery store 식료품점 | auto dealership 자동차 대리점 | clean 치우다 | meal 식사 | chef 주방장, 요리사 | available 시간이 있는 | additional 추가의 | shift 근무 | break down 고장 나다 | repair 수리하다

다음을 잘 듣고 질문에 맞는 보기를 고르세요.

1. What are the speakers discussing?

(A) Some shipments were damaged.
(B) An order has been delayed.
(C) A repairperson is not available.
(D) Some equipment is malfunctioning.

2. Where do the speakers most likely work?

(A) At a laundry business
(B) At an electronics store
(C) At a factory
(D) At a farm

3. What does the man instruct the woman to do?

(A) Conduct a customer survey
(B) Order additional supplies
(C) Look over some contract terms
(D) Check some inventory

4. Who most likely is the man?

(A) A teller
(B) A pharmacist
(C) A nurse
(D) A receptionist

5. Why does the man apologize to the woman?

(A) An order is not ready yet.
(B) The business is about to close.
(C) She was overcharged.
(D) He provided incorrect information.

6. What will the woman probably do next?

(A) Get a refund
(B) Call a doctor
(C) Go next door
(D) Pay for a purchase

어휘
엿보기

1-3 sewing machine 재봉틀 ㅣ out of order 고장 난 ㅣ contact 연락하다 ㅣ repairperson 수리공 ㅣ take a look 살펴보다 ㅣ come by 들리다 ㅣ manufacturing plant 제조 공장 ㅣ indicate 나타내다, (간단히) 말하다 ㅣ part 부품 ㅣ replace 교체하다 ㅣ fix 고치다, 수리하다 ㅣ meanwhile 그동안에 ㅣ look over 검토하다 ㅣ inventory 재고 ㅣ make sure 반드시 ~하다 ㅣ fill an order 주문을 이행하다, 주문을 충족하다 ㅣ fabric 원단 ㅣ shipment 수송, 수송품 ㅣ damage 손상을 주다 ㅣ delay 미루다 ㅣ malfunction 제대로 작동하지 않다 ㅣ laundry 세탁 ㅣ conduct 시행하다 ㅣ customer survey 설문 ㅣ contract 계약 ㅣ term 조건 ㅣ 4-6 pick up ~을 찾다 ㅣ medication 약 ㅣ prescription 처방전 ㅣ pharmacy 약국 ㅣ at the moment 지금 ㅣ inconvenience 불편 ㅣ stop by ~에 잠시 들르다 ㅣ post office 우체국 ㅣ next door 옆집에 ㅣ understanding 이해 ㅣ teller 은행원 ㅣ pharmacist 약사 ㅣ receptionist 접수원 ㅣ overcharge 초과 청구하다 ㅣ incorrect 잘못된, 틀린 ㅣ refund 환불 ㅣ next door 옆집에 ㅣ pay for 지불하다 ㅣ purchase 구매

UNIT 08 대화 중반부에 나오는 문제 유형

MP3 바로 듣기

Point ❶ 문제점·걱정거리   미국↔영국 🎧 U8-01

문제점이나 걱정거리를 묻는 문제가 나오면 대화 중에 기계가 고장 났다거나 수리 기사가 시간이 없다거나 일부 정보가 틀렸다는 등의 부정적인 내용이 나올 것을 예상하세요. 특히 but(그러나), however(그러나), unfortunately(안타깝게도) 등과 같은 표현 뒤에 이러한 정답 단서 문장이 등장할 때가 많아요.

Q. What is the man's problem? M I purchased this laptop here yesterday. **But it keeps turning off every 30 minutes.** W I'm sorry about that. Several customers have actually come in with the same issue. **A.** A product is not working properly.	**Q.** 남자의 문제는 무엇인가? M 제가 어제 여기서 이 노트북을 구매했는데요. 30분마다 계속 꺼지네요. W 죄송합니다. 실은 몇몇 고객들이 같은 문제로 찾아오셨어요. **A.** 제품이 제대로 작동하지 않는다.

질문의 형태

문제점   **What problem** does the man mention? 남자는 어떤 문제점을 언급하는가?

What is the woman's **problem**? 여자의 문제는 무엇인가?

걱정거리   **What** is the man **concerned about**? 남자는 무엇에 관해 걱정하는가?

Check up

다음을 잘 듣고 빈칸을 채운 뒤 질문에 맞는 답을 고르세요. (녹음은 2번 들려줍니다.)   영국↔미국 🎧 U8-02

W _____. Is there a desk with an electrical outlet here in the library?

M Well, there are a few desks that have outlets. Let me see.

Q. What is the woman concerned about?

(A) Her computer is low on power.

(B) She misplaced her laptop.

화자가 말한 것을 묻는 문제에서는 질문에 언급된 화자의 말에서 단서가 등장해요. 질문에 언급된 동사나 명사를 키워드로 삼아 이 단어들이 대화 중에 나올 것을 예상하고 해당 화자의 말에 집중하면 어렵지 않게 단서를 찾을 수 있어요.

Q. What does the woman say **recently changed**?	**Q.** 여자는 최근에 무엇이 바뀌었다고 말하는가?
🇲 Janice, do you know what time the training seminar is going to start?	🇲 재니스, 교육 세미나가 몇 시에 시작하는지 아세요?
🇼 It begins at 9 A.M. By the way, **they changed the location of the seminar**. It will now be held in meeting room 1, not 3.	🇼 아침 9시에 시작해요. 그런데, 세미나 장소를 바꿨던데요. 이제 3번 회의실이 아니라 1번 회의실에서 열릴 거예요.
A. An event location	**A.** 행사 장소

❓ 질문의 형태

What does the **man say** about the **restaurant**? 식당에 대해 남자는 뭐라고 말하는가?

What does the **woman say** she will **check**? 여자는 무엇을 확인하겠다고 말하는가?

According to the **man**, **what happened last week**?
남자의 말에 따르면, 지난주에 무슨 일이 있었는가?

✓ Check up

다음을 잘 듣고 빈칸을 채운 뒤 질문에 맞는 답을 고르세요. (녹음은 2번 들려줍니다.)

🇼 Hello, I'm going to redo my garden next week, so I need to purchase some soil.

🇲 OK. Is there a specific brand of soil you're looking for?

🇼 Yes. Does your store carry Patsy's Mix? _____, and I was very pleased with the results.

Q. What does the _____ say about _____?

(A) She likes its texture.

(B) She has previously used it.

화자가 말한 것을 묻는 문제와 마찬가지로 대화 중에 등장한 '세부 정보'를 묻는 문제입니다. 질문에 언급된 동사나 명사, 이름, 시간, 장소, 방법 등을 키워드로 표시하고 문제의 요점을 기억하면서 들어야 해요.

Q. What will the man **send** the woman?	**Q.** 남자는 여자에게 무엇을 보낼 것인가?
Ⓜ So, how would you like to change your order?	Ⓜ 그러면, 주문을 어떻게 바꾸고 싶으신가요?
Ⓦ Well, I'd like an additional box of envelopes.	Ⓦ 음, 봉투 한 박스를 추가해 주세요.
Ⓜ Sure thing. **I will** add the additional item and **send you a confirmation e-mail**.	Ⓜ 네, 알겠습니다. 그 제품을 추가하고 확인 이메일을 보내드리겠습니다.
A. An e-mail	**A.** 이메일

🔎 질문의 형태

What information does the **man request**? 남자는 어떤 정보를 요청하는가?

Why was the **seminar canceled**? 세미나는 왜 취소되었는가?

How will the **woman send** her **résumé**? 여자는 이력서를 어떻게 보낼 것인가?

✅ Check up

다음을 잘 듣고 빈칸을 채운 뒤 질문에 맞는 답을 고르세요. (녹음은 2번 들려줍니다.)   영국 ↔ 호주   🎧 U8-06

Ⓦ Hi, I'm interested in signing up for a _____.

Ⓜ OK, fill out this form, please. And… um… do you have any photo identification?

Ⓦ Here, I have a _____.

Q. What does the woman want to get?

(A) A library card

(B) A driver's license

📖 빈출 표현 익히기

❶ 문제점을 나타내는 단서 표현

- but / however 그러나
- unfortunately 안타깝게도
- I'm sorry but 미안하지만
- I'm afraid ~ ~일까 봐 걱정이에요
- I'm worried about ~ / I'm concerned about ~ ~가 걱정이 돼요
- I have a problem with ~ / I'm having trouble with ~ ~하는 데 문제가 있어요

❷ 중요한 정보를 나타내는 단서 표현

- actually / in fact 사실은
- apparently 듣자 하니

❸ 이유 / 원인을 나타내는 단서 표현

- because of / due to ~때문에
- thanks to ~덕분에

미국 ↔ 영국 · U8-07

Q. What does the woman apologize for?

(A) A wrong charge

(B) A renovation project

(C) A technical issue

(D) A late train

STEP 1 질문의 키워드 잡기

대화를 듣기 전에 질문을 미리 읽으면서 키워드에 표시하고, 대화의 흐름을 예상하세요.

What does the **woman apologize** for?
여자는 무엇에 대해 사과하는가?

내 머릿속에, **"여자가 사과하는 것"**을 저장하고, 키워드인 apologize(사과하다)와 의미상 동일한 표현이 사용된 부분을 집중해서 듣고, 이어지는 내용과 일치하는 보기를 선택하세요!

STEP 2 들으며 정답 찾기

대화를 들으면서 동시에 정답을 고르세요.

M: May I ask you something? I purchased a train ticket to Denver, but I don't know which platform I'm supposed to go to. The display monitor is not showing any information about my train.

W: **Sorry about that. We're having some connection problems with our monitors.** I can look that information up for you, though. You're going to Denver, right?

→ 여자의 말에서 질문의 apologize와 의미상 동일한 표현, "Sorry about that." 뒤에 이어지는 내용과 일치하는 보기를 골라야 해요.

M: Yes, on Train 220. connection problems with our monitors (모니터 연결 문제) → A technical issue (기술적 문제)

M: 제가 뭐 좀 여쭤봐도 될까요? 덴버행 기차표를 구입했는데, 어느 승강장으로 가야 할지 모르겠어요. 전광판에 제 기차에 대한 정보는 전혀 뜨질 않네요.

W: 그러시다니 죄송합니다. 모니터 연결에 문제가 있거든요. 그 정보는 제가 찾아봐 드릴 수 있어요. 덴버로 가시는 거 맞죠?

M: 네, 220번 열차입니다.

⋯ 여자는 무엇에 대해 사과하는가?
(A) 잘못된 요금 (B) 수리 계획 **(C) 기술적 문제** (D) 연착된 열차

어휘 엿보기

apologize 사과하다 | charge 요금 | renovation 수리 | technical 기술적인 | issue 문제 | ask 물어보다 | purchase 구매하다 | platform 승강장 | be supposed to ~하기로 되어 있다 | display monitor 전광판 | connection 연결 | look ~ up (정보를) 찾아보다

💡 실전 문제 풀어보기

다음을 잘 듣고 질문에 맞는 보기를 고르세요.

1. Where most likely are the speakers?

(A) At a car factory
(B) At a trade fair
(C) At a department store
(D) At a computer repair shop

2. What problem does the man mention?

(A) Technicians are unavailable.
(B) Some supplies are not in stock.
(C) A part needs to be replaced.
(D) A document has been misplaced.

3. What does the woman ask the man about?

(A) When a warranty ends
(B) Where a store is located
(C) How much a service costs
(D) How long some work will take

4. Who most likely is the man?

(A) Restaurant manager
(B) Factory director
(C) Computer technician
(D) Hotel supervisor

5. Why does Stephanie apologize to the customer?

(A) An order has been delayed.
(B) A package was damaged.
(C) A receipt was not given.
(D) A Web page is unavailable.

6. What does the man say he will do?

(A) Talk to a worker
(B) Process a credit card
(C) Provide a coupon
(D) Call a supplier

PART 3 UNIT 08

**어휘
엿보기**

1-3 buzzing 윙윙거리는 | occur 발생하다 | fan 팬, 선풍기, 환풍기 | broken 고장 난 | replace 교체하다 | cost (비용이) 들다 | in stock 재고가 있는 | warranty 품질 보증(서) | **4-6** pardon me 여보세요 | order 주문하다 | server 서빙하는 사람, 웨이터 | look into 확인하다, 조사하다 | right away 즉시, 바로 | wait for ~을 기다리다 | hurry 서두르다 | make sure 반드시 ~하도록 하다 | send out 보내다 | as soon as possible 가능한 한 빨리 | technician 기술자 | supervisor 관리자 | apologize to ~에게 사과하다 | delay 지연시키다 | package 소포, 포장된 상품 | damage 훼손하다 | receipt 영수증 | unavailable 이용할 수 없는 | process 처리하다 | supplier 납품업체, 공급업체

MP3 바로 듣기

Point ❶ 앞으로의 계획

미국 ↔ 영국 | 🎧 U9-01

화자의 계획은 대화의 후반부에 등장할 때가 많아요. 계획을 말하는 만큼 미래시제 표현이 단서 역할을 하죠. 질문에 언급된 화자가 직접 자신의 계획을 말할 때도 있지만, 반대로 상대 화자가 계획을 물어보고 당사자는 'Yes', 'Of course' 등의 대답만 할 때도 많아요. 따라서 전체적인 대화의 흐름을 잘 따라갈 수 있어야 해요.

Q. What are the speakers discussing?	**Q.** 화자들은 무엇에 대해 이야기하고 있는가?
Ⓜ By the way, I just heard that **you're going to transfer to our Vienna branch next week. Is that true?**	Ⓜ 그런데, 당신이 다음 주에 비엔나 지점으로 전근 간다고 방금 들었는데요. 사실이에요?
Ⓦ **Yes.** The company wants me to oversee our new store there.	Ⓦ 네. 회사에서 제가 그곳의 신규 매장을 감독하기를 원해서요.
A. Relocate to another location	**A.** 다른 지점으로 옮기는 것

❓💬 질문의 형태

What is the man **going to do**? 남자는 무엇을 할 예정인가?
What is the woman **planning to do**? 여자는 무엇을 할 계획인가?
What will the man **plan to do**? 남자는 무엇을 할 계획인가?

✅ Check up

다음을 잘 듣고 빈칸을 채운 뒤 질문에 맞는 답을 고르세요. (녹음은 2번 들려줍니다.)

호주 ↔ 미국 | 🎧 U9-02

Ⓜ Some of us from the marketing team will be volunteering at Griffith Park this Sunday afternoon. Would you like to help out?

Ⓦ _____, so I have to leave by 5:00 p.m. Would we be done by then?

Ⓜ Don't worry. We'll be finished before five. I'm going to add you to the volunteer list for this Sunday, then.

Q. What will the woman plan to do?

(A) Go to a party   (B) Add to a list

다음에 할 일 역시 대화의 후반부에 등장할 때가 많으며, 미래시제 표현이 단서 역할을 해요. 질문에 언급된 화자가 직접 다음에 할 일을 말하기도 하지만, 상대 화자가 다음에 할 일을 확인하고 당사자는 '그렇게 할 거다'라는 식의 간단한 대답만 할 때도 많아요. 따라서 대화가 끝날 때까지 흐름을 놓쳐서는 안 돼요.

Q. What will the **woman do next**?

Ⓦ Hello, Mr. Chiu. Thank you for inviting me to your office.

Ⓜ It's a pleasure to have you here, Ms. Valentine. **If you come into this room, I'll begin by showing you a brief video about our company.**

A. Watch a video

Q. 여자는 다음에 무엇을 할 것인가?

Ⓦ 안녕하세요, 추 씨. 사무실로 초대해 주셔서 감사합니다.

Ⓜ 이곳에 모시게 돼서 기뻐요, 발렌타인 씨. 이 방으로 들어오시면 저희 회사에 관한 짧은 영상부터 보여 드릴게요.

A. 영상을 본다

🗨 질문의 형태

What will the man **do next**? 남자는 다음에 무엇을 할 것인가?

What will the woman **most likely do next**? 여자는 다음에 무엇을 하겠는가?

What will **happen next**? 다음에 무슨 일이 일어날 것인가?

✅ Check up

다음을 잘 듣고 빈칸을 채운 뒤 질문에 맞는 답을 고르세요. (녹음은 2번 들려줍니다.)   영국 ↔ 미국   🎧 U9-04

Ⓦ Actually, I did some freelancing while studying. I designed the layout of an advertising agency's website.

Ⓜ Interesting. _____
so that I can check out your work?

Ⓦ Not at all. _____.

Q. What will the woman do next?

(A) Speak to a supervisor

(B) Send a website address

주로 대화 후반부에서 화자가 상대 화자에게 무엇을 해 줄 것을 '요청'하거나 하라고 '제안'하는 문제가 나와요.
요청·제안 표현과 함께 나올 때가 많기 때문에 다양한 관련 표현들을 미리 익혀 두는 게 좋아요.

Q. What is the **woman asked to do**?	**Q.** 여자는 무엇을 하라고 요청받는가?
Ⓜ Have you ever worked in the web design field?	Ⓜ 웹디자인 분야에서 일해 보신 적이 있으신가요?
Ⓦ Yes. I've worked as a web designer for the past three years.	Ⓦ 네. 지난 3년 동안 웹디자이너로 일했습니다.
Ⓜ OK. Then **please email us your résumé**. We'll contact you after we look it over.	Ⓜ 좋아요. 그럼 이력서를 이메일로 보내 주세요. 저희가 검토해 보고 연락 드리겠습니다.
A. Email a résumé	**A.** 이력서를 이메일로 보내라고

❓… 질문의 형태

What is the man **asked to do**? 남자는 무엇을 하라고 요청 받는가?
What does the man **recommend**? 남자는 무엇을 추천하는가?
What does the man **suggest doing**? 남자는 무엇을 하자고 제안하는가?

✅ Check up

다음을 잘 듣고 빈칸을 채운 뒤 질문에 맞는 답을 고르세요. (녹음은 2번 들려줍니다.)　　　 호주↔영국 　🎧 U9-06

Ⓜ Hmm… If I remember right, there's a parking garage on the next block. Maybe we can park there.

Ⓦ OK. And after we park, _____ and get some coffee on the way to the conference hall.

Q. What does the woman suggest doing?

(A) Parking to the next block
(B) Going to a café

📖 빈출 표현 익히기

❶ 앞으로의 계획·다음에 할 일을 나타내는 단서 표현

- I will ~ ~할게요
- I'm going to ~ ~할 거예요
- I'm planning to ~ ~할 계획이에요
- I have to ~ / I need to ~ ~해야 합니다 / ~할 필요가 있어요
- I've decided to ~ 저는 ~하기로 결정했어요
- We're scheduled to ~ 우리는 ~할 예정이에요
- They're trying to ~ 그들은 ~하려고 합니다

❷ 제안을 나타내는 단서 표현

- Why don't you ~? ~하는 게 어때요?
- How about ~? / What about ~? ~은 어때요?
- I recommend ~ 저는 ~할 것을 추천합니다
- I suggest ~ 저는 ~할 것을 제안합니다
- I advise ~ 저는 ~할 것을 권합니다
- You should ~ 당신은 ~하는 게 좋습니다
- Let's ~ 우리 ~합시다

❸ 요청을 나타내는 단서 표현

- Can you ~? / Could you ~? ~해 주시겠어요?
- Will you ~? / Would you ~? ~하시겠어요?
- I want you to ~ / I'd like you to ~ ~해 주세요
- I need you to ~ 당신은 ~해야 합니다
- Please ~ ~해 주세요
- make sure ~ / be sure to ~ 꼭 ~해 주세요

영국 ↔ 미국 | 🎧 U9-07

Q. What is the woman asked to do?

(A) Make a deposit

(B) Review some contracts

(C) Provide some information

(D) Submit an application

STEP ❶ 질문의 키워드 잡기

대화를 듣기 전에 질문을 미리 읽으면서 키워드에 표시하고, 대화의 흐름을 예상하세요.

What is the **woman asked to do**?
여자는 무엇을 하라고 요청 받는가?

내 머릿속에, "**여자가 요청 받는 것**"을 저장하고, 남자의 요청 표현이 나오는 곳에서 단서를 포착하세요!

STEP ❷ 들으며 정답 찾기

대화를 들으면서 동시에 정답을 고르세요.

W Hi, I saw your ad in the newspaper, and I'd like to know if the apartment on Gerrard Street is still available. I got a new job in the area, so I have to move within two weeks.

M One of the apartments will become vacant next week. **Why don't you give me your e-mail address**, and I'll send you the details about the place.

W Great. Thank you.

W 안녕하세요, 신문에서 광고를 봤는데요. 제라드 가에 있는 아파트가 아직 임대 가능한지 알고 싶어서요. 제가 그 지역에서 새 일자리를 구하게 되어 2주 안에 이사를 해야 해요.

M 다음 주에 한 곳이 빌 예정이에요. 제게 이메일 주소를 주시겠어요? 그 아파트에 대한 세부 사항들을 보내 드릴게요.

W 좋아요. 감사합니다.

남자가 이메일 주소를 달라고 한 제안 표현이 곧 여자가 요청 받은 사항이니 이메일 주소 제공과 일치하는 보기를 고릅니다.

Why don't you give me your e-mail address? (제게 이메일 주소를 주시겠어요?)
→ Provide some information (정보 제공)

⋯ 여자는 무엇을 하라고 요청 받는가?

(A) 입금하라고   (B) 계약서를 검토하라고   **(C) 정보를 제공하라고**   (D) 신청서를 제출하라고

어휘 엿보기

make a deposit 예금하다, 입금하다 | review 검토하다 | contract 계약서 | submit 제출하다 | application 신청서 | ad(=advertisement) 광고 | newspaper 신문 | available 이용 가능한 | move 이사하다 | within ~이내에 | vacant 비어 있는 | Why don't you ~ ~하는 게 어때요? | detail 세부 사항

실전 문제 풀어보기

U9-08

다음을 잘 듣고 질문에 맞는 보기를 고르세요.

1. What does the customer want to change about her order?

(A) The amount
(B) The color
(C) The model number
(D) The delivery address

2. What problem does the man mention?

(A) An item is out of stock.
(B) An order was shipped early.
(C) An online form did not work.
(D) A shipment was delayed.

3. What will the woman probably do next?

(A) Give a refund
(B) Suggest a different model
(C) Request that the customer reorder
(D) Contact a supplier

4. What are the speakers mainly discussing?

(A) A conference
(B) Lunch plans
(C) Theater performances
(D) A budget

5. Why is the man unable to attend?

(A) He has to get ready for a presentation.
(B) He will go on a vacation.
(C) He will be interviewing candidates.
(D) He must visit another branch.

6. What does the man suggest?

(A) Canceling a meeting
(B) Reviewing a document
(C) Booking a table
(D) Paying in advance

PART 3 UNIT 09

어휘 엿보기

1-3 customer 고객 | place an order 주문하다 | laptop 노트북 | order 주문; 주문하다 | be out of ~이 없다 | shipment 배송(품) | slightly 약간 | processor (컴퓨터의) 프로세서[처리기] | amount 양 | ship 배송하다 | delay 지연시키다 | refund 환불 | suggest 제안하다 | request 요청하다 | contact 연락하다 | supplier 공급업체 | **4-6** prepare 준비하다 | presentation 발표, 프레젠테이션 | sales 매출액, 판매량 | Vice President 부사장 | make a reservation 예약하다 | get busy 바빠지다, (장소가) 붐비게 되다 | reserve 예약하다 | spot 자리, 장소 | cancel 취소하다 | review 검토하다 | book 예약하다 | pay 지불하다 | in advance 미리

MP3 바로 듣기

Point ❶ 화자 의도 파악

영국 ↔ 미국 🎧 U10-01

'화자의 의도를 묻는 문제'는 대화나 담화 속에서 화자가 말한 표현을 인용하여 그 의도가 무엇인지를 물어요. 단순히 표면적인 의미가 아닌 지문의 맥락을 이해하면서 화자가 그렇게 말한 숨겨진 의미를 파악해야 해요. 주어진 인용 표현 앞뒤에 결정적인 단서가 제공되는 경우가 많기 때문에 대화 및 담화의 흐름을 놓치지 않는 것이 중요해요.

Q. What does the woman mean when she says, "I don't mind"? W Hi, I'm looking for the new Megatech Z5 smartphone. M Actually, we're all out of that model at the moment. W **Will you be getting more anytime soon? I really want to purchase one.** M **Well, the new shipment won't arrive until next week.** W **I don't mind.** **A.** She will wait for a product.	**Q.** 여자가 "상관없어요"라고 말할 때 그녀가 의미하는 것은? W 안녕하세요, 제가 새로 나온 메가테크 Z5 스마트폰을 찾고 있는데요. M 사실, 지금 그 모델은 모두 팔렸습니다. W 곧 더 들여오실 건가요? 제가 정말로 그걸 사고 싶어서요. M 글쎄요, 배송이 다음 주나 되어야 들어올 겁니다. W 상관없어요. **A.** 그녀는 제품을 기다릴 것이다.

화자 의도 파악 문제 해결 방법

❶ 인용문을 먼저 읽고 의미를 파악하세요!

대화를 듣기 전에 문제에 등장한 인용문을 해석해 두세요. (문제를 먼저 읽는 단계에서 "I don't mind"가 "괜찮아요"라는 사전적 의미라는 것을 미리 파악해 놓으세요.)

❷ 처음부터 끝까지 대화의 흐름을 놓치면 안 돼요!

대화에서 인용문이 언제 나올지 모르고 문맥상의 숨은 의도를 찾는 문제이기 때문에 그 인용문의 앞이나 뒤, 특히 앞에서 정답의 단서가 나오는 경우가 많아요. 따라서 화자 의도 파악 문제에서는 대화의 흐름을 놓치지 않는 게 무엇보다 중요해요.

❸ 대화의 흐름을 놓쳤으면 빨리 찍고 넘어가세요!

대화의 흐름을 놓쳐서 정답을 모를 때에는 재빨리 찍고 다음 문제에 집중하여 나머지 문제를 틀리지 않도록 하는 게 중요해요. 놓친 문제에 신경 쓰다가 두세 문제를 더 틀릴 수도 있으니까요.

?⃟ 질문의 형태

What does the woman **mean when she says**, "░░░░░░░░░░░░"?

여자가 "░░░░░░░░░"라고 말할 때 그녀가 의미하는 것은?

What does the man **imply when he says**, "░░░░░░░░░"?

남자가 "░░░░░░░"라고 말할 때 그가 내비치는 것은?

Why does the woman **say**, "░░░░░░░░░"?

여자는 왜 "░░░░░░░"라고 말하는가?

✓ Check up

다음을 잘 듣고 빈칸을 채운 뒤 질문에 맞는 답을 고르세요. (녹음은 2번 들려줍니다.)　　　영국 ↔ 호주　🎧 U10-02

ⓦ Hey, Jack. _____ the Broadlight Theater on Friday?

ⓜ Oh! Well, if you are interested, several of us from Accounting are also going to watch a movie after work that day. And Keisha owns a minivan.

ⓦ That sounds good.

Q. Why does the man say, "Keisha owns a minivan"?

(A) To request a parking permit

(B) To suggest sharing a ride

미국 ↔ 호주   U10-03

시각 자료는 요금표, 행사 일정표, 건물의 층별 안내 등의 리스트형 시각 자료와 지도, 평면도 등의 이미지형 시각 자료로 구별할 수 있어요. 리스트형 시각 자료는 주로 대화 속의 단서와 시각 자료의 항목별 정보를 매칭시켜 답을 찾아야 하고, 이미지형 시각 자료 중 지도나 평면도는 대화 중에 등장하는 위치나 방향 관련 표현에 주의해야 해요.

E500	No Internet service
E510	No storage space
E520	Replace battery
E530	**Update required**

Q. Look at the graphic. Which error code is the tablet displaying?

W Hi, I bought this tablet here on Tuesday. But when I try to open a new app, an error message appears on the screen.

M I see. This is the chart of all error messages. Um... Okay. The chart indicates that **the tablet needs to be updated** with the newest software to load new apps.

A. E530

E500	인터넷 서비스 안 됨
E510	저장 공간 없음
E520	배터리 교체
E530	업데이트 필요

Q. 시각 자료를 보시오. 태블릿에 어떤 오류 코드가 표시되고 있는가?

W 안녕하세요, 화요일에 여기서 이 태블릿을 구입했습니다. 그런데 새 앱을 열려고 하면 오류 메시지가 화면에 나타나서요.

M 그러시군요. 이게 전체 오류 메시지 차트인데요. 음… 알겠네요. 새 앱을 로딩하려면 태블릿을 최신 소프트웨어로 업데이트해야 한다고 나와 있네요.

A. E530

질문의 형태

Look at the graphic. **Which section** will the **man go to**?
시각 자료를 보시오. 남자는 어느 구역으로 갈 것인가?

Look at the graphic. **What information** does the **woman ask about**?
시각 자료를 보시오. 여자는 어느 정보에 관하여 묻는가?

 Check up

다음을 잘 듣고 빈칸을 채운 뒤 질문에 맞는 답을 고르세요. (녹음은 2번 들려줍니다.) 미국↔미국 U10-04

3rd Floor - Kelmore Legal		
	301	storage
entrance		
	302	kitchen

W Excuse me. I'm here for a meeting at Kelmore Legal, but I can't seem to find the office.

M Kelmore actually has offices on two different floors. Who are you meeting, exactly?

W I'm meeting Rupert Linch.

M Oh, I know him quite well. You'll want to go to the 3rd floor then. _____ _____.

W Thank you.

Q. Look at the graphic. Which room is Rupert Linch located in?

(A) Room 301

(B) Room 302

빈출 표현 익히기

〈시각 자료 유형별 빈출 표현〉

❶ list (일정표, 요금표, 교통편 안내)

leave 떠나다	depart 출발하다
arrive 도착하다	land 착륙하다
flight 비행	destination 목적지
aisle seat 통로 쪽 좌석	window seat 창가 쪽 좌석
phone directory 전화번호부	extension number 내선 번호
move 바꾸다, 옮기다	change / switch 바꾸다
delay 지연시키다	reschedule 일정을 변경하다
postpone 연기하다	cancel 취소하다
on time 제시간에	behind schedule 일정보다 늦게
on schedule 일정에 맞춰	ahead of schedule 일정에 앞서
bill 계산서	invoice 송장, 청구서
charge 요금; 청구하다	late fee 연체료

▶ 표 예시

Flights	Status
Flight 214	On Time
Flight 406	Boarding Now
Flight 526	Canceled
Flight 717	Delayed

- 비행기/기차의 출발/도착 시간, 상태, 탑승구 등을 알려주는 표
- 특정 행사의 연설자, 주제, 시간, 장소 등 세부 사항을 보여주는 표
- 주문한 물건의 수량, 가격 등의 정보를 나타내는 표

❷ graph / chart (막대/선 그래프, 파이 차트)

the largest 가장 큰	the smallest 가장 작은
the second biggest 두 번째로 큰	the lowest number 가장 낮은 수
market share 시장 점유율	quarter 4분기

▶ 그래프 예시

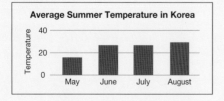

- 기업 및 상품 등의 매출 변화, 회원 수 변화, 설문 조사 결과 등의 막대/선 그래프 또는 파이 차트
  (가장 높거나, 낮거나, 두 번째로 높은 항목 등이 정답으로 자주 출제 돼요!)

❸ map (건물 층별 안내, 지도, 약도, 노선도)

station (기차)역	stop 정류장, 정거장
right before ~하기 직전에	right after ~한 직후에
in front of ~앞에	next to ~옆에
behind ~뒤에	across from ~건너편에
opposite ~건너편에	on the other side of ~의 반대편에
between A and B A와 B 사이에	be located 위치해 있다
go straight 직진하다	turn left 좌회전하다
on / to one's left ~의 왼쪽에	one on the left 왼쪽에 있는 것

▶ 지도 예시

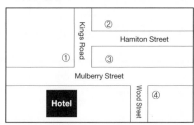

● 사무실 배치도, 기차 노선도, 상점/행사장 등의 약도
(위치를 설명하는 유형의 시각 자료이기 때문에 위치나 방향 관련 표현을 익혀야 해요!)

❹ 기타

▶ 기타 예시

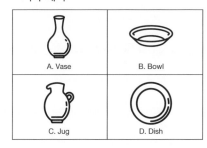

● 제품 이미지, 카탈로그 페이지, 할인 쿠폰, 청구서, 영수증, 요일별 날씨 안내 등의 이미지를 활용한 다양한 시각 자료

영국 ↔ 미국　🎧 U10-05

Q. Why does the woman say, "And the layout is still due by this Friday"?

(A) She is concerned about a schedule.　(B) She requires some assistance.

(C) She postponed a meeting.　(D) She made a mistake.

STEP ① 질문의 키워드 잡기

대화를 듣기 전에 질문을 미리 읽으면서 키워드에 표시하고, 대화의 흐름을 예상하세요.

Why does the woman say, "**And the layout is still due by this Friday**"? 여자는 왜 "그리고 설계도는 여전히 이번 주 금요일이 마감이고요"라고 말하는가?	내 머릿속에, "**설계도는 여전히 이번 주 금요일이 마감이고요**"를 저장하고, 화자 의도 파악 문제이므로 문제에 언급된 인용문과 함께 앞뒤의 핵심 단서를 파악하세요!

STEP ② 들으며 정답 찾기

대화를 들으면서 동시에 정답을 고르세요.

여자가 의뢰 업체의 본사 설계 디자인의 진행 상황을 확인하네요. 남자가 의뢰 업체에서 직원 휴게실을 하나 더 만들고 싶어 한다고 얘기하자, 여자가 "설계도는 여전히 이번 주 금요일이 마감이고요?"라고 묻고 있는 것으로 보아 여자의 속뜻은 일정은 바뀌지 않으면서 디자인을 변경해야 하는 상황에 우려를 나타내는 의도가 담겨 있음을 알 수 있어요.

And the layout is still due by this Friday? (그리고 설계도는 여전히 이번 주 금요일이 마감이고요?)
→ She is concerned about a schedule. (일정에 대한 우려)

Ⓦ George, are you almost done designing the layout for Filman Corporation's new head office?	Ⓦ 조지, 필만 사의 새 본사 설계 디자인은 거의 다 됐나요?
Ⓜ Apparently, they want to make room for another employee lounge on the third floor.	Ⓜ 듣자 하니, 3층에 직원 휴게실을 하나 더 둘 공간을 만들고 싶어 하더라고요.
Ⓦ Hmm… And the layout is still due by this Friday?	Ⓦ 음… 그리고 설계도는 여전히 이번 주 금요일이 마감이고요?
Ⓜ Yeah, the deadline is the same.	Ⓜ 네, 마감일은 같아요.

⋯→ 여자는 왜 "그리고 설계도는 여전히 이번 주 금요일이 마감이고요"라고 말하는가?

(A) 어떤 일정에 대해 우려한다.　(B) 도움을 필요로 한다.　(C) 회의를 연기했다.　(D) 실수를 했다.

어휘 엿보기

almost 거의 ｜ layout 설계, 배치 ｜ head office 본사 ｜ apparently 듣자 하니 ｜ employee lounge 직원 휴게실 ｜ due ~하기로 되어 있는, ~로 예정된 ｜ deadline 마감일

다음을 잘 듣고 질문에 맞는 보기를 고르세요.

1. What does the woman mean when she says, "there must have been some kind of mistake"?

(A) An order is incorrect.
(B) A package has not arrived.
(C) A price is wrong.
(D) A credit card was not accepted.

2. What does the woman say she did yesterday?

(A) Book a hotel
(B) Reserve a flight
(C) Purchase a bag
(D) Depart from a city

3. What will the man do next?

(A) Consult a coworker
(B) Bring some snacks
(C) Look for storage space
(D) Check a list

Parking Lot D		Parking Lot A	
International Student Housing		Football Stadium	Parking Lot B
		Parking Lot C	

4. Look at the graphic. Which parking lot will be closed?

(A) Parking Lot A
(B) Parking Lot B
(C) Parking Lot C
(D) Parking Lot D

5. What is the man concerned about?

(A) Parking availability
(B) Street conditions
(C) Heavy traffic
(D) Housing fees

6. What does the woman say the university will do?

(A) Distribute maps
(B) Hire more security guards
(C) Provide some transportation
(D) Reimburse students

PART 3 UNIT 10

어휘
엿보기

1-3 meal 식사, 음식 | ask for 요청하다 | make a reservation 예약하다 | book 예약하다 | order 주문하다 | in advance 미리, 사전에 | head 수석 | flight attendant 승무원 | solve 해결하다 | incorrect 부정확한 | depart 출발하다 | consult 상의하다 | storage space 저장 공간 | **4-6** close 폐쇄하다 | parking lot 주차장 | next to ~옆에 | complex (건물) 단지 | repairs 수리, 보수 | mention 언급하다 | park 주차하다 | pretty 꽤, 상당히 | far from ~에서 멀리 떨어진 | slippery 미끄러운 | arrange for A to A가 ~하도록 준비하다 | transport 수송하다 | availability 이용 가능성 | heavy traffic 교통 체증 | reimburse 환급하다

UNIT 11 필수 담화 유형 1

MP3 바로 듣기

Point 1 공지·안내 방송

미국 🎧 U11-01

공지는 사내 행사, 새로운 제도 도입에 따른 권고나 지시 사항 등을 주로 알려주며, 안내 방송은 상점, 도서관, 기차역, 공항, 관광지 등의 다양한 공공장소에서 이용자들에게 필요한 정보를 안내해요. 공지와 안내 방송의 일반적인 내용 전개는 다음과 같아요.

인사말, 주의 환기	주제, 목적	세부 사항	당부, 권고, 미래 계획
빈출 유형 • 화자/청자의 신분 • 담화 장소	빈출 유형 • 담화의 주제 • 담화의 목적	빈출 유형 • 키워드 • 화자가 말한 것	빈출 유형 • 제안 / 요청 • 청자가 할 일 • 다음에 할 일

EX

인사말, 주의 환기	Hello, **United Skies passengers**. 안녕하세요, 유나이티드 스카이즈 승객 여러분. ⋯▶ 화자: 비행기 승무원, 청자: 승객
주제, 목적	**We would like to apologize for the delay** earlier today. Thank you for your patience. 오늘 앞서 발생한 지연에 대해 사과 드립니다. 기다려 주셔서 감사합니다. ⋯▶ 담화의 목적: 지연에 대해 사과하려고
세부 사항	**Now that the fog has lifted**, we anticipate no further delays for the remainder of this flight. 이제 안개가 걷혀, 남은 비행에서 더 이상의 지연은 없을 것으로 예상합니다. ⋯▶ 지연된 원인: 안개(나쁜 기상 상태)
당부, 권고, 미래 계획	Please remember that the seat belt sign is on, so **please make sure you are securely fastened**. 안전벨트 표시등이 켜져 있으니, 안전벨트를 단단히 착용하고 계셔야 함을 유념하시기 바랍니다. ⋯▶ 화자가 청자에게 상기시키는 것: 안전벨트 착용

다음을 잘 듣고 빈칸을 채운 뒤 질문에 맞는 답을 고르세요. (녹음은 2번 들려줍니다.) 영국 🎧 U11-02

인사말, 주의 환기	I'm pleased with the turnout at our booth today at the _____ _____. Thank you for _____ Gloucester Textiles.
주제, 목적	I'm going to demonstrate how to fill out our application form.
세부 사항	After you find our website, click on the Careers menu. _____ _____. Then you can enter your personal information.
당부, 권고, 미래 계획	Now, _____. These applications _____ _____.

1. Who most likely are the listeners?

(A) Job candidates

(B) Conference organizers

2. According to the speaker, what should the listeners first do on a website?

(A) Make an appointment

(B) Set up an account

3. What does the speaker warn the listeners about?

(A) A closing hour

(B) A processing time

전화 메시지는 병원 예약, 주문, 면접 일정을 확인하거나 업무 관련 문의, 배송 지연 등 다양한 상황을 다루고 있어요. 대개 자기소개 후 전화를 건 목적을 언급하고 요청 사항을 언급하는 순으로 전개되며, 회신 전화를 요청하는 내용으로 마무리해요.

인사말, 자기소개	전화 건 목적	세부 사항	당부, 요청 사항
빈출 유형 • 화자/청자의 신분	빈출 유형 • 전화 건 목적 • 화자의 용건	빈출 유형 • 키워드 • 문제점 • 화자가 말한 것	빈출 유형 • 제안 / 요청 • 청자가 할 일

EX

인사말, 자기소개	Hello. I'm returning your call about the **dolphin-watching excursion scheduled for next Sunday.** 안녕하세요. 다음 주 일요일로 예정된 돌고래 관람 투어와 관련하여 회신 전화 드립니다. ⋯▸ 화자의 신분: 여행사 직원
전화 건 목적 + 세부 사항	All three morning cruises on Sunday are fully booked. There are still a few spaces available on the afternoon cruises, though. But since it's the migrating season, **afternoon cruises are expected to sell out fast. Please confirm your booking by calling our office as soon as possible.** 일요일 오전 크루즈 3회는 모두 예약이 완료되었습니다. 오후 크루즈에는 아직 자리가 몇 개 남아 있어요. 그런데 이주철이다 보니, 오후 크루즈가 빠르게 매진될 것으로 예상됩니다. 가급적 빨리 저희 사무실로 전화 주셔서 예약을 확정해 주세요. ⋯▸ 화자의 용건: 예약을 독려하려고, 화자가 청자에게 주의를 주는 것: 티켓이 매진될 수 있음
당부, 요청 사항	And as it gets chilly in the afternoon, **wear warm clothes.** We look forward to seeing you soon. 그리고 오후에는 날씨가 쌀쌀해지니, 따뜻한 옷을 입고 오세요. 곧 뵙게 되길 바랍니다. ⋯▸ 당부 사항: 따뜻한 옷을 입고 와라.

 **Check up**

다음을 잘 듣고 빈칸을 채운 뒤 질문에 맞는 답을 고르세요. (녹음은 2번 들려줍니다.)

인사말, 자기소개	Hello, David. I was going over our revenue and _____ _____ this quarter.
전화 건 목적	I think it's time we start _____ so that we can host more classes.
세부 사항	I know you're concerned about not being able to find the instructors we're looking for. Not to worry. I reached out to a recruitment agency, and they want to have a meeting with us. I left their contact details on your desk.
당부, 요청 사항	_____ for next week sometime? Thank you.

1. What type of industry does the speaker most likely work in?

   (A) Education

   (B) Manufacturing

2. What does the speaker suggest doing?

   (A) Moving to a new office

   (B) Hiring new employees

3. What does the speaker ask the listener to do?

   (A) Arrange a meeting

   (B) Post an announcement

📖 빈출 표현 익히기

1. '공지·안내 방송' 정답 단서 표현

❶ 장소를 알려주는 표현

- Welcome to 장소. (장소)에 오신 것을 환영합니다.
- Thank you for coming to 장소. (장소)에 와 주셔서 감사합니다.
- Thank you for joining 장소. (장소)에 함께해 주셔서 감사합니다.
- Thank you for attending 장소. (장소)에 참석해 주셔서 감사합니다.

❷ 화자를 알려주는 표현

- I'm / My name is 이름. 저는 / 제 이름은 (이름)입니다.
- I'm a 직업 / 직책. 저는 (직업 / 직책)입니다.
- As 직업 / 직책, I ~. (직업 / 직책)으로서, 저는 ~.

❸ 청자를 알려주는 표현

- Attention, 청자. (청자) 여러분께 알려드립니다.
- Good morning / afternoon / evening, 청자. (청자) 여러분, 안녕하세요.

❹ 목적을 알려주는 표현

- I'm very pleased to ~. ~하게 되어 매우 기쁩니다.
- I just wanted to let you know ~. ~임을 알려드리고 싶었습니다.
- I'd like to remind everyone that ~. ~임을 잊지 않도록 다시 말씀 드리고 싶습니다.

2. '전화 메시지' 정답 단서 표현

❶ 화자를 알려주는 표현

- **This is** 화자 **from** 화자의 회사. 저는 (화자의 회사)에서 전화 드리는 (화자)입니다.
- **I'm calling from** 화자의 부서 / 회사. (화자의 부서 / 회사)에서 전화 드립니다.

❷ 청자를 알려주는 표현

- **This message is for** 청자. 이 메시지는 (청자)를 위한 메시지입니다.

❸ 회사 소개 표현

- **You've reached** 회사 / 업체. 귀하께서는 (회사 / 업체)에 전화 주셨습니다.
- **Thank you for calling** 회사 / 업체. (회사 / 업체)에 전화 주셔서 감사합니다.

❹ 용건 확인 표현

- **I'm calling for / to / about / regarding** 용건. (용건)을 위해서 / 에 관하여 / 때문에 전화 드립니다.
- **I was wondering** 용건. (용건)이 궁금해서 전화 드렸습니다.
- **This is returning your call.** 답신 전화 드립니다.
- **Thank you for your inquiry about ~.** ~에 관하여 문의해 주셔서 감사합니다.

❺ 회신 전화 요망 표현

- **You can reach me at 555-1234.** 555–1234로 전화 주세요.
- **Please return my call at 555-1234.** 555–1234로 답신 전화 주시기 바랍니다.
- **Please call me back at 555-1234.** 555–1234로 답신 전화 주시기 바랍니다.

기출 유형 풀어보기

Q. Why is the speaker calling?

(A) To ask about directions

(B) To inquire about store hours

(C) To see if an item has been found

(D) To report a defective product

STEP 1 질문의 키워드 잡기

담화를 듣기 전에 질문을 미리 읽으면서 키워드에 표시하고, 담화의 흐름을 예상하세요.

Why is the **speaker calling**? 화자는 왜 전화하고 있는가?	내 머릿속에, "**화자가 전화 건 목적**"을 저장하고, 전화 건 목적을 묻는 문제이므로 담화의 첫 한두 문장에서 단서를 포착하세요. 답을 바로 고르기 힘들다면, 다음 두 문제를 푼 뒤 전체 내용을 상기하며 정답을 고르세요.

STEP 2 들으며 정답 찾기

담화를 들으면서 동시에 정답을 고르세요.

전화 건 목적을 알리는 단서 표현(I'm calling about)과 함께 언급되는 정보를 파악하여 이와 일치하는 보기를 고르세요!
I'm calling about a scarf that I might have left in your store's fitting room.
(잃어버린 스카프를 찾고 있구나!)
→ To see if an item has been found(분실물을 찾았는지 알아보려고 하는구나!)

W Hi, my name is Sarah Green. **I'm calling about a scarf that I might have left in your store's fitting room.** I was in your store yesterday and bought three dresses and one pair of pants. A sales clerk named Lindsay assisted me yesterday, and she might remember me. My scarf is gray and… umm… made of cashmere. If you have found it, could you please call me on my mobile phone? My number is 555-1391. Thanks.

W 안녕하세요, 제 이름은 사라 그린입니다. 제가 당신의 가게 탈의실에 스카프를 두고 온 것 같아서 전화 드립니다. 어제 제가 당신의 가게에서 원피스 세 벌과 바지 한 벌을 구매했습니다. 린드세이라는 점원이 어제 저를 도와줬는데, 아마 그녀가 저를 기억할 거예요. 제 스카프는 회색이고요… 음… 캐시미어로 만든 거예요. 혹시 찾으시면, 제 휴대전화로 전화 주시겠어요? 제 번호는 555-1391입니다. 감사합니다.

···➤ 화자는 왜 전화하고 있는가?

(A) 길을 묻기 위해

(B) 가게 영업시간을 문의하기 위해

(C) 분실물을 찾았는지 알아보기 위해

(D) 결함이 있는 상품에 대해 알리기 위해

어휘 엿보기

leave ~을 두고 오다 | fitting room 탈의실 | sales clerk 점원 | assist 돕다 | cashmere 캐시미어

다음을 잘 듣고 질문에 맞는 보기를 고르세요.

1. Where most likely is this announcement being made?

(A) On a tour bus
(B) At an airport
(C) At a train station
(D) At a boat terminal

2. What is the speaker mainly talking about?

(A) A new ticketing system
(B) A revised train schedule
(C) A power failure
(D) An expanded waiting area

3. What does the speaker say about the machines?

(A) They have touch-screen monitors.
(B) They are located near the main entrance.
(C) They are only available in English.
(D) They are currently out of order.

Mon.	Tues.	Wed.	Thu.	Fri.

4. Who most likely is the speaker?

(A) An author
(B) A publishing agent
(C) An event coordinator
(D) A journalist

5. Look at the graphic. What day will the sale take place?

(A) Tuesday
(B) Wednesday
(C) Thursday
(D) Friday

6. What is the listener asked to do?

(A) Contact some businesses
(B) Create a floor plan
(C) Reschedule an event
(D) Order some supplies

PART 4 UNIT 11

어휘
엿보기

1-3 railways 철도 ∣ automated 자동화된 ∣ ticketing 매표, 발권 ∣ ticket counter 매표소 ∣ waiting area 대기실 ∣
4-6 regarding ~에 관하여 ∣ weather forecast 일기 예보 ∣ clear 날씨가 맑은 ∣ heavy snow 폭설 ∣ concerned 염려하는 ∣ ground 땅 ∣ slippery 미끄러운 ∣ be in charge of ~의 담당이다 ∣ contact 연락하다 ∣ move 이동

UNIT 12 필수 담화 유형 2

MP3 바로 듣기

Point ① 방송·보도 　　　　　　　　　　　　　　　　　　　　　미국 🎧 U12-01

방송·보도는 교통 방송, 일기 예보, 뉴스 등 세 가지 유형으로 출제돼요. 교통 방송은 정체된 도로, 진입 통제 구간 및 우회로 소식 등을 전하고, 일기 예보는 오늘의 날씨뿐만 아니라 한 주의 기상 상태에 대한 정보를 제공하기도 해요. 뉴스는 도서관 개장, 쇼핑몰 리모델링과 같은 지역 소식이나 스포츠 의류업체의 환경 보호 캠페인 등의 업계 소식을 다뤄요. 방송·보도의 일반적인 내용 전개는 다음과 같아요.

인사말	주제	세부 사항	당부, 제안, 요청 사항	다음 방송
빈출 유형 • 화자의 신분 • 프로그램	빈출 유형 • 도로 상황 • 도로 정체 원인 • 날씨 변화 • 지역사회 소식 • 업계 소식	빈출 유형 • 키워드 • 행사 연기 / 취소 • 혜택 안내	빈출 유형 • 우회로 안내 • 악천후 대비책 • 제안 / 요청	빈출 유형 • 다음 방송 시간 • 다음에 들을 방송 • 청취자 요청 사항

EX

인사말	Good morning, everyone. **I'm Jason Marshall**, and this is your morning **traffic update**. 여러분, 안녕하세요. 저는 여러분의 아침 교통 방송을 맡고 있는 제이슨 마셜입니다. ⋯▸ 화자의 신분: 방송 기자
주제	**Due to** last night's **snowstorm**, both the northbound and southbound **roads have been temporarily closed**. 어젯밤의 눈보라로 인해, 북쪽과 남쪽으로 향하는 도로들이 모두 임시 폐쇄되었습니다. ⋯▸ 문제점: 도로가 폐쇄됨
세부 사항	The **snow removal operations** will most likely **last until the evening**. 제설 작업은 저녁때까지 계속될 것으로 보입니다. ⋯▸ 작업 완료 시점: 오늘 저녁
당부, 제안, 요청 사항	In the meantime, **I advise that you take Cermak Lane instead**. 그동안은 체맥 도로를 대신 이용하실 것을 권고 드립니다. ⋯▸ 화자가 청자들에게 권고하는 것: 다른 경로를 이용할 것
다음 방송	Next up, we have James Stanley with sports **right after this commercial break**. Please stay tuned. 이어서, 광고 후에 제임스 스탠리의 스포츠 뉴스를 만나실 수 있습니다. 채널 고정해 주세요. ⋯▸ 다음에 청자들이 들을 내용: 광고 방송

다음을 잘 듣고 빈칸을 채운 뒤 질문에 맞는 답을 고르세요. (녹음은 2번 들려줍니다.) 미국 🎧 U12-02

인사말	Hello and welcome to _____ on KMLO Radio. I'm your host, Stacy Marvin.
주제	Today, we will offer some _____ that will keep your wallet full even in this busy holiday season.
세부 사항	Joining us next, we'll have Joyce Stanton. She is the highly acclaimed _____ of the _____, *Tips for Shopping*. In the book, Joyce suggests several ways to save money and get better deals when you shop.
다음 방송	Anyway, let's hear some of the _____ directly _____ Joyce.

1. What is the topic of the radio program?

   (A) Saving money

   (B) Fashion trends

2. What did Joyce Stanton do recently?

   (A) Go shopping

   (B) Publish a book

3. What will Joyce Stanton probably do next?

   (A) Answer questions from listeners

   (B) Give some advice

광고는 주로 할인 판매되는 제품과 할인 행사를 하는 상점을 홍보하는 내용으로 출제돼요. 광고하려는 제품이나 회사 또는 행사가 언급되는 처음 두 문장을 잘 들어야 해요. 제품이나 회사의 특장점 및 행사 정보를 언급한 후 추가 정보나 할인 받는 방법 등을 소개하며 마무리해요. 광고의 일반적인 내용 전개는 다음과 같아요.

주의 환기		광고 대상 소개		세부 사항		추가 정보, 할인 정보
빈출 유형: X	➡	빈출 유형 • 광고 제품 / 서비스 • 회사 업종	➡	빈출 유형 • 제품 특징 • 행사 개최 정보	➡	빈출 유형 • 추가 정보 보는 곳 • 할인 받는 방법

EX

주의 환기 + 광고 대상 소개	**Bowen's Grocery has opened a new location!** For over 30 years, Bowen's Grocery has been offering the freshest food at the lowest prices. 보웬즈 식료품점이 새 지점을 열었습니다! 30년이 넘는 동안 보웬즈 식료품점은 가장 낮은 가격에 가장 신선한 음식을 제공해 왔습니다. ⋯▸ 광고 대상: 새로 문을 연 식료품점
세부 사항	To welcome you to our new location, just for this month, we'll be providing each of our customers with a **complimentary shopping bag**. 저희 새 지점에 오시는 분들을 환영하는 의미로, 이번 달에 한해서만, 고객 한 분 한 분께 무료 쇼핑백을 제공해 드립니다. ⋯▸ 업체가 청자들에게 제공하는 것: 무료 가방
추가 정보, 할인 정보	In addition, **starting this Saturday, we'll extend all of our stores' hours to 11 P.M.** for your convenience. 추가로 이번 주 토요일부터, 여러분의 편의를 위해 저희 모든 상점의 영업시간을 밤 11시까지 연장할 예정입니다. ⋯▸ 이번 주말에 일어날 일: 업체가 운영 시간을 연장할 것이다

다음을 잘 듣고 빈칸을 채운 뒤 질문에 맞는 답을 고르세요. (녹음은 2번 들려줍니다.)   미국 🎧 U12-04

주의 환기	Tired of the same old thing?
광고 대상 소개	If you want something new and fresh, come visit us at Organic Ranch. We _____ an extensive _____ and _____ _____ — all _____ with the _____ meats and vegetables.
세부 사항	Our chéfs select the _____ products — it's almost as if we grew them ourselves.
추가 정보, 할인 정보	And for first-time customers, all breakfast orders come with a _____ morning _____. Visit us at Organic Ranch today!

1. What kind of business is being advertised?

   (A) Supermarket

   (B) Restaurant

2. What is special about Organic Ranch?

   (A) It uses the freshest products.

   (B) It has received awards.

3. What is being offered to new customers?

   (A) A coupon book

   (B) A free drink

📖 빈출 표현 익히기

〈방송·보도 정답 단서 표현〉

① 프로그램을 소개하는 표현

- Welcome to 프로그램. (프로그램)에 오신 것을 환영합니다.
- You're listening to 프로그램. 여러분께서는 (프로그램)을 듣고 계십니다.
- You're tuned in to 프로그램. 여러분께서는 (프로그램)을 듣고 계십니다.

② 화자를 소개하는 표현

- I'm your host 이름. 여러분의 진행자 (이름)입니다.
- This is 이름, your host. 여러분의 진행자 (이름)입니다.
- This is 이름 with 프로그램. (프로그램)의 (이름)입니다.

③ 다음 방송 시간을 안내하는 표현

- I'll be back in ~ minutes. ~분 후에 다시 돌아오겠습니다.

④ 다음 방송 순서를 안내하는 표현

- Next up, 프로그램. 다음 방송은 (프로그램)입니다.
- Stay tuned for 프로그램 coming up next. 다음 (프로그램)에 채널 고정하세요.
- Stay tuned for 프로그램 2 right after 프로그램 1. (프로그램 1) 종료 직후 방송될 (프로그램 2)에 채널 고정하세요.

〈광고 정답 단서 표현〉

- Are you looking for ~? ~을 찾으세요?
- Are you tired of ~? ~가 지겨우신가요?
- Do you want to ~? ~을 하고 싶으세요?
- If you're looking for ~, ~을 찾고 계신다면.
- We're offering ~. 저희는 ~을 제공합니다.
- Don't miss (out on) ~. ~을 놓치지 마세요.
- Hurry up ~. ~을 서두르세요.
- Your satisfaction is guaranteed. 여러분의 만족을 보장해 드립니다.
- For more information, please ~. 더 많은 정보를 원하시면, ~해 주세요.

기출 유형 풀어보기

🎧 U12-05

미국

Q. What can listeners do on the website?

(A) Look at some pictures

(B) Upload some photos

(C) Watch a video

(D) Fill out a form

STEP ❶ 질문의 키워드 잡기

담화를 듣기 전에 질문을 미리 읽으면서 키워드에 표시하고, 담화의 흐름을 예상하세요.

What can listeners do on the **website**? 청자들은 웹사이트에서 무엇을 할 수 있는가?	내 머릿속에, "청자들이 웹사이트에서 할 수 있는 것"을 저장하고, website가 키워드이므로 website가 포함된 문장에서 단서를 포착하세요.

STEP ❷ 들으며 정답 찾기

담화를 들으면서 동시에 정답을 고르세요.

키워드 website가 포함된 문장은 좋아하는 건축물과 길거리 풍경의 사진을 웹사이트에 올리라는 내용이므로 upload, pictures, website를 조합하여 정답을 찾을 수 있어요.

Upload your favorite pictures of local architecture and street scenery to our website (사진을 업로드하라네, 웹사이트에!)
→ Upload some photos

Ⓦ Radio Brighthill is excited to sponsor the city's photography contest this year. **Upload your favorite pictures** of local architecture and street scenery **to our website** at www.radiobrighthill.com. The winner will receive a cash prize. Send your pictures today!	Ⓦ 라디오 브라이트힐은 올해 시의 사진 콘테스트를 후원하게 되어 기쁘게 생각합니다. 여러분이 좋아하는 지역의 건축물이나 길거리 풍경을 저희 웹사이트 www.radiobrighthill.com을 통해 업로드해 주시기 바랍니다. 수상자에게는 상금이 주어집니다. 오늘 여러분의 사진을 보내 주세요!

···→ 화자들은 웹사이트에서 무엇을 할 수 있는가?
(A) 사진을 볼 수 있다 **(B) 사진을 업로드할 수 있다** (C) 동영상을 시청할 수 있다 (D) 양식을 작성할 수 있다

어휘 엿보기

be excited to ~하게 되어 기쁘다 | sponsor 후원하다 | photography 사진 | contest 경연대회, 콘테스트 | upload (파일을) 업로드하다 | favorite 매우 좋아하는 | architecture 건축물 | scenery 풍경 | winner 수상자 | cash prize 상금

다음을 잘 듣고 질문에 맞는 보기를 고르세요.

1. What is the main topic of the broadcast?

(A) A match result
(B) A sports event
(C) A theater play
(D) A dance competition

2. What does the speaker say about tickets?

(A) They are inexpensive.
(B) They can be exchanged today.
(C) They are sold out.
(D) They can be purchased online.

3. When will tonight's broadcast begin?

(A) At 6:00 P.M.
(B) At 7:00 P.M.
(C) At 8:00 P.M.
(D) At 9:00 P.M.

4. What is a feature of the IX mobile phone?

(A) It is waterproof.
(B) It has a long battery life.
(C) Its camera takes high-quality photos.
(D) Its screen is larger than other models.

5. How can customers order an IX mobile phone?

(A) By mailing an order form
(B) By calling a customer representative
(C) By visiting a website
(D) By going to a local store

6. Why does the speaker say, "What are you waiting for"?

(A) He encourages listeners to take advantage of a promotion.
(B) He asks listeners to participate in an upcoming sale.
(C) He advises listeners to attend a product demonstration.
(D) He suggests that listeners fill out a customer survey.

어휘
엿보기

1-3 local 지역의 | match 경기 | sold out 매진된 | exclusive 독점적인 | live coverage 생중계 | starting ~부터 | **4-6** brand-new 신제품의 | automated 자동화된 | high-definition 고화질의 | order 주문하다 | customer representative 고객서비스 직원 | stand by 대기하다 | take a call 전화를 받다 | designer 유명 디자이너가 만든, 유명 브랜드의

명사

명사란 무엇인가요?

tree(나무), water(물), Tom(톰) 등 우리 주변의 사물이나 사람의 이름을 가리키는 단어를 **명사**라고 해요.

문법적으로는 문장에서 주어, 목적어, 보어 자리에 쓰이며 a tree, two trees처럼 사용되는 **셀 수 있는 명사**와 water와 같은 **셀 수 없는 명사** 두 가지로 나뉘어요. 토익에서는 이러한 특징을 묻는 문제들이 출제되니 함께 공부 해 봅시다.

명사의 형태 아래와 같은 형태를 가진 단어들을 명사라고 해요.

-tion, -sion, -cion	information 정보	innovation 혁신	decision 결정	suspicion 의심
-ty, -sy, -cy	ability 능력	fantasy 공상	accuracy 정확성	
-se, -ce	expense 비용	residence 거주지		
-ure	feature 특징	departure 출발	pleasure 기쁨	procedure 절차
-ment	department 부서	management 경영(진)		
-th, -ness, -ship, -ism	growth 성장, 증가	carelessness 부주의함	relationship 관계	criticism 비평, 비판
-er, -ee, -or, -ist, -ian, -ant, -ent	employer 고용주 technician 기술자	employee 직원 assistant 조수, 비서	supervisor 감독관 resident 거주자, 주민	chemist 화학자

✅ Check up

알맞은 형태를 쓰세요.

1. 동사 grow(성장하다)의 명사 형태를 쓰세요. _____ (성장, 증가)

2. 형용사 able(~할 수 있는)의 명사 형태를 쓰세요. _____ (능력)

정답: **1.** growth **2.** ability

Point ❶ 명사 자리 찾기 1

명사 자리는 명사의 기본 쓰임인 주어, 목적어, 보어 자리를 말해요.

주어	**The product** was delivered. 제품이 배송되었다.
목적어	We delivered **the product**. 우리는 제품을 배송했다.
전치사의 목적어	We are interested in **the product**. 우리는 제품에 관심이 있다. ⋯▸ 전치사 뒤에는 명사가 오는데 이를 전치사의 목적어라고 해요.
보어	It is the innovative **product**. 그것은 혁신적인 제품이다.

Point ❷ 명사 자리 찾기 2

위와 같은 문장의 성분이 아닌 아래와 같은 단서를 보고 뒤가 명사 자리임을 알 수 있어요. 소유격은 자주 출제되므로 모두 외워두세요.

a(n) / the + 명사	a **bag** 하나의 가방　　　　the **airport** 그 공항
소유격 + 명사	my 나의 / your 너의 / our 우리의 / his 그의 / her 그녀의 / their 그들의 / its 그것의 + **office** 사무실 Mr. Johnson's **bag** 존슨 씨의 가방 ⋯▸ 명사's의 형태도 소유격입니다.
형용사 + 명사	reasonable **prices** 합리적인 가격
명사 + 명사	**application form** 신청서 ⋯▸ 두 개의 명사가 하나의 의미로 쓰이기도 해요.

✓ Check up

둘 중 알맞은 것을 고르세요.

1. The location is ideal for (offices / officially).

2. He read Ms. Anderson's (report / reported).

Point ❸ 셀 수 있는 명사(가산 명사)

셀 수 있는 명사는 혼자 쓰이지 않아요. 단수일 경우 앞에 a나 an을, 복수일 경우 뒤에 -s 또는 -es를 붙여 써야 한다는 것을 기억해 두세요.

❶ 단수일 경우 반드시 한정사(a(n), the, 소유격 등) 필요

❷ 한정사가 없으면 복수 형태여야 함

EX a discount (O), discounts (O), discount (X)

Point ❹ 셀 수 없는 명사(불가산 명사)

셀 수 없는 불가산 명사는 하나, 둘과 같은 개념이 없으므로 단수와 복수의 개념이 없어요. 따라서, a(n)나 -(e)s와 함께 쓰일 수 없고 단독으로 사용해요.

❶ 한정사 a(n)와 쓰일 수 없으며 복수 형태가 없음

EX furniture (O), a furniture (X), furnitures (X)

❷ 외워두면 좋은 불가산 명사

다음 명사들은 토익에서 출제되었던 셀 수 없는 명사이니 암기해 두세요.

merchandise 제품	equipment 장비	furniture 가구	information 정보
access 접근, 이용	work 업무, 일	interest 흥미, 관심	

✓ Check up

둘 중 알맞은 것을 고르세요.

1. He sends me (statement / statements).

2. Employees have (access / accesses) to the building.

Point ⑤ 사람 명사와 사물(추상) 명사

명사 자리를 확인한 후 선택지에 명사가 두 개 남아 있다면, 사람 명사인지 사물 명사인지 해석을 통해 구분해야 해요. 또한, 사람 명사는 셀 수 있는 명사이니 혼자 쓰면 안 돼요.

EX He works as a **consultant**. 그는 상담가로 일한다.
　　　　　　　　사람 명사

Customers can receive a free **consultation**. 고객들은 무료 상담을 받을 수 있다.
　　　　　　　　　　　　　사물(추상) 명사

동사	사람 명사	사물(추상) 명사
participate 참여하다	participant 참여자	participation 참여
apply 지원하다	applicant 지원자	application 지원(서)
reside 거주하다	resident 거주자	residence 거주지
assist 돕다	assistant 비서, 조수	assistance 도움
consult 상담하다	consultant 상담가	consultation 상담
manufacture 제조하다	manufacturer 제조업체	manufacture 제조
supervise 감독하다	supervisor 감독관, 상사	supervision 감독, 감시
employ 고용하다	employer 고용주 / employee 직원	employment 고용
supply 공급하다	supplier 공급업체	supply 공급 / supplies 공급품, 물품
attend 참석하다	attendant 수행원 / attendee 참가자	attendance 참석
distribute 배급하다	distributor 배급업체	distribution 분배, 배급
compete 경쟁하다	competitor 경쟁업체	competition 경쟁

✓ Check up

둘 중 알맞은 것을 고르세요.

1. Customers can contact the service department for (assistant / assistance).

2. Docmeds Corp. is the primary (distributor / distribution).

Point **6** 복합 명사

명사 두 개가 함께 어울려 하나의 단어처럼 쓰이는 것을 복합 명사라고 해요. 이때 수 일치는 뒤의 명사에 맞춰 줍니다. 아래의 자주 출제되는 복합 명사들을 형태에 주의하며 외워두세요.

EX **Office supplies** <u>are</u> stocked in the warehouse. 사무용품들이 창고에 채워져 있다.
복수 동사

office **supplies** 사무용품 •supplies가 복수 형태여야 해요.	application form 신청서
customer satisfaction 고객 만족	employee productivity 직원 생산성
assembly line 조립 라인 •assembly는 -ly 형태지만 부사가 아니에요.	performance evaluation 성과 평가
safety inspection 안전 검사	**safety** reasons 안전상의 이유 •형용사 safe가 오지 않아요.
meal preference 선호 식단	job description 업무 설명서
job opening[vacancy] 일자리 공석	shipping fee 선적료
training class 교육 과정	parking lot 주차장

✓ **Check up**

둘 중 알맞은 것을 고르세요.

1. They have various job (opens / openings).

2. Please follow the (safe / safety) precautions.

Point 7 주의해야 할 명사의 형태

다음 명사들은 형태가 독특하므로 암기해 두고 명사 자리 문제가 출제되면 정답으로 고르세요.

EX We received a final **approval**. 우리는 최종 승인을 받았다.
⋯→ -al은 형용사 형태지만 approval은 명사입니다.
He developed an innovative **marketing** plan. 그는 혁신적인 마케팅 계획을 개발했다.

-al 형태의 명사

-al	proposal 제안(서)	approval 승인	removal 제거	arrival 도착

-ing 형태의 명사

-ing	meeting 회의	training 교육, 훈련	opening 개점, 공석	parking 주차
	shipping 배송	accounting 회계(부)	marketing 마케팅	advertising 광고업

-s로만 쓰이는 명사

-s	goods 제품, 상품	headquarters 본사	means 수단	belongings 소지품

기타 명사

기타	delivery 배송	inventory 재고	directory 안내 책자, 전화번호부
	complaint 불만 사항	anniversary 기념일	emphasis 강조
	analysis 분석	critic 비평가	

⊘ Check up

둘 중 알맞은 것을 고르세요.

1. We need the manager's (approve / approval).

2. The store received many (complaints / complains) from the customers.

단서 보며 풀어보기

표시된 단서와 앞에서 배운 포인트를 참고하여 빈칸에 알맞은 것을 고르세요. (단서:)

1. ------- of your hotel reservation will be sent by e-mail.

(A) Confirmation　　(B) Confirms

> 살짝 엿보기 **Point ❶**
> 빈칸 뒤의 of 이하는 수식어이고 will be sent는 동사이므로 문장에 주어가 필요해요.

2. In ------- to customers' requests, the shop offers new menus.

(A) respond　　(B) response

> 살짝 엿보기 **Point ❶**
> 전치사 뒤에는 명사가 와야 해요.

3. A temporary worker will be hired during Mr. Kurosawa's -------.

(A) absence　　(B) absently

> 살짝 엿보기 **Point ❷**
> -'s는 '~의'란 의미의 소유격 형태이므로 뒤에는 명사가 와요.

4. An ------- should be carefully reviewed by the manager.

(A) agreement　　(B) agreements

> 살짝 엿보기 **Point ❸**
> an 뒤에는 단수 명사가 와요.

5. Many job ------- participated in our internship program last summer.

(A) applicants　　(B) applications

> 살짝 엿보기 **Point ❺**
> 문장의 주어에 사람 명사 applicants(지원자)와 사물 명사 applications(지원서) 중 어떤 것이 의미상 알맞을까요?

6. For ------- reasons, all personnel should wear safety goggles.

(A) safe　　(B) safety

> 살짝 엿보기 **Point ❻**
> 보통은 명사(reasons) 앞에서 형용사가 수식하지만, 이 문제는 복합 명사를 외워야 해요.

어휘 엿보기

¹ confirmation 확인서 | reservation 예약 | ² in response to ~에 대응하여 | request 요청 | offer 제공하다 |
³ temporary 임시의 | hire 고용하다 | during ~ 동안에 | absence 결근, 부재 | ⁴ agreement 계약서, 합의서 |
carefully 꼼꼼히 | review 검토하다 | ⁵ participate in ~에 참여하다 | ⁶ personnel 전 직원 | safety goggles
안전 고글

💡 실전 문제 풀어보기

앞에서 배운 내용과 관련된 토익 실전 문제를 풀어보세요.

1. Products must meet the ------- of the company.

   (A) require
   (B) requires
   (C) requiring
   (D) requirements

2. The proposal includes the ------- of a new parking lot to offer better service.

   (A) construct
   (B) constructed
   (C) constructive
   (D) construction

3. If you experience any problem with our product, please call our support center for -------.

   (A) assist
   (B) assistant
   (C) assisted
   (D) assistance

4. Most employees at the factory assess the workplace for stressful -------.

   (A) tasking
   (B) tasks
   (C) tasked
   (D) task

5. Mr. Paulson has received ------- from his supervisor to take a day off.

   (A) approve
   (B) approved
   (C) approval
   (D) approving

6. All of the office ------- are kept in a storage area on the third floor.

   (A) supplied
   (B) supplies
   (C) supply
   (D) supplier

어휘 엿보기

¹ product 제품 ∣ meet 충족시키다 ∣ requirement 필요 조건 ∣ ² proposal 제안서 ∣ include 포함하다 ∣ construction 공사, 건설 ∣ parking lot 주차장 ∣ offer 제공하다 ∣ ³ experience 경험하다 ∣ support 지원, 지지 ∣ assistance 도움 ∣ ⁴ employee 직원 ∣ factory 공장 ∣ assess 평가하다 ∣ workplace 일터 ∣ task 업무 ∣ ⁵ receive 받다 ∣ approval 승인 ∣ supervisor 감독관 ∣ take a day off 하루 휴가를 내다 ∣ ⁶ office supplies 사무용품 ∣ storage 보관 ∣ area 지역, 구역

UNIT 02 대명사

대명사란 무엇인가요?

나는 사과를 좋아해. **그것은** 맛있어. **그것은** 몸에도 좋아.

여기서 '그것은' 무엇을 가리킬까요? 바로 앞에 나온 '사과'입니다. 이렇게 앞에 나온 명사를 대신하여 문장에서 명사처럼 주어, 목적어, 보어 자리에 쓰이는 것을 대명사라고 해요. 영어에는 여러 가지 종류의 대명사가 있으니 하나씩 알아보도록 해요.

대명사의 종류

대명사는 크게 아래 3가지 종류로 나눌 수 있어요. 각각의 의미와 종류를 전체적으로 파악한 후 하나씩 학습해 보아요.

인칭대명사	사람을 가리키는 대명사 EX I, you, he, me, your, himself, themselves 등
지시대명사	특정한 사람이나 사물을 가리키는 대명사 EX this, that, these, those
부정대명사	정해져 있지 않은(부정) 사람이나 사물을 가리키는 대명사 EX another, the other, others 등

ⓒ Check up

문장에서 대병사가 가리키는 명사를 쓰세요.

1. I met Mr. Jones, and **he** is my manager. 나는 존스 씨를 만났고, 그는 나의 매니저다. _____

2. I bought a pen, and I like **this**. 나는 펜을 하나 샀고, 나는 이것이 맘에 든다. _____

정답: **1.** Mr. Jones **2.** a pen

⬤ Point ❶ 인칭대명사

대명사는 앞에 나온 명사를 대신하는 말이므로 앞에서 칭하는 명사가 무엇인지를 파악해야 합니다. 인칭대명사는 그 자리의 역할에 따라 주격, 소유격, 목적격의 형태가 있으며 형태가 동일한 것들은 좀 더 주의 깊게 알아둡시다.

인칭	주격	소유격	목적격
1인칭	I 나는	my 나의	me 나를
	we 우리는	our 우리의	us 우리를
2인칭	you 당신(들)은	your 당신(들)의	you 당신(들)을
3인칭	he 그는	his 그의	him 그를
	she 그녀는	her 그녀의	her 그녀를
	they 그(것)들은	their 그(것)들의	them 그(것)들을
	it 그것은	its 그것의	it 그것을

「**주격 대명사** + 동사」　　**They** receive an excellent service. 그들은 훌륭한 서비스를 받는다.

「동사 + **목적격 대명사**」　　We can deliver **them**. 우리는 그것들을 배송해 줄 수 있다.

「전치사 + **목적격 대명사**」　My wife gave the bag to **him**. 내 아내는 그에게 가방을 주었다.

「**소유격 대명사** + 명사」　　Ms. Thomson lost **her** bag. 톰슨 씨는 그녀의 가방을 잃어버렸다.

　　　　⋯➔ 소유격은 명사 없이 홀로 쓰일 수 없어요.

☑ Check up

둘 중 알맞은 것을 고르세요.

1. (They / Their) will go on vacation next week.

2. (They / Their) company was built in 2001.

Point ② 소유대명사

소유대명사(= 소유격 + 명사)는 격이 없으며 그 자체로 주어, 목적어, 보어 역할을 합니다. 3인칭 단수 it은 소유대명사가 없으며 소유대명사 뒤에는 명사가 올 수 없어요. 3인칭 his는 소유격과 소유대명사의 형태가 같아요.

인칭	소유격	소유대명사
1인칭	my 나의	mine 나의 것
	our 우리의	ours 우리의 것
2인칭	your 당신(들)의	yours 당신(들)의 것
3인칭	his 그의	his 그의 것
	her 그녀의	hers 그녀의 것
	their 그들의	theirs 그들의 것

주어 **Mine** has many features. **나의 것**은 많은 특징이 있다.

목적어 She used **mine**. 그녀는 **나의 것**을 사용했다.

보어 That is **mine**. 저것은 **나의 것**이다.

☑ Check up

둘 중 알맞은 것을 고르세요.

1. The supervisor dislikes her idea, but he likes (me / mine).

2. The office supplies on the desk are (her / hers).

Point ❸ 재귀대명사

주어가 다시 목적어로 돌아온다고 해서 '재귀'라는 이름이 붙은 재귀대명사는 목적격으로 쓰이며 아래와 같이 쓰입니다. 재귀대명사의 관용 표현도 암기해 두세요.

1인칭	myself 나 자신	ourselves 우리 자신		
2인칭	yourself 당신 자신	yourselves 당신들 자신		
3인칭	himself 그 자신	herself 그녀 자신	itself 그 자체	themselves 그들 자신

재귀 용법 I know **myself**. 생략 불가 나는 **나 자신**을 안다.
주어 동사 목적어 (I = myself)

강조 용법 I finished the report (**myself**). 생략 가능 나는 **직접** 보고서를 끝냈다.
주어 동사 목적어 수식어

관용 표현 I repaired my car **by myself**. 나는 **혼자서** 차를 수리했다.
by oneself(스스로, 혼자서)

✅ Check up

둘 중 알맞은 것을 고르세요.

1. The employees solved the problem by (them / themselves).

2. Mr. Clark met the client (himself / herself).

Point ❹ 지시대명사

지시대명사는 this와 that이 있으며, 가까운 것을 가리킬 때는 this(이것, 이 사람)와 these(이것들, 이 사람들)를, 먼 것을 가리킬 때는 that(저것, 저 사람)과 those(저것들, 저 사람들)를 씁니다.

<u>**This / That**</u> <u>is</u> the new product. 이것/저것은 신제품이다.
　　　　단수

<u>**These / Those**</u> <u>are</u> the new products. 이것들/저것들은 신제품들이다.
　　　　　복수

❶ that / those

지시대명사 중 that과 those는 앞에 나온 명사를 가리키며 수식을 받을 수 있어요. 앞의 가리키는 명사가 단수면 that을, 복수면 those를 써요.

EX **The quality** of our product is better than **that** of other shops.
　　우리 제품의 품질은 다른 상점들의 그것(품질)보다 낫다.
　　⋯⋅ 앞의 가리키는 명사 quality가 단수이므로 that을 써요.

　　Our products are more durable than **those** of our competitors.
　　우리의 제품들은 경쟁업체들의 그것들(제품들)보다 더 견고하다.
　　⋯⋅ 앞의 가리키는 명사 products가 복수이므로 those를 써요.

❷ those who

those who는 '~하는 사람들(people who)'이란 의미입니다.

EX **(Those, They) who** are interested in the job should call me.
　　그 업무에 관심이 있는 사람들은 제게 전화를 주세요.

✅ Check up

둘 중 알맞은 것을 고르세요.

1. Our warranty is longer than (that / those) of other shops.

2. (They / Those) who are interested in the seminar should contact Nikko Papas.

Point 5 부정대명사

부정대명사는 정해져 있지 않은 사람이나 사물을 가리킬 때 씁니다.

❶ another / others

EX If your product is defective, you can exchange it for **another**.
여러 개 중에 아무거나 하나

당신 제품에 결함이 있다면, 다른 것으로 교환할 수 있습니다.

Some products are defective, but **others** are in a good condition.
여러 개 중에 아무거나 여러 개

몇몇 제품들은 결함이 있으나, 다른 것들은 상태가 좋다.

❷ the other / the others

EX Of two products, one is defective, but **the other** is in good condition.
앞에 언급된 2개 중에 남은 하나

두 개의 제품 중에, 하나는 결함이 있지만, 나머지 하나는 상태가 좋다.

Of ten products, one is defective, but **the others** are in good condition.
앞에 언급된 10개 중에 1개를 제외한 나머지 9개

10개의 제품 중에, 하나는 결함이 있지만, 나머지 여러 개(9개)는 상태가 좋다.

✓ Check up

둘 중 알맞은 것을 고르세요.

1. One brand always competes with (another / the other).

2. Of four employees, one is cleaning the equipment, and (others / the others) are taking a break.

🔍 단서 보며 **풀어보기**

표시된 단서와 앞에서 배운 포인트를 참고하여 빈칸에 알맞은 것을 고르세요. (단서: ⬜⬜⬜)

1. ------- may order any necessary office supplies through the Internet.

(A) You   (B) Your

> **살짝 엿보기** Point ❶
> 빈칸은 동사 앞의 주어 자리예요.

2. Employees who want to go on a vacation should contact ------- managers by June 2.

(A) their   (B) them

> **살짝 엿보기** Point ❶
> 명사 앞에 쓰이는 인칭대명사는 소유격이에요.

3. Although Mr. Adam's presentation was too long, ------- met the time limit.

(A) my   (B) mine

> **살짝 엿보기** Point ❷
> 소유격은 뒤에 명사가 오고, 소유대명사는 단독으로 주어, 목적어, 보어 자리에 쓰여요.

4. Mr. Jones will travel by ------- to the conference next Monday.

(A) him   (B) himself

> **살짝 엿보기** Point ❸
> 주어인 Mr. Jones 자신을 가리키며 by oneself(혼자서, 스스로)란 표현으로 쓰여야 해요.

5. ------- who are interested in the training seminar can contact this number.

(A) That   (B) Those

> **살짝 엿보기** Point ❹
> '사람들'이란 의미를 가진 지시대명사를 고르세요.

6. If you have any problem with our PT Mixer, you can exchange it for -------.

(A) another   (B) the other

> **살짝 엿보기** Point ❺
> 문제가 있는 제품의 경우 '아무거나 다른 하나'로 바꿔준다는 의미에 알맞은 것을 고르세요.

어휘 엿보기

¹ order 주문하다 ∣ necessary 필요한 ∣ office supplies 사무용품 ∣ ² go on (a) vacation 휴가를 가다 ∣ contact 연락하다 ∣ by ~까지 ∣ ³ although 비록 ~에도 불구하고 ∣ meet 맞추다, 충족시키다 ∣ ⁴ conference 학회 ∣ ⁵ be interested in ~에 관심이 있다 ∣ training 교육, 훈련 ∣ ⁶ exchange A for B A를 B로 교환하다

💡 실전 문제 풀어보기

앞에서 배운 내용과 관련된 토익 실전 문제를 풀어보세요.

1. To increase customer satisfaction, ------- must create a new system.

(A) our
(B) ourselves
(C) we
(D) us

2. Mr. Kim's hotel reservation for his business trips is made by ------- assistant.

(A) he
(B) his
(C) him
(D) himself

3. The new director, Ms. Anderson, prepared the presentation -------.

(A) she
(B) her
(C) hers
(D) herself

4. Of the ten attendees, nine are from Korea, but ------- is from Germany.

(A) other
(B) the others
(C) others
(D) the other

5. Ms. Jeong indicated that all supplies in the boxes were -------.

(A) hers
(B) she
(C) herself
(D) her

6. ------- who show excellent communication skills will be considered for the manager position.

(A) Them
(B) Those
(C) Their
(D) That

어휘 엿보기

¹ increase 증가시키다 ǀ satisfaction 만족 ǀ create 만들다, 창조하다 ǀ ² make a reservation 예약하다 ǀ business trip 출장 ǀ assistant 비서, 조수, 조교 ǀ ³ prepare 준비하다 ǀ ⁴ attendee 참석자 ǀ ⁵ indicate ~을 나타내다, (간단히) 말하다 ǀ supplies 용품, 물품 ǀ ⁶ excellent 훌륭한, 뛰어난 ǀ communication 의사소통 ǀ consider 고려하다 ǀ position 직책

UNIT 03 형용사와 부사

형용사와 부사란 무엇인가요?

그녀는 **예쁜** 소녀야. 그녀는 **빨리** 달린다.

위의 문장에서 '예쁜'은 뒤의 명사 '소녀'를 수식하는 형용사이고, '빨리'는 '달리다'라는 동사를 수식하는 부사입니다. 문장의 의미를 풍부하게 해주는 수식어인 형용사와 부사의 형태에는 어떤 것이 있는지, 그리고 문장에서 어떤 역할을 하는지 자세히 살펴봅시다.

형용사와 부사의 형태 형용사와 부사의 주요 형태는 아래와 같아요.

형용사	-ous	cautious 조심스러운	various 다양한
	-al	technical 기술적인	ideal 이상적인
	-tic	enthusiastic 열정적인	dramatic 극적인
	-ive	attractive 매력적인	expensive 비싼
	-ent	excellent 뛰어난	different 다른
	-able/-ible	available 이용 가능한	possible 가능한
	-ful	helpful 도움이 되는	useful 유용한
	-y, -ory	lengthy 긴	healthy 건강한
		introductory 입문용의	satisfactory 만족스러운
부사	형용사 + -ly	completely 완전히	comfortably 편안하게
	기타	well 잘	very 매우 still 여전히

✔ Check up

알맞은 형태를 쓰세요.

1. 형용사 cautious의 부사 형태를 쓰세요. _____ (조심스럽게)
2. 부사 comfortably의 형용사 형태를 쓰세요. _____ (편안한)

정답: 1. cautiously 2. comfortable

Point ❶ 형용사 자리

❶ 명사 수식

형용사는 주로 명사를 앞에서 수식하며 -able이나 -ible로 끝나는 형용사들은 뒤에서 앞의 명사를 수식해요.

「**형용사** + 명사」 the **defective** products 결함 있는 제품들

「명사 + **형용사**」 People **available** for the survey were all present.
설문에 응답할 시간이 되는 사람들이 모두 참석했다.

❷ 보어

2형식 동사 + 형용사(주격 보어)

대표 2형식 동사	be(am / are / is / was / were) ~이다 / 였다 seem ~인 것처럼 보이다	become ~가 되다 remain ~인 채로 남다

EX The product is **defective**. 그 제품은 결함이 있다.
　　주어　　　동사　　주격 보어

5형식 동사 + 목적어 + 형용사(목적격 보어)

대표 5형식 동사	find ~라는 것을 알다 make ~을 ~로 만들다	consider ~라고 생각하다, 여기다 keep ~한 상태로 유지하다

EX He found the product **defective**. 그는 그 제품에 결함이 있다는 것을 알았다.
　　주어　동사　　　목적어　　　목적격 보어

✅ Check up

둘 중 알맞은 것을 고르세요.

1. There was a (sharp / sharply) increase in sales.

2. The building is easily (access / accessible) by the employees.

Point ❷ 주의해야 할 형용사 1

다음 형용사들은 뒤의 명사의 형태에 주의해야 하는 형용사 또는 -ly 형태이지만 부사가 아닌 형용사입니다.
형태에 주의해야 한다는 점을 기억해 두세요.

❶ 수를 나타내는 표현들

다음 형용사들이 명사를 수식하는 경우 뒤에는 반드시 복수 형태의 명사가 와야 해요.

numerous 많은	multiple 많은	**+ 복수 가산 명사**
several 몇몇의	various (= a variety of) 다양한	

EX Customers will find this product in **various sizes**.
　　고객들은 이 상품을 다양한 크기로 찾아볼 수 있을 것이다.

❷ 명사 + -ly = 형용사

「형용사 + -ly」는 부사지만 「명사 + -ly」는 형용사 형태입니다. 토익에서 출제되었던 아래 형용사들을 외워두세요.

a **costly** procedure 비용이 드는 절차	**daily** work 매일의 업무
in a **timely** manner 시기적절한 방식으로	a **weekly** meeting 주간 회의
in an **orderly** fashion 질서정연한 방식으로	a **monthly** meeting 월례 회의
friendly atmosphere 친근한 분위기	a **yearly** event 연례 회의

✅ Check up

둘 중 알맞은 것을 고르세요.

1. C&B Industries has various (opening / openings) for the positions.

2. You should complete the report in a (time / timely) fashion.

Point ③ 주의해야 할 형용사 2

아래 단어들은 형태는 비슷하지만 의미가 다른 형용사들입니다. 문맥상 자연스러운 것을 골라야 해요.

confidential 기밀의	confident 자신감 있는
considerable 상당한, 중요한	considerate 사려 깊은
advisable 바람직한	advisory 자문의, 조언의
comparable 비슷한	comparative 비교의
favorable 유리한, 호의적인	favorite 가장 좋아하는
reliable 믿을 수 있는	reliant 의존적인
dependable 믿을 수 있는	dependent 의존적인
responsible 책임이 있는	responsive 응답하는
successful 성공한	successive 연속하는

아래 표현을 외워 두세요.

- **confidential** documents 기밀 서류
- a **considerable** increase 상당한 증가
- it is **advisable** to do ∼하는 것은 바람직하다
- a **favorable** response 호의적인 반응
- the **reliable** service 믿을 수 있는 서비스
- be **responsible** for ∼을 책임지다, ∼에 책임이 있다

✓ Check up

둘 중 알맞은 것을 고르세요.

1. The company offers (reliant / reliable) service to the customers.

2. The pilot is (responsible / responsive) for the safety of the passengers.

Point ④ 부사 자리

부사는 동사, 형용사, 부사를 수식합니다. (cf. 형용사는 명사를 수식합니다.)

「**부사** + 동사」   They **finally** <u>decided</u> to move the office.
그들은 결국 사무실을 옮기기로 결정했다.

「**부사** + 형용사」   It was a **very** <u>successful</u> project.
그것은 매우 성공적인 프로젝트였다.

「**부사** + 부사」   The manager knows the system **really** <u>well</u>.
매니저는 시스템에 대해 매우 잘 알고 있다.

부사는 길이가 긴 구와 절을 수식합니다. 또한, 동사의 형태가 길게 변화해도 그 사이에서 부사가 수식해 줍니다.

「**부사** + 구」   **Only** <u>the employees</u> can use the information.
직원들만이 정보를 사용할 수 있다.

「**부사** + 절」   **Actually,** <u>he quit the job</u>. (문장 맨 앞)
사실, 그는 일을 그만두었다.
<u>He quit the job</u> **immediately**. (문장 맨 끝)
그는 즉시 일을 그만두었다.

「조동사 + **부사** + 동사」   We <u>will</u> **completely** <u>finish</u> the analysis.
우리는 분석을 완전히 끝낼 것이다.

✓ Check up

둘 중 알맞은 것을 고르세요.

1. The system will be (complete / completely) operational.

2. (Regrettably / Regrettable), we do not have the stock.

Point ⑤ 주의해야 할 부사

형태가 비슷한 부사들은 의미의 차이로 구별해야 합니다.

short 짧은, 짧게	a **short** time 짧은 시간 `형용사` cut **short** 짧게 자르다 `부사`
shortly 곧	will complete **shortly** 곧 완료될 것이다
late 늦은, 늦게	a **late** time 늦은 시간 `형용사` arrive **late** 늦게 도착하다 `부사`
lately 최근에	**Lately**, the company suffered from losses. 최근에 그 회사는 손실로 고통을 받았다.
high 높이, 높게	**high** temperature 높은 온도 `형용사` rise **high** 높게 오르다 `부사`
highly 매우	**highly** recommended 강력히 추천되는
close 가까운, 가까이	be **close** to the building 건물에 가깝다 `형용사` sit **close** 가까이 앉다 `부사`
closely 면밀히, 긴밀히	**closely** examine 면밀히 조사하다 work **closely** 긴밀히 일하다
near 가까운, 가까이	in the **near** future 가까운 미래에 `형용사` live **near** 가까이에 살다 `부사`
nearly 대략, 거의	**nearly** 100 people 거의 100명 **nearly** finish 거의 끝나다
hard 힘든, 열심히	**hard** work 힘든 일 `형용사` work **hard** 열심히 일하다 `부사`
hardly 거의 ~않는	**hardly** receive 거의 받지 **못하다**

✓ Check up

둘 중 알맞은 것을 고르세요.

1. The attendance at the seminar was (high / highly).
2. Ms. Lee is a (high / highly) qualified manager.

단서 보며 풀어보기

표시된 단서와 앞에서 배운 포인트를 참고하여 빈칸에 알맞은 것을 고르세요. (단서:　　　　)

1. The new employee, Eddie Harvey, has already become a ------- employee.

(A) valuable　　　　(B) valuably

> **살짝 엿보기** Point ❶
> a와 명사 사이에서 명사를 수식하는 것은 형용사예요.

2. The new employees should become ------- with company policies.

(A) familiar　　　　(B) familiarly

> **살짝 엿보기** Point ❶
> 2형식 동사 become 뒤에는 보어가 와야 해요.

3. All applications for this position should be submitted in a ------- manner.

(A) time　　　　(B) timely

> **살짝 엿보기** Point ❷
> 명사를 수식하는 형용사 중 「명사 + -ly」 형태가 있어요.

4. The personnel director emphasized the safe storage of ------- documents.

(A) confident　　　　(B) confidential

> **살짝 엿보기** Point ❸
> 형용사 confident(자신감 있는)와 confidential(기밀의) 중 documents를 수식하며 자연스러운 것은 어떤 것일까요?

5. It has become an ------- popular brand in the market.

(A) increasing　　　　(B) increasingly

> **살짝 엿보기** Point ❹
> 빈칸 뒤의 popular는 형용사이며 형용사를 수식하는 품사는 무엇일까요?

6. Renovations to the floor in the building's main lobby are ------- finished.

(A) near　　　　(B) nearly

> **살짝 엿보기** Point ❺
> 형용사와 부사의 형태가 같은 near(가까운, 가까이)와 부사 nearly(거의) 중 문맥에 더 자연스러운 것을 고르세요.

어휘 엿보기

¹ employee 직원 | already 이미 | valuable 가치 있는, 소중한 | ² familiar 친숙한 | policy 정책 | ³ application 지원서, 신청서 | position 직책 | submit 제출하다 | in a timely manner 시기적절한 방식으로 | ⁴ personnel 인사팀 | emphasize 강조하다 | safe 안전한 | confidential 기밀의 | storage 보관 | ⁵ popular 인기 있는 | ⁶ renovation 수리, 보수 공사 | nearly 거의 | finish 마치다, 끝나다

앞에서 배운 내용과 관련된 토익 실전 문제를 풀어보세요.

1. Mr. Anderson gave a very ------- presentation to his clients.

(A) informer
(B) information
(C) informative
(D) inform

2. The new nurse, Linda Wither, is especially ------- to the children.

(A) friend
(B) friendly
(C) friends
(D) friendship

3. Winner Power ------- negotiates a contract with Green Energy Systems.

(A) success
(B) successful
(C) succeeds
(D) successfully

4. The manager developed a new system, and the team members found it -------.

(A) useful
(B) use
(C) uses
(D) usefully

5. It is ------- to follow the safety regulations while working in the factory.

(A) advisory
(B) advisable
(C) advisability
(D) advisably

6. Each employee will work ------- with their team members to make the project successful.

(A) close
(B) closely
(C) closer
(D) closest

어휘
엿보기

¹ give a presentation 발표를 하다 | informative 유익한 | client 고객 | ² nurse 간호사 | especially 특히 | friendly 다정한 | ³ negotiate 협상하다 | contract 계약(서) | ⁴ develop 개발하다 | useful 유용한 | ⁵ advisable 바람직한 | follow 따르다, 준수하다 | regulation 규정 | while ~하는 동안에 | factory 공장 | ⁶ closely 밀접하게 | successful 성공적인

PART 5 UNIT 03

UNIT 04 동사의 형태와 수 일치

동사의 형태와 수 일치란 무엇인가요?

An apple **is** red. (하나의) 사과는 빨갛다.
The apples **are** red. 사과들은 빨갛다.

동사는 그 형태가 변하여 다양한 형태로 쓰이며, 주어가 단수인지 복수인지에 따라서도 형태가 변해요. 동사가 어떻게 변하며 다른 동사와 결합하여 어떠한 형태를 만드는지 자세히 알아보고, 주어와의 수 일치 방법도 공부해 봅시다.

동사의 형태

동사의 종류는 크게 아래와 같아요. 동사의 종류별로 동사원형과 단수 및 복수 형태를 갖습니다. 이들을 잘 학습해 두고 각 포인트들을 배워보아요.

동사원형	3인칭 단수 형태	3인칭 복수 형태
be동사	is 이다, 있다 (과거형 was)	are 이다, 있다 (과거형 were)
have동사	has 가지다	have 가지다
do동사	does 하다	do 하다
일반동사	provides 제공하다 ⋯▸ 동사 + -(e)s	provide 제공하다 ⋯▸ 동사원형

ⓒ Check up

알맞은 형태를 쓰세요.

1. 동사 is(~이다)의 복수 형태를 쓰세요. _____

2. 동사 submit(제출하다)의 3인칭 단수 형태를 쓰세요. _____

정답: 1. are 2. submits

Point ❶ 동사의 형태

동사는 아래와 같은 다양한 형태가 있습니다. 현재분사와 과거분사는 동사의 변형 형태이긴 하지만 단독으로 쓰이지 않고 진행, 완료, 수동의 형태가 되어야 동사로 쓰일 수 있습니다.

동사원형	• 명령문 **(Please) Check** the schedule. 일정을 확인하십시오. • 조동사(can ~할 수 있다 will ~할 것이다 should ~해야만 한다 등) + **동사원형** You **can get** a refund. 당신은 환불을 받을 수 있습니다.
3인칭 단수	He **checks** the schedule. 그는 일정을 확인한다. He **is** a manager. 그는 매니저이다.
과거동사(규칙/불규칙)	He **checked** the schedule. 그는 일정을 확인했다. 　　규칙 변화 He **was** a manager. 그는 매니저였다. 　　불규칙 변화
현재분사(동사-ing)	• 진행: be + 동사-ing He **is checking** the schedule. 그는 일정을 확인하고 있는 중이다.
과거분사(p.p.) *과거동사와 과거분사의 형태가 같은 경우 have나 be 뒤에 오는 것은 p.p.입니다.	• 완료: have + p.p. He **has checked** the schedule. 그는 일정을 확인했다. • 수동: be + p.p. The schedule **was checked**. 일정은 확인되었다.

☑ Check up

둘 중 알맞은 것을 고르세요.

1. The company has (opened / opening) a branch in this area.

2. Please (is / be) ready for the next presentation.

Point ❷ 주어와 동사의 수 일치

주어가 3인칭 단수일 때, 현재 시제 동사의 경우 동사 뒤에 -(e)s가 쓰여요. 명사는 복수 형태에 -(e)s가 붙지만 동사는 단수 형태라는 것에 주의하세요.

단수 주어	+ 단수 동사(is / was, has, does, 일반동사 + -(e)s)
복수 주어	+ 복수 동사(are / were, have, do, 일반동사 원형)

현재 시제

An employee **works** overtime. 한 직원이 초과 근무를 한다.
단수 주어   단수 동사

Employees **work** overtime. 직원들은 초과 근무를 한다.
복수 주어   복수 동사

과거 / 미래 시제

An employee **worked / will work** overtime. 한 직원이 초과 근무를 했다 / 할 것이다.

Employees **worked / will work** overtime. 직원들은 초과 근무를 했다 / 할 것이다.

⋯→ 과거/미래 시제는 수 일치와 상관없어요.

단, be동사의 경우 과거 was와 were는 수 일치를 맞춰야 해요.

The product **was** durable. 그 제품은 내구성이 있었다.
단수 주어   단수 동사

The products **were** durable. 그 제품들은 내구성이 있었다.
복수 주어   복수 동사

✓ Check up

둘 중 알맞은 것을 고르세요.

1. Mr. Martine (has / have) new applications to review.

2. The managers (reviewed / reviews) all applications for the position.

Point ❸ 주의해야 할 주어

❶ 고유 명사

고유 명사는 사람 이름이나 회사명에 -s가 붙어도 단수 취급합니다.

EX   <u>Mr. Jones</u> **attends** the seminar every year. 존스 씨는 해마다 세미나에 참석한다.
     사람 이름(= He)

      <u>ABC Chemicals</u> **provides** quality products. ABC 화학 회사는 품질 좋은 제품들을 제공한다.
       회사명(단수)

❷ There is / are + 주어

There is/are는 뒤의 명사가 주어이므로, 뒤의 명사에 수 일치를 해야 합니다.

EX   **There is / was** <u>a problem</u>. 문제가 있다 / 있었다.
            주어(단수)

     There are / were <u>problems</u>. 문제점들이 있다 / 있었다.
             주어(복수)

PART 5 UNIT 04

✔ Check up

둘 중 알맞은 것을 고르세요.

1. There were (limitation / limitations) to the new plan.

2. JH Pharmaceuticals (provide / provides) the best quality medicine for children.

한정사란 명사의 앞에 위치하여 명사의 의미를 한정해 주는 것입니다. 예를 들어, a pen은 '하나의 펜', the pen은 '그 펜'이라는 서로 다른 의미로 명사를 한정합니다. 한정사와 이와 어울리는 명사의 종류를 알아봅시다.

a(n) 하나의, one 하나의, each 각각의, every 모든	+ 가산 단수 명사 + 단수 동사

EX **Each/Every** product **is** defective. 각각의 / 모든 제품은 결함이 있다.

many 많은, a few 조금 있는, few 거의 없는 all 모든, most 대부분의, some 몇몇의	+ 가산 복수 명사 + 복수 동사

EX **Many** products **are** defective. 많은 제품들이 결함이 있다.

much 많은, a little 조금 있는, little 거의 없는 all 모든, most 대부분의, some 몇몇의	+ 불가산 단수 명사 + 단수 동사

EX **Much** equipment **is** defective. 많은 장비가 결함이 있다.

the 특정한 '그것' 소유격(my, our, your, her, his, their, its, company's)	+ 모든 명사 + 단수/복수 동사

EX **The** product **is** defective. 그 제품은 결함이 있다.

The products **are** defective. 그 제품들은 결함이 있다.

✓ Check up

둘 중 알맞은 것을 고르세요.

1. The website includes (many / much) information.

2. (Every / All) employees should attend the workshop.

Point ⑤ 부정대명사의 수 일치

❶ 부정대명사의 쓰임

한정사와 부정대명사 두 가지 쓰임이 있는 것들도 있습니다. 수 일치는 한정사와 같습니다.

many 많은, a few 조금 있는, few 거의 없는 all 모든, some 몇몇, most 대부분	+ (of the) 가산 복수 명사 + 복수 동사

EX **Many / All** products **are** defective. 많은 / 모든 제품들은 결함이 있다.

　Many / All of the products **are** defective. (= Many are defective.)
제품들 중 많은 / 모든 것들이 결함이 있다.

much 많은, a little 조금 있는, little 거의 없는 all 모든, some 몇몇, most 대부분	+ (of the) 불가산 단수 명사 + 단수 동사

EX **Much / All** equipment **is** defective. 많은 / 모든 장비가 결함이 있다.

　Much / All of the equipment **is** defective. (= Much is defective.)
장비의 많은 / 모든 것들이 결함이 있다.

❷ each / one

each와 one은 of the 뒤에 복수 명사가 온다는 것에 주의하세요.

each 각각, 모든, one 하나	+ 가산 단수 명사 + 단수 동사 + of the 가산 복수 명사 + 단수 동사

EX **Each** product **is** defective. 각각의 제품이 결함이 있다.

　Each of the products **is** defective. (= Each is defective.) 제품들 각각이 결함이 있다.

* every는 한정사로만 쓰이고, every of the의 형태로 쓰이지 않습니다. 즉, every of the products는 없습니다!

✓ Check up

둘 중 알맞은 것을 고르세요.

1. One of the products (is / are) defective.

2. (Every / Each) of the new employees was greeted by the new president.

표시된 단서와 앞에서 배운 포인트를 참고하여 빈칸에 알맞은 것을 고르세요. (단서: ____)

1. The head of the department has ------- the contract with the new client.

(A) finalize　　　　(B) finalized

> 살짝 엿보기 Point ❶
> has 뒤에는 p.p. 형태가 와요.

2. Employees can ------- in any of our time management seminars.

(A) participate　　　(B) participates

> 살짝 엿보기 Point ❶
> 조동사 뒤에는 동사원형이 필요해요.

3. New rules ------- the working hours of the employees.

(A) regulate　　　　(B) regulates

> 살짝 엿보기 Point ❷
> 주어가 복수 형태이므로 복수 동사가 쓰여야 해요.

4. GD Electronics ------- chosen John Adams as the new vice president.

(A) has　　　　　(B) have

> 살짝 엿보기 Point ❸
> 회사 이름이나 사람 이름과 같은 고유 명사는 무조건 단수 취급을 해요.

5. ------- participants of the workshop should sign up on the website.

(A) All　　　　　(B) Each

> 살짝 엿보기 Point ❹
> 빈칸 뒤의 복수 명사와 어울려 쓰일 수 있는 한정사를 고르세요.

6. Many of the ------- for the vacancy are trained in different fields of science.

(A) applicant　　　(B) applicants

> 살짝 엿보기 Point ❺
> Many와 Many of the 뒤에는 복수 명사가 와요.

어휘 엿보기

¹ department 부서 | finalize 마무리 짓다 | contract 계약(서) | client 고객 | ² participate in ~에 참여하다 | time management 시간 관리 | ³ regulate 규제하다 | working hours 근무 시간 | ⁴ choose 선택하다 | vice president 부사장 | ⁵ participant 참여자 | sign up 신청하다, 등록하다 | ⁶ applicant 지원자 | vacancy 공석 | train 교육시키다 | field 업계, 업종, 분야

앞에서 배운 내용과 관련된 토익 실전 문제를 풀어보세요.

1. The new washing machines ------- popular in Japan.

   (A) become
   (B) becomes
   (C) becoming
   (D) is becoming

2. There is ------- that the previous president was fired.

   (A) to speculate
   (B) speculate
   (C) speculation
   (D) speculated

3. ------- seminar attendee has to sign a non-disclosure agreement.

   (A) All
   (B) Every
   (C) Most
   (D) Many

4. The Seventh Annual Book Fairs will be ------- in Ashville on May 10.

   (A) hold
   (B) holds
   (C) holding
   (D) held

5. One of the ------- of the president is to evaluate the performance of the managers.

   (A) responsible
   (B) responsibility
   (C) responsibilities
   (D) responsibly

6. Mr. Anderson ------- the new model for the renovations of the office building.

   (A) see
   (B) seen
   (C) seeing
   (D) has seen

**어휘
엿보기**

¹ washing machine 세탁기 ∣ popular 인기 있는 ∣ ² speculation 추측 ∣ previous 이전의 ∣ president 사장 ∣ fire 해고시키다 ∣ ³ attendee 참석자 ∣ non-disclosure 비공개의 ∣ agreement 계약서, 합의서 ∣ ⁴ annual 연례의 ∣ hold 개최하다 ∣ ⁵ responsibility 책임, 업무 ∣ evaluate 평가하다 ∣ performance 성과 ∣ ⁶ renovation 수리, 보수 공사

PART 5 UNIT 04

UNIT 05 동사의 시제와 태

동사의 시제와 태란 무엇인가요?

> 그 회사는 **작년에** 건물을 **지었어.**
> 그 건물은 **작년에 지어졌어** (그 회사에 의해서).
>
> 첫 번째 문장은 우리가 보통 쓰는 '주어가 ~하다'라는 능동의 문장이자 '작년에', '~했다'는 시간 표현도 포함된 문장이에요. 두 번째 문장 역시 '작년'이라는 시간 표현은 첫 번째 문장처럼 포함되었지만 차이는 '주어가 ~되어졌다'라는 수동의 의미입니다. 두 문장은 결국 같은 내용이라는 것을 기억하며 이번 장에서 동사의 시제와 태에 대해 배워보아요.

동사의 시제와 태

위의 예문을 아래 영어로 보며 문장에서 동사를 결정할 때 시간 표현을 바탕으로 시제를 맞추고 뒤에 목적어인 대상의 유무에 따라 능동과 수동이 결정된다는 것을 알아두세요.

EX Last year, the company **built** the building.
     시간 표현   주어   동사   목적어
     (과거)   (과거, 능동)   (대상물)

     Last year, the building **was built** (by the company).
     시간 표현   주어   동사   목적어 없음
     (과거)   (과거, 수동)   (대상물 없음)

✓ Check up

해당되는 표현에 밑줄을 지세요.

1. 시간 표현: I will attend a meeting tomorrow. 나는 내일 회의에 참석할 것이다.

2. 동사 뒤의 목적어: She met her friends yesterday. 그녀는 어제 그녀의 친구들을 만났다.

정답: **1.** tomorrow **2.** her friends

Point ❶ 단순 시제

❶ 현재 시제: 동사원형 또는 「동사원형 + -(e)s」

반복되는 일이나 사실, 또는 현재의 상태를 나타낼 때 아래의 표현들과 함께 쓰입니다.

always 항상	usually 대개	often 종종	sometimes 가끔
every 매~	each 매~	now 지금	currently 지금, 현재

EX He **always attends** the seminars. 그는 항상 세미나에 참석한다.

❷ 과거 시제: 「동사원형 + -ed」 또는 불규칙 형태

과거의 특정 시점에 있었던 일을 나타낼 때 아래의 표현들과 함께 쓰입니다.

yesterday 어제	ago ~전에	last week 지난주	recently 최근에
lately 최근에	previously 이전에	in + 연도 (연도)에	

EX I **met** the manager **last week**. 나는 지난주에 매니저를 만났다.

❸ 미래 시제: 「will + 동사원형」

미래의 시점에 일어날 일을 나타낼 때 아래의 표현들과 함께 쓰입니다.

tomorrow 내일	next 다음의	following 다음의	soon 곧
shortly 곧	upcoming 곧 있을	by the end of ~의 말에	

EX I **will attend** the **upcoming** seminars. 나는 곧 있을 세미나에 참석할 것이다.

✓ Check up

둘 중 알맞은 것을 고르세요.

1. Mr. Kang (finishes / finished) the report last month.

2. The shop (raises / will raise) the prices next month.

Point ❷ 완료 시제

❶ 현재 완료(과거부터 지금까지 계속되거나 완료된 일): 「have / has p.p.」

| for ~동안에 | over ~동안에 | since ~이래로, ~부터 |

EX She **has worked** at the bank <u>for two yours</u>. 그녀는 2년 동안 은행에서 일하고 있다.

❷ 과거 완료(과거보다 더 이전에 있었던 일): 「had p.p.」

EX Before I **arrived** at the office, the meeting **had started**. 내가 사무실에 도착하기 전에 회의가 시작되었다.
        나중에 일어난 일   먼저 일어난 일

= After the meeting **had started**, I **arrived** at the office. 회의가 시작된 후에, 나는 사무실에 도착했다.
         먼저 일어난 일   나중에 일어난 일

❸ 미래 완료(지금부터 계속해서 미래에 완료될 일): 「will have p.p.」

EX I **will have attended** the seminar <u>for two years</u> <u>by next year</u>.
                                    완료의 단서   미래의 단서

내년까지면 나는 2년 동안 세미나에 참석하게 될 것이다.

✓ Check up

둘 중 알맞은 것을 고르세요.

1. Dr. Cooker (conducted / has conducted) tests since three years ago.

2. Before he joined the company, he (graduates / had graduated) from university.

앞에서 살펴본 단순 시제와 완료 시제 외에도 진행 시제와 완료 진행 시제가 있습니다. 진행 시제는 순간의 상황을 강조할 때 사용되고 완료 진행 시제는 완료와 진행 두 가지 시제가 섞인 시제라고 생각하면 돼요.

종류	형태	예
현재	현재 완료 현재 진행 현재 완료 진행	have / has p.p. am / are / is 동사-ing have / has been 동사-ing
과거	과거 완료 과거 진행 과거 완료 진행	had p.p. was / were 동사-ing had been 동사-ing
미래	미래 완료 미래 진행 미래 완료 진행	will have p.p. will be 동사-ing will have been 동사-ing

EX We **were discussing** the topic yesterday.
　　　　과거 진행 시제　　　　　　　　과거 단서
우리는 어제 그 주제에 대해 논의하는 중이었다.

The team **has been developing** a new product for five years.
　　　　현재 완료 진행 시제　　　　　　　　　완료 단서
그 팀은 신제품을 5년 동안 개발해오고 있는 중이다.

✓ Check up

둘 중 알맞은 것을 고르세요.

1. The managers (met / are meeting) the new employees now.

2. Mr. Thomson (will have finished / had finished) the report by tomorrow.

Point ④ 수동태

수동태란, 능동태의 목적어가 주어 자리로 이동하며 의미상 주어가 동작을 '당하는 것'을 말합니다. 수동태는 「be + p.p. (+ by + 행위자)」 형태로, 능동태가 수동태로 변하면 동사 뒤의 목적어가 없어집니다. 즉, 능동태는 동사 뒤에 목적어가 있고, 수동태는 동사 뒤에 목적어가 없습니다.

능동태 The chefs **prepare** some food. 주방장들은 음식을 준비한다.
주어　　　동사　　　목적어

수동태 Some food **is prepared** (by the chefs). 음식은 주방장들에 의해 준비된다.
주어　　　동사　　　수식어(목적어 없음)

수동태의 시제는 be동사를 바꾸면 돼요.

EX Some food **was prepared** (by the chefs). 음식은 주방장들에 의해 준비되었다.
과거 수동태

　　 Some food **will be prepared** (by the chefs). 음식은 주방장들에 의해 준비될 것이다.
미래 수동태

✅ Check up

둘 중 알맞은 것을 고르세요.

1. All orders (are shipping / are shipped) by train.

2. T&T Co. (developed / was developed) the innovative products.

수동태에서 by 이외의 전치사를 쓰는 어구들입니다. 이들은 통째로 외워두세요.

in	be interested **in** ~에 관심이 있다
	be involved **in** ~에 관련되다
with	be satisfied **with** ~에 만족하다
	be pleased **with** ~에 기쁘다
	be equipped **with** ~을 갖추고 있다
	be filled **with** ~로 가득 차다
	be covered **with** ~로 덮여 있다
to	be related **to** 명사 ~와 관계있다
	be entitled **to** 명사 ~할 자격이 있다
기타	be surprised **at** ~에 놀라다
	be scheduled **for** ~로 예정되다
	be known **for** + 업적 ~로 알려져 있다
	be concerned **about** ~을 걱정하다
	be based **on** ~에 근거하다

PART 5 UNIT 05

☑ Check up

둘 중 알맞은 것을 고르세요.

1. Employees who are interested (in / about) the position should contact the HR team.

2. The estimated value of buildings is based (in / on) the property's structural condition.

🔍 단서 보며 **풀어보기**

표시된 단서와 앞에서 배운 포인트를 참고하여 빈칸에 알맞은 것을 고르세요. (단서: ⬚⬚⬚)

1. Employees at Saturn Manufacturing ------- every Saturday.

    (A) worked   (B) work

> **살짝 엿보기** `Point ❶`
> 반복되는 일을 나타내는 every와 함께 어울려 쓰이는 시제는 무엇일까요?

2. The technicians ------- the maintenance work next Monday.

    (A) will finish   (B) finished

> **살짝 엿보기** `Point ❶`
> 미래 시간을 나타내는 표현인 next와 어울리는 시제를 고르세요.

3. Mr. Park ------- beginner yoga at this institute for seven years.

    (A) has taught   (B) taught

> **살짝 엿보기** `Point ❷`
> 현재 완료는 과거부터 지금까지를 나타내며 기간을 나타내는 표현 for(~동안에)과 어울려 쓰여요.

4. Our new branches ------- in the downtown area.

    (A) are located   (B) locate

> **살짝 엿보기** `Point ❹`
> 동사 뒤에 목적어가 있으면 능동태를, 목적어가 없고 수식어가 있으면 수동태를 써요.

5. According to the policy, no drinks may be ------- in the theater.

    (A) kept   (B) keeping

> **살짝 엿보기** `Point ❹`
> 「be+p.p.」는 수동태, 「be+동사-ing」는 진행 능동 형태입니다.

6. Mr. Job's keynote address is scheduled ------- 9 A.M. on Monday.

    (A) in   (B) for

> **살짝 엿보기** `Point ❺`
> '~로 예정되다'라는 수동태 표현을 외워두세요.

어휘 엿보기

¹ manufacturing 제조업 | ² technician 기술자 | maintenance 유지보수 | ³ institute 학원 | ⁴ branch 지점, 지사 | be located ~에 위치하고 있다 | downtown 시내의, 도심의 | area 지역 | ⁵ according to ~에 따르면 | policy 정책 | keep 보관하다 | theater 극장 | ⁶ keynote address 기조연설

🔅 실전 문제 풀어보기

앞에서 배운 내용과 관련된 토익 실전 문제를 풀어보세요.

1. The chief financial officer ------- the proposal about the new project last week.

   (A) will revise
   (B) revises
   (C) revised
   (D) is revising

2. All assembly machinery must be ------- by a technician every month.

   (A) inspection
   (B) inspected
   (C) inspecting
   (D) inspect

3. Next Friday, Health for Life ------- a new feedback system.

   (A) was creating
   (B) will create
   (C) having created
   (D) had been creating

4. The company's awards ceremony ------- before all participants attended.

   (A) will begin
   (B) has begun
   (C) had begun
   (D) is beginning

5. The film director, Andy Brook ------- for his well-made movies.

   (A) will know
   (B) has known
   (C) to know
   (D) is known

6. Last month, the company ------- a new compensation program.

   (A) implemented
   (B) implements
   (C) was implemented
   (D) implement

PART 5 UNIT 05

어휘 엿보기

¹ chief financial officer 최고 재무 담당자 ㅣ revise 수정하다 ㅣ proposal 제안서 ㅣ ² assembly 조립 ㅣ machinery 기계 ㅣ inspect 검사하다, 점검하다 ㅣ technician 기술자 ㅣ ³ create 만들다, 창조하다 ㅣ ⁴ awards ceremony 시상식 ㅣ participant 참여자 ㅣ attend 참석하다 ㅣ ⁵ director 감독 ㅣ be known for ~로 유명하다 ㅣ well-made 잘 만들어진 ㅣ ⁶ implement 시행하다 ㅣ compensation 보상

UNIT 06 to부정사와 동명사

to부정사와 동명사란 무엇인가요?

> 나는 영화 **보는 것**을 **좋아해**.
>
> 위의 예문에서 보면, 동사 '보다'와 '좋아하다'가 한 문장에 쓰였어요. 이때, '보다'를 '보는 것'이라는 명사의 형태로 바꿨는데 이와 비슷한 역할을 하는 게 영어에서는 to부정사와 동명사입니다. to부정사는 명사 외에도 형용사나 부사 역할을 하고 동명사는 명사 역할만 한다는 차이가 있어요. 이번 유닛에서는 동사를 변형시켜 문장에서 쓰는 법에 대해 알아볼게요.

to부정사와 동명사의 형태와 쓰임

to부정사와 동명사는 동사원형에 to나 -ing을 붙여 만든 형태로 문장에서 명사 역할을 한다는 공통점이 있어요. to부정사는 동명사와는 달리 문장에서 형용사나 부사 역할도 한다는 점을 미리 알아두세요.

to부정사 「to + 동사원형」	I want **to watch** a movie. 나는 **영화 보는 것**을 원한다. 주어 동사　　목적어
동명사 「동사원형 + -ing」	I enjoy **watching** a movie. 나는 **영화 보는 것**을 즐긴다. 주어 동사　　목적어

다음 문제에 답하세요.

1. be동사의 to부정사와 동명사 형태를 각각 쓰세요. _____ , _____

2. He plans to (go / goes) to the park.

정답: **1.** to be, being **2.** go

to부정사는 「to + 동사원형(to do)」 형태로 문장에서 명사, 형용사, 부사 역할을 해요.

❶ **명사 역할(~하는 것, ~하기): 주어, 목적어, 보어 역할**

| 주어 | **To get an excellent service** is important. 훌륭한 서비스를 받는 것은 중요하다. |

| 목적어 | I want **to get a job**. 나는 직업을 갖기를 원한다. |

| 주격 보어 | My job is **to conduct** surveys. 나의 업무는 설문조사를 수행하는 것이다. |

| 목적격 보어 | I encourage him **to get a job**. 나는 그가 직업을 갖는 것을 권한다. |

❷ **형용사 역할(~하는): 명사를 뒤에서 수식**

EX You should make an effort **to help** Mr. Jones. 당신은 존스 씨를 도우려는 노력을 해야 합니다.

❸ **부사 역할(~하기 위해서, ~해서): 형용사나 절 등을 수식**

EX **To apply** for the job, she went to the office. 일자리에 지원하기 위해서, 그녀는 사무실로 갔다.

= **In order to** apply for the job, she went to the office.

⊘ Check up

둘 중 알맞은 것을 고르세요.

1. (Make / To make) a reservation online is very convenient.

2. In order to (reduce / reduction) the cost, we need a new plan.

Point ❷ 동명사의 쓰임

동명사는 「동사원형 + -ing(doing)」의 형태로 문장에서 명사 역할(~하는 것)을 해요. to부정사의 명사적 쓰임과 같으므로, 아래의 주어, 목적어, 보어 자리는 to부정사로 바꿔 써도 됩니다.

주어 **Visiting the theater** is my favorite activity. 극장을 방문하는 것은 내가 가장 좋아하는 활동이다.
= To visit the theater(주어로 쓰일 때는 단수 취급합니다.)

목적어 I continue **visiting the theater**. 나는 극장을 방문하는 것을 계속한다.
= to visit the theater

보어 My interest is **visiting the theater**. 나의 관심사는 극장을 방문하는 것이다.
= to visit the theater

하지만, 전치사 뒤에서는 명사 역할로 to부정사가 쓰일 수 없고 동명사만 쓰여요.

EX Ms. Jones was worried **about** (to find / **finding**) the lost baggage.
　　　　　　　　　　　　　　전치사　　　　　　　　동명사
존스 씨는 잃어버린 짐을 찾는 것에 대해 걱정했다.

✓ Check up

둘 중 알맞은 것을 고르세요.

1. (Reduce / Reducing) the production costs is necessary.

2. We are interested in (attend / attending) the dinner party.

동명사가 명사 역할을 한다면 둘 사이에는 어떤 차이가 있을까요? 동명사는 동사의 성격과 똑같고, 명사는 원래 명사의 성격 그대로를 유지합니다.

	목적어	수식어	한정사(단수·복수)
명사	없음	형용사	있음
동명사	있음	부사	없음

❶ 목적어 유무

명사 **Reviews** of the report are important. 보고서 검토는 중요하다.

동명사 **Reviewing the reports** is important. 보고서를 검토하는 것은 중요하다.
　　　　　　　　　　　目적어

❷ 수식어

명사 **Careful reviews** of the report are important. 보고서의 자세한 검토는 중요하다.
　　　　　형용사

동명사 **Carefully reviewing the reports** is important. 보고서를 자세히 검토하는 것은 중요하다.
　　　　　부사

❸ 한정사 유무

명사 **The improvement** of the quality is important. 품질의 향상은 중요하다.
　　　　한정사

동명사 **Improving the quality** is important. 품질을 향상시키는 것은 중요하다.

PART 5 UNIT 06

✅ Check up

둘 중 알맞은 것을 고르세요.

1. The rent includes the (maintaining / maintenance) of the apartment.

2. The factory continues to progress by (upgrading / upgrade) its facilities.

Point ❹ to부정사를 취하는 동사와 표현

다음 동사 및 표현들은 to부정사와 어울려 쓰이므로 자주 보고 외워두세요.

❶ 「동사 + to do」

hope to do ~하기를 바라다	wish to do ~하기를 바라다
plan to do ~할 것을 계획하다	decide to do ~하기로 결정하다

❷ 「동사 + 목적어 + to do」

tell + 목적어 + to do ~가 ~하라고 말하다	advise + 목적어 + to do ~가 ~하라고 조언하다
require + 목적어 + to do ~가 ~하기를 요구하다	allow + 목적어 + to do ~가 ~하기를 허락하다
encourage + 목적어 + to do ~가 ~하기를 장려하다	

❸ 「be + p.p. + to do」

be expected to do ~하도록 예상되다	be asked to do ~하도록 요청되다
be advised to do ~하도록 조언을 받다	be required to do ~하도록 요구되다
be allowed to do ~하도록 허락되다	be encouraged to do ~하도록 권장되다

EX All employees **are asked to attend** Mr. Parker's retirement party.
전 직원들은 파커 씨의 은퇴식에 참석하도록 요청된다.

❹ 「be + 형용사 + to do」

be ready to do ~할 준비가 되다	be (un)able to do ~할 수 있다 / 없다
be likely to do ~할 것 같다	be willing to do 기꺼이 ~하다
be eligible to do ~할 자격이 있다	be proud to do ~하는 것이 자랑스럽다
be pleased to do ~하는 것이 기쁘다	be happy to do ~하는 것이 기쁘다

EX Mr. Johnson **is willing to continue** his position as a director.
존슨 씨는 부장으로서의 그의 직책을 기꺼이 계속하기로 했다.

✅ Check up

둘 중 알맞은 것을 고르세요.

1. We hope (seeing / to see) you again soon.

2. We are able (providing / to provide) great service.

Point ⑤ 동명사를 취하는 동사와 표현

다음 표현들은 동명사를 취하는 동사 및 전치사 to 표현이니 외워두세요.

❶ 동사 + doing

enjoy -ing ~하는 것을 즐기다	suggest -ing ~하는 것을 제안하다
recommend -ing ~하는 것을 추천하다	consider -ing ~하는 것을 고려하다
finish -ing ~하는 것을 끝내다	quit -ing ~하는 것을 멈추다
avoid -ing ~하는 것을 피하다	stop -ing ~하는 것을 멈추다

EX Russ will **consider working** for a new company.
러스는 새로운 회사에서 일하는 것을 고려할 것이다.

❷ 전치사 to 어구

be committed to -ing ~에 헌신하다	be accustomed to -ing ~에 익숙하다
be dedicated to -ing ~에 헌신하다	be used to -ing ~에 익숙하다
be devoted to -ing ~에 헌신하다	look forward to -ing ~을 기대하다

EX We **are committed to providing** the best service.
저희는 최고의 서비스를 제공하는 데 헌신하고 있습니다.

PART 5 UNIT 06

✓ Check up

둘 중 알맞은 것을 고르세요.

1. We are looking forward to (see / seeing) you again.

2. The company is devoted to (provide / providing) the best service.

🔍 단서 보며 **풀어보기**

표시된 단서와 앞에서 배운 포인트를 참고하여 빈칸에 알맞은 것을 고르세요. (단서:)

1. The purpose of the workshop is ------- you with information.

(A) provide   (B) to provide

> **살짝 엿보기** Point **1**
> 동사 is 뒤에 또 다른 동사를 쓸 수 없어요.

2. In order to ------- the reports, Mr. Hansen has to work overtime.

(A) finish   (B) finishing

> **살짝 엿보기** Point **1**
> In order to는 to부정사 표현입니다.

3. ------- a reservation is important.

(A) Confirming   (B) Confirmation

> **살짝 엿보기** Point **2 3**
> 빈칸부터 a reservation까지가 문장의 주어입니다.

4. Mr. Martin plans ------- marketing reports to the vice president.

(A) submit   (B) to submit

> **살짝 엿보기** Point **4**
> 동사 plans 뒤에 목적어로 쓰이는 동사의 형태를 고르세요.

5. All employees enjoyed ------- to the newly appointed CEO.

(A) to talk   (B) talking

> **살짝 엿보기** Point **5**
> 동사 enjoyed 뒤에 목적어로 쓰이는 동사의 형태를 고르세요.

6. We are committed to ------- the best services to our clients.

(A) providing   (B) provide

> **살짝 엿보기** Point **5**
> be committed to는 전치사 to 표현입니다.

어휘 엿보기

¹ purpose 목적 | provide A with B A에게 B를 제공하다 | information 정보 | ² have to ~해야만 한다 | work overtime 초과 근무를 하다 | ³ confirm 확인하다 | reservation 예약 | important 중요한 | ⁴ submit 제출하다 | vice president 부사장 | ⁵ employee 직원 | newly 새로 | appointed 임명된 | ⁶ commit to ~에 전념/헌신하다 | provide 제공하다 | client 고객

앞에서 배운 내용과 관련된 토익 실전 문제를 풀어보세요.

1. We wish ------- for any inconvenience we may have caused you.

   (A) apologize
   (B) to apologize
   (C) apologizing
   (D) apologizes

2. Ms. Roberta made a ------- at the Hilton Hotel for the year-end party.

   (A) reserve
   (B) reserved
   (C) reservation
   (D) reserving

3. The museum successfully held an exhibit by ------- displaying famous paintings.

   (A) innovational
   (B) innovatively
   (C) innovative
   (D) innovation

4. The employees at Delta Music are ------- to providing excellent service to their customers.

   (A) dedication
   (B) dedicating
   (C) dedicated
   (D) dedicate

5. The president considered ------- the company headquarters to Toronto.

   (A) to relocate
   (B) relocation
   (C) has relocated
   (D) relocating

6. All passengers are required to ------- a boarding pass to the flight attendant.

   (A) presenting
   (B) presented
   (C) present
   (D) presents

어휘
엿보기

¹ apologize for ~에 대해 사과하다 | inconvenience 불편함 | cause 일으키다 | ² make a reservation 예약하다 | year-end party 송년회 | ³ museum 박물관 | successfully 성공적으로 | hold 개최하다 | exhibit 전시회 | innovatively 혁신적으로 | display 전시하다 | ⁴ be dedicated to ~하는 데 헌신하다 | customer 고객 | ⁵ consider 고려하다 | relocate A to B A를 B로 이전하다 | headquarters 본사 | ⁶ passenger 승객 | be required to ~하도록 요구되다 | present 보여주다, 제시하다 | boarding pass 탑승권 | flight attendant 비행 승무원

UNIT 07 분사

분사란 무엇인가요?

뛰고 있는 사람들

분사란, 동사가 현재분사(동사-ing 또는 -ing)와 과거분사(p.p.) 2가지 형태로 문장에서 형용사 역할을 하는 것을 말해요. 예문에서 '뛰다'라는 동사가 명사 '사람들'을 수식하기 위해 동사를 '뛰고 있는'이란 형태로 바꾼 것이 분사의 개념입니다. 동사의 성격을 가진 형용사인 분사에 대해 자세히 알아봅시다.

분사와 형용사의 차이

분사는 형용사 역할을 하며 둘 중에 골라야 하는 경우 의미의 차이가 없다면 형용사가 우선해요. 하지만 일반 형용사가 없는 경우 분사가 형용사 역할을 합니다.

EX a (**valuable**, valuing) contribution 가치 있는 기여
　　 가치 있는(형용사)　가치를 주는(분사)

　　 an (attach, **attached**) file 첨부된 파일
　　　 첨부하다(동사)　　첨부된(분사)

✅ Check up

알맞은 형태를 고르세요.

1. very (comforted / comfortable) chairs 아주 편안한 의자들

2. the (update / updated) report 업데이트된 보고서

정답: **1.** comfortable **2.** updated

Point ❶ 분사의 쓰임

분사는 현재분사(동사-ing 또는 -ing)와 과거분사(p.p.) 두 가지 형태이며, 문장에서 형용사(~하는, ~한) 역할을 하므로 명사를 수식하거나 보어로 쓰입니다.

명사 앞 수식   the **revised** report 수정된 보고서

명사 뒤 수식   the report **revised** yesterday 어제 수정된 보고서

주격 보어   The manager <u>became</u> **excited**. 매니저는 기분이 좋아졌다.
                                2형식 동사   주격 보어

목적격 보어   He <u>found</u> the <u>results</u> **interesting**. 그는 결과가 흥미롭다는 것을 알았다.
                       5형식 동사   목적어   목적격 보어

또한, 형용사와 마찬가지로 분사는 부사의 수식을 받아요.

EX   It is the <u>recently</u> **updated** <u>program</u>.   그것은 최근에 업데이트된 프로그램이다.
                   부사   형용사(분사)   명사

☑ Check up

둘 중 알맞은 것을 고르세요.

1. Mr. Carter became (interest / interested) in marketing.

2. He was the (recent / recently) appointed president.

Point ❷ 현재분사와 과거분사의 구분 1

분사가 앞에서 뒤의 명사를 수식할 때는 의미 해석으로 구분해요. 현재분사(동사-ing 또는 -ing)는 능동이나 진행의 의미를, 과거분사(p.p.)는 수동이나 완료의 의미를 나타낼 때 쓰이므로 수식 받는 명사를 기준으로 의미상 알맞은 것을 고르세요.

현재분사 -ing (~하는, ~중인)	the **approaching** storm 접근 중인 폭풍 ⋯▸ 폭풍이 능동적으로 접근하는 중, approach의 현재분사
과거분사 -ed / p.p. (~당한, ~된)	a **revised** report 수정된 보고서 ⋯▸ 보고서는 이미 수정이 완료됨, revise의 과거분사이며 규칙 변화 a **broken** window 깨진 창문 ⋯▸ 창문이 깨짐, break의 과거분사이며 불규칙 변화

✅ Check up

둘 중 알맞은 것을 고르세요.

1. The newly (installing / installed) program will increase performance.

2. Mr. Cruise opened one of the (enclosed / enclosing) files.

현재분사와 과거분사가 뒤에서 앞의 명사를 수식할 때는 목적어의 유무로 선택해요. 뒤에 목적어가 오면 현재분사를, 목적어 없이 수식어가 오면 과거분사가 쓰입니다.

현재분사 + 목적어	The man [**signing** the contract] is my supervisor. 주어　　현재분사+목적어　　동사 계약서에 서명하는 남자는 나의 상사다.
과거분사 + 수식어	The contract [**signed** by my supervisor] is important. 주어　　과거분사+수식어(목적어 없음)　　동사 나의 상사에 의해 서명된 계약서는 중요하다.

✅ Check up

둘 중 알맞은 것을 고르세요.

1. Mr. Parker met the people (attended / attending) the seminar.

2. This is the file (attached / attaching) in the e-mail.

Point ④ 감정 관련 동사

감정을 나타내는 동사는 주로 사물의 경우에는 어떠한 감정을 유발하는 능동의 형태, 사람의 경우에는 어떠한 감정을 느끼게 되는 수동의 형태로 구분하여 쓰입니다. 즉, 사물을 수식하거나 보충할 때는 현재분사를, 사람을 수식하거나 보충할 때는 과거분사를 써요.

사물 / 추상 명사 + 현재분사(동사-ing 또는 -ing)	사람 명사 + 과거분사(p.p.)
interesting 흥미로운	interested 흥미를 느끼는
satisfying 만족스러운	satisfied 만족한
pleasing 기분을 좋게 하는	pleased 기분 좋은
amazing 놀라운	amazed 놀라움을 느끼는
exiting 신나게 하는	excited 신이 난
confusing 혼란을 일으키는	confused 혼란스러운
disappointing 실망스러운	disappointed 실망을 느끼는, 실망한
surprising 놀라운	surprised 놀란
overwhelming 엄청난	overwhelmed 압도된
exhausting 지치게 하는	exhausted 지친, 피곤한
distracting 산만하게 하는	distracted 산만해진, 마음이 산만한

EX The movie is **interesting**. 그 영화는 흥미롭다.
　　　사물 명사

　　　The audience is **interested**. 관중들은 흥미를 느낀다.
　　　사람 명사

✓ Check up

둘 중 알맞은 것을 고르세요.

1. The manager was (satisfying / satisfied) with Mr. Jones' outstanding performance.

2. Too many pictures and charts were (distracting / distracted).

Point 5 한 가지 형태만 가지는 분사들

다음 분사들은 현재분사와 과거분사를 구별할 필요 없이 무조건 한 가지 형태만 가지고 있어요.

현재분사 + 명사	과거분사 + 명사
outstanding performance 뛰어난 성과	**limited** time 제한된 시간
remaining work 남은 업무	**detailed** information 자세한 정보
lasting impression 지속되는 인상	**written** permission 서면 허가
challenging job 어려운 일	**preferred** means 선호되는 수단
demanding job 어려운 일	**complicated** process 복잡한 절차
promising applicants 유망한 지원자들	**finished** products 완성된 제품들
leading distributor 선도적인 배급업체	**reserved** seats 예약된 좌석들
rising costs 증가하는 비용	**broken** device 고장 난 기기
missing luggage 분실된 짐	**experienced** employees 숙련된 직원들
growing industry 성장하는 산업	**skilled** technician 숙련된 기술자
appealing design 매력적인 디자인	**qualified** musician 자격 있는 음악가

EX Mr. Winter has to finish the **remaining** work by himself.
원터 씨는 남은 업무를 혼자서 마쳐야 한다.

The finance team has many **experienced** accountants.
재무팀은 많은 숙련된 회계사들을 보유하고 있다.

✓ Check up

둘 중 알맞은 것을 고르세요.

1. DMZ Manufacturing is a (leading / led) company in the region.

2. The company hired many (experiencing / experienced) employees.

단서 보며 풀어보기

표시된 단서와 앞에서 배운 포인트를 참고하여 빈칸에 알맞은 것을 고르세요. (단서: ⬛⬛⬛)

1. Mr. Reed received a ------- report about the upcoming event.

(A) revise   (B) revised

> 살짝 엿보기 **Point ❶**
> a와 명사 사이에는 형용사가 와요.

2. All gifts will be wrapped in ------- colored paper.

(A) bright   (B) brightly

> 살짝 엿보기 **Point ❶**
> 분사는 형용사 역할을 하므로 부사의 수식을 받아요.

3. Please send the ------- application to our personnel department by June 15.

(A) completed   (B) completing

> 살짝 엿보기 **Point ❷**
> 명사 application(지원서)이 '~을 작성하는 중인'걸까요, '(이미) 작성된'걸까요?

4. Linko is an online store ------- various office supplies.

(A) sold   (B) selling

> 살짝 엿보기 **Point ❸**
> 빈칸 이하는 앞의 명사 store를 수식하고 있어요.

5. Team members at the sales department were ------- with their sales figures.

(A) disappointed   (B) disappointing

> 살짝 엿보기 **Point ❹**
> 선택지는 감정 관련 동사의 분사 형태이며 이때 과거분사는 사람 명사와, 현재분사는 사물 명사와 어울려 쓰여요.

6. You can take advantage of our clearance sale for a ------- time only.

(A) limited   (B) limiting

> 살짝 엿보기 **Point ❺**
> 선택지의 분사는 한 가지 형태로만 쓰여요.

어휘 엿보기

¹ receive 받다 | revise 수정하다 | upcoming 곧 있을 | ² brightly 밝게 | wrap 포장하다 | ³ complete 작성하다 | application 신청서, 지원서 | personnel 인사팀 | department 부서 | by ~까지 | ⁴ various 다양한 | office supplies 사무용품 | ⁵ disappointed 실망한 | sales figures 매출 수치 | ⁶ take advantage of ~을 이용하다 | clearance sale 재고 정리 세일 | limited 제한된

앞에서 배운 내용과 관련된 토익 실전 문제를 풀어보세요.

1. The vice president visited the ------- site for the new factory.

   (A) proposer
   (B) proposed
   (C) proposing
   (D) propose

2. Shoppers are not recommended to go out as there is an ------- storm.

   (A) approaching
   (B) approached
   (C) approach
   (D) approaches

3. The researchers summarized the test results in the ------- file.

   (A) attach
   (B) attaches
   (C) attached
   (D) to attach

4. The terms and conditions ------- in this contract are agreed by both parties.

   (A) outline
   (B) outlining
   (C) outlines
   (D) outlined

5. The All For You Computec is one of the ------- suppliers of computer equipment in the area.

   (A) lead
   (B) led
   (C) leading
   (D) to lead

6. The newly released product achieved an ------- success in the market.

   (A) overwhelms
   (B) overwhelmed
   (C) overwhelm
   (D) overwhelming

PART 5 UNIT 07

어휘
엿보기

¹ vice president 부사장 ㅣ propose 제안하다 ㅣ site 장소, 현장 ㅣ factory 공장 ㅣ ² recommend 추천하다, 권장하다 ㅣ approach 접근하다 ㅣ storm 폭풍 ㅣ ³ researcher 연구원 ㅣ summarize 요약하다 ㅣ result 결과 ㅣ attach 첨부하다 ㅣ ⁴ terms and conditions 조건 ㅣ outline 개요를 서술하다 ㅣ contract 계약서 ㅣ agree 동의하다 ㅣ both parties 양측 ㅣ ⁵ lead 이끌다, 선도하다 ㅣ supplier 공급업체[공급자] ㅣ equipment 장비 ㅣ area 지역 ㅣ ⁶ released 출시된 ㅣ achieve 성취하다 ㅣ overwhelming 압도적인 ㅣ success 성공

UNIT 08 전치사

전치사란 무엇인가요?

on Monday(월요일에), under the tree(나무 아래), about TOEIC(토익에 관하여)

영어에서 시간이나 장소 등을 나타내며 명사 앞에 놓이는 품사를 전치사라고 해요. 전치사가 없다면 문장에서 명사를 자연스럽게 연결하기가 어려워요. 전치사는 종류가 다양해서 그 쓰임에 맞게 외워두어야만 문제를 풀 수 있습니다. 그럼 하나씩 배워볼까요?

전치사의 역할

전치사는 명사 앞에 놓여 시간이나 장소 등의 의미를 나타내며, 전치사구는 문장에서 수식어 역할을 해요.

명사 수식 The head **of the department** will arrive. 부서장이 도착할 것이다.

보어 This item is **on sale**. 이 제품은 할인 중이다.

절 수식 **In my opinion**, we should follow her suggestion.
내 생각에, 우리는 그녀의 제안을 따라야 한다.

✓ Check up

전치사 뒤에 알맞은 형태를 고르세요.

1. under (construct / construction) 공사 중인

2. for (pleasure / pleasant) 여가로, 즐거움을 위해

정답: **1.** construction **2.** pleasure

Point ❶ 시간을 나타내는 전치사 - 시점

시간을 나타내는 전치사는 크게 시점을 나타내는 전치사와 기간을 나타내는 전치사로 나뉩니다. 먼저 시점을 나타내는 전치사들을 알아봅시다.

in + 연도, 계절, 월 ~에	**in** 2011 2011년에 **in** the morning 아침에	**in** Spring 봄에 **in** the afternoon 오후에	**in** September 9월에 **in** the evening 저녁에
at + 시각 ~에	**at** 7 A.M 오전 7시에	**at** noon 정오에	**at** night 저녁에
on + 특정 날짜, 요일 ~에	**on** September 21 9월 21일에 **on** Monday morning 월요일 아침에		**on** Monday 월요일에

from ~ to ~ ~부터 ~까지	The shop is open **from** 7 A.M. **to** 9 P.M. 상점은 오전 7시부터 오후 9시까지 문을 연다.
since ~부터, ~이래로	He <u>has worked</u> here **since** 2000. 그는 2000년도부터 이곳에서 일을 해오고 있다. 현재 완료와 어울려 쓰임

by ~까지 (동작이나 상태의 완료)	He will complete the inquiry **by** Thursday. 그는 목요일까지 조사를 완료할 것이다. 한 번만 완료하면 됨
until ~까지 (동작이나 상태의 계속)	Our center <u>is open</u> **until** 6 P.M. 우리 센터는 오후 6시까지 문을 연다. 계속 문을 열고 있음

before ~전에 / after ~후에	**before / after** March 28 3월 28일 전에 / 후에
between ~사이에	**between** 10 A.M. and 9 P.M. 오전 10시와 오후 9시 사이에

✓ Check up

둘 중 알맞은 것을 고르세요.

1. New job openings will begin (on / in) April.

2. Please submit the report (by / until) Friday.

아래는 기간을 나타내는 전치사들입니다.

for + 숫자 ~동안, ~중에	He has worked here **for** ten years. 그는 10년 동안 이곳에서 일을 해오고 있다. 현재 완료와 어울려 쓰임
during + 명사(행사, 사건 등) ~동안에	**during** the meeting 회의 중에 **during** the weekend 주말 동안에
over ~동안	He has worked **over** the last several years. 그는 지난 몇 년 동안 일을 해오고 있다.
within ~이내에	receive a refund **within** two days 2일 이내에 환불을 받다
through(out) ~내내	**through(out)** the year 일 년 내내

시점 전치사와 기간 전치사를 구분해야 해요. 예를 들어, 현재 완료와 함께 쓰이는 since와 for를 비교해보면 전치사 뒤의 명사가 시점인지 기간인지에 따라 각각 쓰임이 달라요.

EX   He **has worked** here **since** 2000. 그는 2000년도부터 이곳에서 일을 해오고 있다.
    시점

He **has worked** here **for** ten years. 그는 10년 동안 이곳에서 일을 해오고 있다.
     기간, 주로 복수 명사가 많음

ⓒ Check up

둘 중 알맞은 것을 고르세요.

1. The weekly team meeting will be held (at / for) 4 P.M.

2. You can exchange the defective item (by / within) 30 days.

Point ❸ 장소를 나타내는 전치사

장소를 나타내는 다양한 전치사들을 외워두세요.

in + 넓은 장소	**in** the building 건물 안에 **in** the city 도시 내에	**in** the world 세계에서 **in** Korea 한국에
at + 좁은 장소	**at** the entrance 입구에서	**at** ABC Company(회사명) ABC 사에서는
on + 표면 / 특정 위치	**on** the second floor 2층에	**on** the right / left 오른쪽에 / 왼쪽에
between (둘) 사이에	**between** A and B A와 B 사이에	**between** two / both buildings 두 건물들 사이에
among (셋 이상) 사이에	**among** the trees 나무들 사이에	**among** employees 직원들 사이에
under ~ 아래에	**under** the table 식탁 아래에	
behind ~ 뒤에 in front of ~앞에	**behind** the building 건물 뒤에 **in front of** the building 건물 앞에	
next to(=beside) ~옆에	**next to** the bus station 버스 정류장 옆에 ⋯➔ **next** Monday (형용사) 다음 주 월요일에	
near ~ 가까이에	**near** the amusement park 놀이공원 근처에	

PART 5 UNIT 08

✅ Check up

둘 중 알맞은 것을 고르세요.

1. He walked (between / among) two buildings.

2. The tree is (next / near) the building.

시간과 장소 외의 기타 주요 전치사들을 정리해 봅시다.

by ~에 의해서, ~로 (행위자 / 차이 / 교통수단)	The picture was taken **by** him. 그에 의해 사진이 찍혔다. **by** doing ~함으로써 increase **by** 10 percent 10퍼센트 오르다 **by** car / subway 차 / 지하철을 타고
through ~을 통해(수단)	**through** the Internet / e-mail 인터넷 / 이메일을 통해
with 함께, ~을 가지고 without ~없이	**with** their parents 부모님과 함께 **without** proper authorization / permission 적절한 허가 없이
as ~로서(자격)	work **as** a manager 매니저로서 일하다 **as** proof of payment 지불 증빙으로서
like ~같이, ~처럼(유사) unlike ~와 달리(차이)	**Like** swimming, walking is good for the health. 수영과 같이, 걷기도 건강에 좋다.

✓ Check up

둘 중 알맞은 것을 고르세요.

1. You cannot access the information (like / without) proper permission.

2. They will expand their business (to / by) developing new products.

Point ⑤ 주의해야 할 형태의 전치사

❶ -ing 형태 전치사

다음은 -ing 형태지만 전치사이므로 뒤에 명사가 와야 해요.

regarding ~에 관해(주제) = concerning = about	the meeting **regarding** the management 경영에 대한 회의
following ~ 후에 = after	The dinner will begin **following** the speech. 연설 후에 저녁 식사가 시작됩니다. ⋯► the **following** week 다음 주(형용사)
including ~을 포함하여 excluding ~을 제외하고	The total comes to $50 **including** tax. 세금을 포함해서 총 50달러입니다.

❷ 구 전치사

두 가지 이상의 단어들이 하나의 전치사로 쓰이는 것을 구 전치사라고 해요.

prior to(= before) ~전에	instead of ~ 대신에
according to ~에 따르면	regardless of ~와 상관없이
in addition to 게다가, 또한	based on ~을 바탕으로
such as ~와 같은	as a result of ~의 결과로

EX **As a result of** the storm damage, cable access will not be available.
폭풍으로 인한 손상의 결과로, 케이블 접속을 이용할 수 없을 것이다.

⊘ Check up

둘 중 알맞은 것을 고르세요.

1. This contains detailed information (concern / concerning) the warranty.

2. I need clothes, (prior to / such as) T-shirts and jeans.

🔍 단서 보며 **풀어보기**

표시된 단서와 앞에서 배운 포인트를 참고하여 빈칸에 알맞은 것을 고르세요. (단서: ⬚)

1. The new chief operating officer will visit our factory ------- March 10.

(A) in   (B) on

> 살짝 엿보기 **Point ❶**
> 특정 날짜와 어울려 쓰이는 시점 전치사를 고르세요.

2. Health Gym plans to open five new stores ------- the next three months.

(A) from   (B) over

> 살짝 엿보기 **Point ❶ ❷**
> 빈칸 뒤의 three months는 기간을 나타내는 명사입니다.

3. The new restaurant will be constructed ------- the coast.

(A) along   (B) between

> 살짝 엿보기 **Point ❸**
> between은 '둘 사이'를 나타낼 때 쓰이는 전치사입니다.

4. Mark is responsible for leading a team ------- a manager.

(A) as   (B) for

> 살짝 엿보기 **Point ❹**
> 자격을 나타내는 명사 a manager와 어울려 쓰이는 전치사를 고르세요.

5. I have some questions ------- our products.

(A) regard   (B) regarding

> 살짝 엿보기 **Point ❺**
> 빈칸은 전치사 자리입니다. 주의해야 할 형태의 전치사를 다시 한번 보고 풀어보세요.

6. All costs below are subject to change based ------- the types of materials.

(A) for   (B) on

> 살짝 엿보기 **Point ❺**
> 구 전치사 표현을 외워야 풀 수 있어요.

어휘 엿보기

¹ chief operating officer 최고 운영 담당자 | visit 방문하다 | factory 공장 | ² plan to ~할 계획이다 | store 상점, 가게 | ³ construct 짓다, 건설하다 | coast 해안가 | ⁴ be responsible for ~을 책임지다, 담당하다 | lead 이끌다, 지도하다 | ⁵ question 질문, 문의 사항 | regarding ~에 관한, ~에 관하여 | product 제품 | ⁶ cost 비용 | below 아래 | be subject to ~하기 쉽다 | change 변하다 | based on ~을 바탕으로 | type 종류 | material 재료

앞에서 배운 내용과 관련된 토익 실전 문제를 풀어보세요.

1. The company's fifth anniversary party will last ------- midnight.

(A) by
(B) until
(C) on
(D) in

2. Jay & Rat Dry Cleaners is located ------- Reed Shopping Center.

(A) among
(B) near
(C) between
(D) until

3. You can exchange a defective item ------- 30 days of purchase.

(A) since
(B) until
(C) within
(D) from

4. ------- of the recent renovation, the employee lounge has been temporarily closed.

(A) Result
(B) Resulted
(C) Resulting
(D) As a result

5. Visitors are not allowed to access the laboratory ------- official permission.

(A) without
(B) between
(C) along
(D) outside

6. Article submissions to Travelpia Magazine must not exceed 5 pages ------- pictures.

(A) exclude
(B) excludes
(C) excluding
(D) exclusion

어휘 엿보기

¹ anniversary party 창립 기념일 행사 ┃ last 지속되다 ┃ midnight 자정 ┃ ² be located ~에 위치하다 ┃ ³ exchange 교환하다 ┃ defective 결함이 있는 ┃ item 제품 ┃ purchase 구입 ┃ ⁴ recent 최근의 ┃ renovation 수리, 보수공사 ┃ lounge 휴게실 ┃ temporarily 임시로 ┃ ⁵ be allowed to ~하도록 허가되다 ┃ access 접근하다 ┃ laboratory 실험실 ┃ official 공식적인 ┃ permission 허가(증) ┃ ⁶ article 기사 ┃ submission 제출 ┃ exceed 초과하다 ┃ excluding ~을 제외하고

UNIT 09 접속사

접속사란 무엇인가요?

영어에는 크게 2가지 접속사가 있어요. 문법적으로 동등한 것들을 연결하는 등위접속사와 주절과 종속절을 연결하는 종속접속사가 그것들이죠. 종속접속사에는 명사절, 형용사절(관계대명사), 부사절이 있는데, 이들 중 등위접속사와 종속접속사의 한 종류인 명사절 접속사와 부사절 접속사에 대해 살펴보겠습니다.

등위접속사와 종속접속사

등위접속사는 단어, 구, 절을 모두 연결하는 접속사이므로 주절과 종속절 같은 개념이 없어요. 반면에 종속접속사는 이름에서도 알 수 있듯이 주절과 종속절이 있습니다. 아래 예문을 보며 개념을 잡아보세요.

I enjoy <u>reading books</u> **and** <u>watching movies</u>. 나는 책을 읽는 것과 영화를 보는 것을 좋아해.
　　　　　　구　　　　　　　　　　　구

I know **that** he is competent. 나는 그가 유능하다는 것을 알아.
주절(주어+동사)　　종속절(주어+동사)

✅ Check up

다음 문제에 답하세요.

1. 영어의 접속사의 두 가지 종류를 쓰세요. ＿＿＿＿＿＿＿, ＿＿＿＿＿＿＿

2. 주절과 종속절을 표시하세요. **He thinks that it is true.** 그는 그것이 사실이라고 생각한다.

정답: **1.** 등위접속사, 종속접속사 **2.** (주절) He thinks (종속절) that it is true

Point ❶ 등위접속사

등위접속사는 절과 절뿐만 아니라 문법적으로 동등한 단어나 구도 연결하는 접속사입니다.

and 그리고(첨가)	or 또는(선택)	nor 또한 ~도 아닌	but 그러나(대조)	so 그래서(결과)

EX Please check the process <u>regularly</u> **and** <u>accurately</u>.
   단어   단어

절차를 정기적으로 그리고 정확하게 확인해 주세요.

He <u>met the sales goal</u> **but** <u>failed to get a promotion</u>.
      구   구

그는 매출 목표를 달성했지만 승진하는 데 실패했다.

He <u>caught the earlier flight</u>, **so** <u>he didn't miss the meeting</u>. ⋯→ so는 절과 절만 연결합니다.
      절   절

그는 더 이른 비행기를 탔다. 그래서 그는 회의를 놓치지 않았다.

Point ❷ 상관접속사

등위접속사들과 짝을 이루는 표현들입니다. 어울리는 짝끼리 외워둡시다.

both A **and** B A와 B 둘 다	**either** A **or** B A와 B 둘 중 하나
not only A **but** (also) B = B **as well as** A A뿐만 아니라 B도	**neither** A **nor** B A와 둘 다 아닌

EX Jonathan has experience in **both** finance **and** accounting.
조나단은 재무와 회계 둘 다에 경력이 있다.

Customers **as well as** employees have confidence in the quality of our new product.
직원들뿐만 아니라 고객들도 우리의 신제품 품질에 대한 신뢰가 있다.

PART 5 UNIT 09

✓ Check up

둘 중 알맞은 것을 고르세요.

1. The company gave Mr. Nam a job offer, (so / but) he has not yet responded.

2. Both Mr. Parker (or / and) Ms. Allen will attend the meeting.

Point ③ 명사절 접속사

문장에서 주어, 목적어, 보어로 쓰이는 명사절에는 의미에 따라 아래와 같이 크게 2가지 종류가 있습니다.

① that

명확한 사실(~라는 것)을 의미할 때 쓰입니다.

주어 **That** the reorganization is important is certain. 구조 조정이 중요하다는 것은 분명하다.
= **It** is certain **that** the reorganization is important. 가주어 it
⋯▸ 주어로 쓰일 때는 가주어 it으로 바꿔 쓰기도 하며, 단수 취급을 합니다.

목적어 He knows **(that)** he should assess their progress. 생략 가능
그는 그들의 진행 상황을 평가해야 한다는 것을 안다.

보어 Our plan is **that** we achieve a monthly goal. 우리의 계획은 월간 목표를 달성하는 것이다.

② whether

불명확한 사실(~인지 아닌지)을 의미할 때 쓰이는 whether는 that과 마찬가지로 주어, 목적어, 보어 자리에 쓰이며 뒤에 or와도 어울려 쓰여요.

whether A or B	I do not know **whether** he will send an e-mail **or** a letter. 나는 그가 이메일을 보낼지 편지를 보낼지 모른다.
whether or not	I do not know **whether (or not)** this e-mail message is a spam. 나는 이 이메일 메시지가 스팸인지 아닌지는 모른다.

✓ Check up

둘 중 알맞은 것을 고르세요.

1. (It / That) is important that all factory workers follow the safety regulations.

2. I do not know (whether / that) he accepted or refused the offer.

Point ❹ 부사절 접속사 1

부사절 접속사는 아래와 같이 시간, 조건, 이유 등을 나타내요. 주요 부사절 접속사를 알아봅시다.

시간	once ~하고 나서	when ~할 때	while ~하는 동안에	by the time ~까지
	before ~전에	after ~후에	until ~까지	since ~이래로, ~부터
	as soon as ~하자마자	as ~할 때, ~하면서		

EX We will send your shipment **once** we confirm your payment.
일단 납입을 확인하고 나서, 우리는 당신의 배송품을 보내드릴 것입니다.

Since he joined our department, Mr. Jones has worked hard.
존스 씨는 우리 부서에 합류한 이래로 열심히 일해오고 있다.

조건	if 만약 ~라면	unless(= if not) 만일 ~이 아니라면	as long as ~하는 한

EX You will get a discount **if** you purchase two sets.
두 세트를 구입하시면 할인을 받으실 것입니다.

이유	because ~때문에	as ~때문에	since ~때문에	now that ~이므로

EX **Since** the manager was absent, the meeting was canceled.
매니저가 결근했기 때문에, 회의가 취소되었다.

Check up

둘 중 알맞은 것을 고르세요.

1. (Until / As soon as) you have finished the report, please send it to me.

2. I will hire him as an assistant (unless / if) he is competent.

양보	although 비록 ~하지만	though 비록 ~하지만	even though 비록 ~하지만	even if 비록 ~하지만
대조	whereas 반면에	while 반면에		

EX **Although** he was inexperienced, he got a promotion. 비록 숙련되지 않았지만, 그는 승진했다.

Joe's first novel was a success, **whereas** his second novel became less popular.
조의 첫 번째 소설은 성공한 반면에, 두 번째 소설은 인기가 덜해졌다.

목적	so (that) ~하도록 in order that ~하기 위해서

··→ so that의 that은 생략할 수 있지만, in order that의 that은 생략할 수 없어요.

EX **In order that** you may access all parts of the website, you must register.
웹사이트의 모든 부분을 이용하기 위해서는, 등록을 해야만 한다.

In order to provide a better service, we developed a new program.
더 좋은 서비스를 제공하기 위해, 우리는 새로운 프로그램을 개발했다.
··→ 같은 의미의 to부정사는 뒤에 동사원형이 옵니다.

결과	so + 형용사 / 부사 + that 매우 ~해서 ~하다 such + 명사 + that 매우 ~해서 ~하다

EX The seminar was **so** <u>successful</u> **that** people were satisfied.
　　　　　　　　　　　　　형용사
세미나가 매우 성공적이어서 사람들이 만족했다.

This quarter's profit was **such** a considerable <u>decline</u> **that** we were disappointed.
　　　　　　　　　　　　　　　　　　　　　　　명사
이번 분기의 이익이 너무 많이 하락하여 우리는 실망했다.

✅ Check up

둘 중 알맞은 것을 고르세요.

1. (Even though / So that) Michael was sick, he came to work.

2. Jim Parker worked (so / such) hard that he got a promotion.

Point ⑥ 의미가 같은 전치사와 접속사

의미가 같은 전치사와 접속사의 경우 전치사 뒤에는 명사(구)가, 접속사 뒤에는 절이 오는 것으로 구분해야 해요.

EX **During** <u>the first week</u>, the new employees should attend training sessions.
　　전치사　　　명사구

첫 주 동안, 신입 직원들은 교육 과정에 참석해야만 한다.

While <u>we were working</u>, the supervisor met the clients.
　　접속사　　　절(주어 + 동사)

우리가 일을 하고 있는 동안, 상사는 고객들을 만났다.

	전치사	접속사
시간	during ~동안 before ~전에 after ~후에 until ~까지 since ~이래로, ~부터	while ~동안 before ~전에 after ~후에 until ~까지 since ~이래로
이유	because of ~때문에 owing to ~때문에 due to ~때문에	because ~때문에 as ~때문에 since ~때문에 now that ~이므로
양보	in spite of ~에도 불구하고 despite ~에도 불구하고	although 비록 ~하지만 though 비록 ~하지만 even though 비록 ~하지만 even if 비록 ~하지만
조건	without ~없이는	unless 만약 ~이 아니라면

> before, after, until, since는 전치사와 접속사의 형태가 같아요.

ⓒ Check up

둘 중 알맞은 것을 고르세요.

1. (Due to / Because) the rise in fuel prices, there are fewer vehicles on the road.

2. Mr. Thomas read the newspaper (during / while) he waited for a flight to New York.

단서 보며 풀어보기

표시된 단서와 앞에서 배운 포인트를 참고하여 빈칸에 알맞은 것을 고르세요. (단서: ____)

1. You should submit the report on Monday ------- Tuesday.

(A) or　　　　　　　(B) so

> **살짝 엿보기** Point ❶
> 빈칸 앞뒤의 Monday와 Tuesday를 연결하는 접속사를 고르세요.

2. ------- Mr. Jones nor Mr. Adams accepted the job offer from our competitor.

(A) Either　　　　　(B) Neither

> **살짝 엿보기** Point ❷
> nor와 짝을 이루며 상관접속사를 완성시키는 형태를 고르세요.

3. A survey indicates ------- the response to the new product is positive.

(A) they　　　　　　(B) that

> **살짝 엿보기** Point ❸
> 빈칸 이하는 문장의 목적어 역할을 해요.

4. The meeting was canceled ------- a problem was found in Room 101.

(A) because　　　　(B) although

> **살짝 엿보기** Point ❹
> 빈칸 앞뒤 절을 해석해서 문맥상 자연스러운 부사절 접속사를 고르세요.

5. The project was so successful ------- the manager gave the team a bonus.

(A) until　　　　　　(B) that

> **살짝 엿보기** Point ❺
> 앞의 so와 함께 쓰이는 접속사를 고르세요.

6. Ms. Warden called in sick, so Mr. Wang will replace her ------- her absence.

(A) during　　　　　(B) while

> **살짝 엿보기** Point ❻
> 선택지는 의미가 같은 전치사와 접속사이므로 해석이 아닌 빈칸 뒤의 형태를 보고 고르세요.

어휘 엿보기

[1] submit 제출하다 | [2] accept 수락하다, 받아들이다 | job offer 일자리 제안 | competitor 경쟁업자[체] | [3] survey 설문 조사 | indicate 나타내다 | response to ~에 대한 반응/대답 | product 제품 | positive 긍정적인 | [4] cancel 취소하다 | find 찾다, 발견하다 | [5] successful 성공적인 | [6] call in sick 전화로 병결을 알리다 | replace 대신하다, 대체하다 | absence 결근, 부재

앞에서 배운 내용과 관련된 토익 실전 문제를 풀어보세요.

1. Mr. Jones caught an earlier flight, ------- he was able to finish the meeting successfully.

(A) or
(B) so
(C) but
(D) yet

2. The marketing team finished the project successfully ------- the work was behind schedule.

(A) in spite of
(B) despite
(C) in order
(D) though

3. We have not determined ------- the seminar will be held in Room 101 or 102.

(A) whether
(B) both
(C) neither
(D) unless

4. Please fill out a form about your experience ------- we can improve our service.

(A) while
(B) so that
(C) neither
(D) even if

5. The company announced ------- Justin Cooper became the new president.

(A) because
(B) that
(C) and
(D) both

6. House Holding sells not only office furniture ------- office supplies.

(A) and
(B) so
(C) but
(D) or

어휘 엿보기

¹ catch a flight 비행기에 탑승하다 ǀ be able to ~할 수 있다 ǀ successfully 성공적으로 ǀ ² behind schedule 일정보다 늦은 ǀ ³ determine 결정하다 ǀ be held 개최되다 ǀ ⁴ fill out 작성하다 ǀ form 서식 ǀ experience 경험 ǀ improve 개선하다 ⁵ announce 발표하다 ǀ president 사장 ǀ ⁶ sell 판매하다 ǀ furniture 가구 ǀ office supplies 사무용품

UNIT 10 관계대명사

관계대명사란 무엇인가요?

형용사절 접속사는 관계대명사를 말합니다. 관계대명사는 대명사와 달리 접속사 역할을 하며 형용사이므로 뒤에서 앞의 명사를 수식해줍니다. 이 명사를 선행사라고 해요. 선행사가 사람인지 사물인지에 따라 관계대명사가 종류가 나뉘며, 관계대명사 뒤의 형용사절에서 빠진 성분에 따라 관계대명사가 달라지므로 이를 잘 찾아야 합니다. 토익에서 가장 많이 출제되는 관계대명사는 who와 whose임을 기억하며 하나씩 알아봅시다.

관계대명사의 역할

관계대명사는 「접속사 + 대명사」의 형태로 형용사 역할을 하며 명사를 수식하거나 보충하는 역할을 합니다. 아래 관계대명사가 만들어지는 과정을 살펴보세요.

I know a woman. **She** works for Mirae Technology.
나는 한 여자를 안다. 그녀는 미래 테크놀로지에서 일한다.

→ I know a woman **and she** works for Mirae Technology.
나는 한 여자를 아는데 그녀는 미래 테크놀로지에서 일한다.
⋯→ 위의 두 문장을 and를 사용하여 하나로 연결해요.

→ I know a woman **who** works for Mirae Technology.
나는 미래 테크놀로지에서 일하는 여자를 안다.
⋯→ 명사 a woman과 주격 대명사 she가 중복되므로 접속사를 생략하고 she를 who로 바꿔요.

✓ Check up

다음 문제에 답하세요.

1. 관계대명사는 「_____ + 대명사」이다.

2. 관계대명사가 수식하는 품사는 무엇인가요?

정답: 1. 접속사 2. 명사

관계대명사는 대명사와 마찬가지로 격이 있고, 수식하는 명사가 사람인지, 사물인지에 따라 종류가 달라요. 먼저, 아래는 선행사가 사람일 때 쓰이는 관계대명사이며 that은 소유격에 쓰이지 않습니다.

선행사(명사)	주격	목적격	소유격
사람	who / that	whom / that	whose

주격   John is <u>an employee</u> **who / that** <u>works</u> hard. 존은 열심히 일하는 직원이다.
                 사람 명사   주격   동사
   (= John is an employee **and he** works hard.)

목적격   I know <u>the man</u> **whom / that** <u>the manager</u> <u>met</u>. 나는 매니저가 만난 남자를 안다.
                 사람 명사   목적격   주어   동사
   (= I know the man **and** the manager met **him**.)

소유격   This is <u>the author</u> **whose** <u>books</u> are popular. 이 사람은 책이 인기가 있는 작가이다.
                 사람 명사   소유격   명사
   (= This is the author **and his** books are popular.)

✓ Check up

둘 중 알맞은 것을 고르세요.

1. She interviewed two applicants (they / who) passed the test.

2. The company hired Mr. Jones, and (he / who) has excellent skills.

앞의 수식하는 명사가 사물일 때는 다음과 같은 관계대명사가 쓰여요. 선행사가 사람일 때와 마찬가지로 소유격은 whose이며 that으로 바꿔 쓸 수 없습니다.

선행사(명사)	주격	목적격	소유격
사물	which / that	which / that	whose

주격 This is <u>a store</u> **which / that** <u>sells</u> jewelry. 이곳은 보석을 파는 상점이다.
　　　　　　사물 명사　　　주격　　　동사

(= This is a store, **and it** sells jewelry.)

목적격 This is <u>a store</u> **which / that** he <u>visited</u>. 이곳은 그가 방문했던 상점이다.
　　　　　　사물 명사　　　목적격　　주어　동사

(= This is a store, **and** he visited **it**.)

소유격 <u>The company</u>, **whose** <u>products</u> are innovative, is successful.
　　　　　사물 명사　　　소유격　　명사

제품이 혁신적인 그 회사는 성공적이다.

(= The company is successful, **and its** products are innovative.)

✅ **Check up**

둘 중 알맞은 것을 고르세요.

1. Mr. Jacob opened a restaurant (who / which) attracts many customers.

2. This is the book (that / whose) the manager read during her vacation.

Point ❸ 선행사 + 주격 관계대명사(who / which / that) + 동사

주격 관계대명사 뒤에는 동사가 오며, 이때 동사는 앞의 선행사와 수 일치를 해야 하고 관계대명사 절에서 시제, 태가 맞아야 합니다.

수 일치   Tom and Will are <u>hard workers</u> **who** (**work**, ~~works~~) overtime.
                                     선행사(복수)   복수 동사
           톰과 윌은 초과 근무를 하는 열심히 일하는 직원들이다.

시제   The manager met the author **who** (~~publishes~~, **published**) a book <u>last year</u>.
                                                 과거 시제   과거 시점
           매니저는 작년에 책을 출간한 저자를 만났다.

태   I reviewed the report **which** (~~writes~~, **was written**) by Mr. Lee.
                                       수동태   수식어(목적어 없음)
           나는 이 씨에 의해 쓰인 보고서를 검토했다.

✓ Check up

둘 중 알맞은 것을 고르세요.

1. Applicants who (has / have) strong computer skills are preferred.
2. He attached a document which (includes / is included) the project details.

Point ④ 선행사 + 목적격 관계대명사(whom / which / that) + 주어 + 동사

목적격 관계대명사는 뒤의 절에 목적어가 없이 「주어 + 동사」가 바로 와요. 이때 관계대명사절의 동사는 타동사여야 해요.

I know <u>the manager</u> **whom** he mentioned.
          선행사(명사)   주어 + 타동사(+ 목적어 없음)

Point ⑤ 선행사 + 관계대명사(whose) + 명사

소유격 관계대명사는 뒤에 명사인 주어가 오므로 목적격 관계대명사와 구별이 필요합니다. 이 둘의 가장 큰 차이는 관계대명사절의 동사에 있습니다. 동사가 자동사이면 목적어가 올 수 없으므로 목적격 관계대명사를 쓸 수 없고 따라서 소유격 관계대명사가 들어가야 합니다.

There are some candidates (whom, **whose**) <u>applications</u> **are** incomplete.
지원서가 불충분한 몇몇 후보자들이 있다.   명사(주어)   자동사

We will analyze topics (**which**, whose) <u>the management</u> **discussed**.
우리는 경영진이 토론한 주제들을 분석할 것이다.   명사(주어)   타동사 (+ 목적어 없음)

✓ Check up

둘 중 알맞은 것을 고르세요.

1. The person (whom / whose) you met at the conference was my supervisor.

2. The company (which / whose) products are made in Korea is very successful.

Point ❻ 관계대명사의 생략

❶ 「주격 관계대명사 + be동사」의 생략

「주격 관계대명사 + be동사」는 생략이 가능하며, 뒤에 형용사나 분사 등이 남을 수 있어요.

Anyone (who is) **available** for the seminar should contact Mr. Bell.
세미나에 참석이 가능한 사람은 누구나 벨 씨에게 연락하십시오.

Those (who are) **interested** in the seminar should contact Mr. Bell.
세미나에 관심 있는 사람들은 벨 씨에게 연락하십시오.

❷ 목적격 관계대명사의 생략

Ms. Hopper will present the plan **(which / that)** she has created.
하퍼 씨는 그녀가 만든 계획을 발표할 것이다.

Point ❼ 관계대명사의 용법

관계대명사에는 명사를 수식하는 한정적 용법과, 콤마 뒤에서 앞의 선행사를 보충하는 계속적 용법이 있어요.
단, 관계대명사 that은 콤마 뒤에서 계속적 용법으로 쓰일 수 없습니다.

명사 수식(한정적 용법)   This is a store **which(= that)** he visited. 이곳은 그가 방문했던 상점이다.

명사 보충(계속적 용법)   This is a store, <u>**which**</u> he visited. 이곳은 상점인데, 그가 이곳을 방문했었다.
that X

✓ Check up

둘 중 알맞은 것을 고르세요.

1. Those (interested / interesting) in the seminar should contact Mr. Bretton.

2. Mr. Moore attended a seminar, (that / which) provided useful information.

🔍 단서 보며 풀어보기

표시된 단서와 앞에서 배운 포인트를 참고하여 빈칸에 알맞은 것을 고르세요. (단서: _____)

1. Customers ------- want to pay by check should show their ID.

(A) who   (B) which

> **살짝 엿보기** Point ❶ ❷
> 빈칸 앞에 선행사로 사람 명사가 있어요.

2. Mr. Anderson opened a store ------- became very profitable.

(A) who   (B) which

> **살짝 엿보기** Point ❶ ❷
> 빈칸 앞에 선행사로 사물 명사가 있어요.

3. All employees who ------- the new equipment must wear safety helmets.

(A) operate   (B) are operated

> **살짝 엿보기** Point ❸
> 주격 관계대명사 who 뒤에는 동사가 오며 동사는 수 일치, 시제, 태를 맞춰야 해요.

4. The company ------- tickets are affordable attracts more customers.

(A) which   (B) whose

> **살짝 엿보기** Point ❹ ❺
> 빈칸 뒤에 명사가 왔고 뒤의 절의 동사 are는 목적어를 취하지 않아요.

5. The new manager ------- met was his previous supervisor.

(A) he   (B) him

> **살짝 엿보기** Point ❻
> 선택지에 대명사만 있다는 건 관계대명사가 생략된 구조라는 걸 알 수 있어요.

6. Our company is seeking new employees, ------- can work abroad.

(A) who   (B) that

> **살짝 엿보기** Point ❼
> 콤마 뒤에 that은 쓸 수 없어요.

어휘 엿보기

¹ customer 고객 | pay 지불하다 | by check 수표로 | ID(= identification) 신분증 | ² profitable 수익성이 있는 | ³ operate 작동시키다 | equipment 장비 | wear 착용하다, 입다 | safety helmet 안전모 | ⁴ affordable 저렴한, (가격이) 알맞은 | attract 끌어들이다 | ⁵ previous 이전의 | supervisor 감독, 상사 | ⁶ seek 찾다, 구하다 | abroad 해외에서

앞에서 배운 내용과 관련된 토익 실전 문제를 풀어보세요.

1. The critic met the well-known writer ------- published a novel last year.

   (A) who
   (B) which
   (C) whom
   (D) whose

2. We will contact applicants ------- qualifications meet the requirements.

   (A) which
   (B) that
   (C) whose
   (D) whom

3. The new book store, ------- is now under construction, is scheduled to open next month.

   (A) who
   (B) which
   (C) whom
   (D) that

4. Those ------- are interested in the seminar should contact the HR department.

   (A) who
   (B) whom
   (C) which
   (D) whose

5. Green World is an organization ------- mission is to protect the environment.

   (A) who
   (B) which
   (C) that
   (D) whose

6. The manager praised the employees who ------- in the volunteering work.

   (A) were involved
   (B) have involved
   (C) involved
   (D) involving

어휘 엿보기

¹ critic 비평가 | well-known 유명한, 잘 알려진 | writer 작가, 저자 | publish 출판하다 | novel 소설 | ² contact 연락하다 | applicant 지원자 | qualification 자격 | meet 충족시키다 | requirement 필요 조건 | ³ under construction 공사 중인 | be scheduled to ~할 예정이다 | ⁴ those 사람들 | be interested in ~에 관심이 있다, 흥미가 있다 | HR department 인사부 | ⁵ organization 조직 | mission 임무 | protect 보호하다 | environment 환경 | ⁶ praise 칭찬하다 | be involved in ~에 관련되다, ~에 참여하다 | volunteering work 자원봉사

PART 5 UNIT 10

UNIT 11 장문 공란 메우기

PART 6에서는 한 지문당 어휘, 문법, 문장 넣기 유형으로 4문제가 출제됩니다. 그중 문법 부분에서 자주 나오는 대명사, 시제, 접속부사 문제를 푸는 방법과 가장 어려워하는 문장 넣기 유형도 공부해볼게요.

Point ❶ 대명사 문제

대명사 문제는 문장 내에서 단서를 찾기보다는 글의 앞부분을 참고하여 가리키는 대상을 찾아 수(단수 / 복수), 성(여성 / 남성 / 사물), 격(주격 / 목적격 / 소유격)에 맞는 정답을 골라야 해요.

Dear Ms. Gordon,

Thank you for choosing Veltri Resort for your upcoming company event. I believe that once you see our modern amenities, you will definitely want to book your event here.

I would like to meet with you at the resort to answer any questions you may have.
···→ 저는 당신과 만나고 싶습니다
During ------- appointment, we will offer you a full tour of the facility. Please let me
      ···→ 저희의 약속 중에
know a convenient date and time for you.

(A) our ···→ 우리의
(B) their ···→ 그들의
(C) his ···→ 그의
(D) her ···→ 그녀의

문제 풀이 선택지는 모두 소유격 대명사라는 공통점이 있어요. 이 중 단서 부분에서 '저는 당신과' 만나고 싶다고 했으므로 이 둘을 '우리'라고 칭한 (A)가 정답입니다.

어휘 엿보기

upcoming 곧 있을, 다가오는 ┃ once 일단 ~하고 나면 ┃ amenity 시설 ┃ definitely 분명히 ┃ book 예약하다 ┃
appointment 약속, 예약 ┃ facility 시설

Point ❷ 시제 문제

시제 문제는 글의 전반적인 흐름을 이해해야 정확하게 풀 수 있어요. 앞뒤 문맥의 시제를 확인하거나 날짜 등이 제시되어 있는 경우 반드시 확인하여 시제를 선택해야 합니다.

Blooming Department Store **is seeking** two full-time employees for personal shopper
··· 지금 현재 사람을 구하는 중입니다.

positions. The personal shoppers ------- customers with merchandise selection and
··· 사람이 구해지면 해야 할 일들을 나타내고 있어요.

outfit coordination. Two years' experience in a retail sales environment is preferred.
··· 해당 직책의 자격 요건들이 언급되고 있어요.

However, applicants with an extensive knowledge of fashion **will also be considered**.
··· 미래 시제

Applications can be picked up at our customer service counter.

(A) assisted ··· 과거 시제
(B) will be assisting ··· 미래 진행 시제
(C) are assisting ··· 현재 진행 시제
(D) were assisting ··· 과거 진행 시제

문제 풀이 시제를 묻는 문제는 문장 내에서 시간의 단서를 찾거나 전체적인 문맥에서 어떤 시제가 사용되는지를 파악하는 방법이 있어요. 앞에서는 현재 진행 시제가, 뒤에서는 미래 시제가 쓰이고 있는데, 문맥상 앞으로 해당 직책에 사람이 뽑히면 해야 할 일을 설명하고 있으므로 미래 시제 (B)가 들어가야 해요.

**어휘
엿보기**

assist A with B A가 B하는 것을 돕다 | merchandise 제품 | selection 선택 | outfit 의류 | retail 소매업 | environment 환경 | preferred 선호되는 | however 하지만, 그러나 | extensive 폭넓은 | knowledge 지식

PART 6 UNIT 11

Point ❸ 접속부사 문제

접속부사 문제는 바로 앞의 문장과 해당 문장과의 논리적인 연결 구조를 파악해야 해요. 앞 문장 내용에 추가적인 내용인지, 결과적인 내용인지, 반대 내용인지에 따라 알맞은 접속부사를 선택합니다.

> At the Library, we value feedback from our patrons. Many library users have made complaints about the old computers available to the public. Fortunately, the board has approved funding, and we have added seven new computers. Also, there is **increasing demand among users for learning computer programs**. -------, the library **will be**
> ⋯ 이용객들이 컴퓨터 프로그램 학습을 원함
> **holding monthly workshops** to meet the needs. These workshops will be offered free
> ⋯ 매월 워크숍을 열 예정
> of charge.

(A) In addition ⋯ 게다가
(B) Furthermore ⋯ 게다가
(C) However ⋯ 그러나
(D) Therefore ⋯ 그러므로

문제 풀이 빈칸 앞의 문장에서 컴퓨터 프로그램을 배우고자 하는 이용객들이 많다고 했고, 빈칸 뒤의 문장에서는 매월 워크숍을 열 것이라고 했으므로 '결과'를 의미하는 접속부사 (D)가 들어가야 해요.

필수 접속부사

추가	in addition, additionally, furthermore 게다가, 또한
역접	however 그러나
결과	therefore, thus 그러므로, 따라서
기타	for example 예를 들어 otherwise 그렇지 않으면

어휘 엿보기

complaint 불평, 불만 | fortunately 다행히도 | board 이사회 | approve 승인하다 | hold 개최하다 | meet the needs 요구에 부응하다 | free of charge 무료로

Point ④ 문장 넣기 문제

문맥상 빈칸에 알맞은 문장을 넣는 문제는 앞뒤 문맥을 파악해 가장 적절한 것을 고르거나 4개의 선택지를 모두 읽으며 어색한 것부터 소거하며 정답을 고르는 방법이 있습니다.

Dear Mr. King,

My name is Alicia Turner, and I am the assistant editor of Tech Monthly. I'm currently making arrangements for our next issue, which will feature successful entrepreneurs in the industry. You definitely fall into this category, so I would like to interview you for an article. **If you have time to talk to us sometime next week, please let me know.**
⋯→ 이야기를 나눌 시간이 있으면 알려달라고 부탁하고 있음
-------. Thank you for your consideration.

(A) We are hiring a new journalist soon.
(B) I am able to visit your office at any time.
(C) It was an enjoyable meeting.
(D) He is now on a business trip.

문제 풀이 글의 내용은 성공한 기업가인 킹 씨에게 인터뷰를 요청하는 내용으로 빈칸 앞의 문장에서는 시간이 있으면 알려달라고 했으므로 글의 마지막 부분에 들어갈 가장 적절한 내용은 언제든지 방문하겠다는 (B)가 됩니다.

어휘 엿보기

currently 현재 | make an arrangement 준비하다 | issue (신문, 잡지) 호 | feature 특집으로 다루다 | entrepreneur 기업가 | industry 업계 | definitely 당연히, 분명히 | fall into 해당하다 | article 기사 | sometime 언젠가, 그때쯤 | consideration 고려 | hire 고용하다 | be able to ~할 수 있다 | enjoyable 즐거운 | business trip 출장

🔍 단서 보며 풀어보기

표시된 단서와 앞에서 배운 포인트를 참고하여 빈칸에 알맞은 것을 고르세요. (단서: ▢▢)

Questions 1-4 refer to the following e-mail.

To: Theresa Dorsey <tdorsey@alvesfinancial.com>
From: Greg Whitten <gwhitten@alvesfinancial.com>
Date: June 9
Subject: Reimbursement of expenses

Dear Ms. Dorsey,

I received your e-mail on May 30 about reimbursement for your business dinner. Unfortunately, your request was submitted too late. -------, this month's paycheck does
    1.
not include this amount. Your request ------- next week. In the future, please submit all
    2.
receipts to the accounting department on time to avoid delays in -------. -------.
    3.   4.

Sincerely,
Greg Whitten
Head accountant, Alves Financial

---

1. (A) Therefore   (B) However

> **살짝 엿보기** Point ❸
> 바로 앞 문장은 원인을, 뒤의 문장은 그에 따른 결과적인 내용을 말하고 있어요.

2. (A) was processed   (B) will be processed

> **살짝 엿보기** Point ❷
> 문장에서 시제의 단서를 찾아보세요.

3. (A) payment   (B) treatment

> **살짝 엿보기** 어휘
> 글의 앞 문맥을 파악하고 알맞은 어휘를 고르세요.

4. (A) Thank you for your cooperation.
(B) I look forward to seeing you again.

> **살짝 엿보기** Point ❹
> 부서 간에 부탁하는 내용이고 형식적으로 글의 마지막에 자주 쓰이는 표현입니다.

어휘 엿보기

reimbursement 환급 | unfortunately 안타깝게도 | paycheck 급여 | include 포함하다 | amount 금액, 양 | process 처리하다 | receipt 영수증 | accounting 회계 | on time 제때에, 시간에 맞게 | avoid 피하다 | delay 지연 | payment 지급, 납입 | treatment 처리, 대우 | cooperation 협업 | look forward to ~하는 것을 기대하다

앞에서 배운 내용과 관련된 토익 실전 문제를 풀어보세요.

Questions 1-4 refer to the following letter.

Dear Ms. Lewis,

This letter is in response to your request for the ------- of the air conditioning unit you
1.
purchased on June 7. -------. Now, we are happy to send you a new model as quickly
2.
as possible. -------, in accordance with the warranty, you are required to send a copy of
3.
the receipt first. Once we receive -------, we can process your request. If you have any
4.
questions about the process, please call us at 1-800-555-0683.

Sincerely,
Emily Mendez
Warranty Services, Durham Appliances

1. (A) elevator
(B) installation
(C) replacement
(D) vacation

2. (A) We are asking you to complete a
customer survey.
(B) You can take advantage of this sale.
(C) The color is not available now.
(D) We are sorry for the malfunction with
your device.

3. (A) Additionally
(B) However
(C) For example
(D) In addition

4. (A) it
(B) them
(C) him
(D) you

PART 6 UNIT 11

어휘
엿보기

in response to ~에 답하여, 응하여 | purchase 구입하다 | in accordance with ~에 따라, ~을 준수하여 | warranty
품질 보증서 | a copy of ~의 한 부, 사본 | receipt 영수증 | receive 받다 | process 처리하다 | request 요청 |
installation 설치 | replacement 교체(품) | vacation 휴가 | complete 작성하다 | take advantage of ~을 이용
하다 | available 이용 가능한 | malfunction 오작동, 고장 | device 기기 | additionally 게다가 | however 그러나 |
for example 예를 들어 | in addition 게다가

UNIT 12 독해

Point ① 핵심 정보 문제

글의 주제, 글을 쓴 목적, 글의 대상을 묻는 문제가 핵심 정보 유형에 해당하며, 주로 지문의 첫 부분에 문제 해결의 단서가 등장해요.

- **What** does the article **mainly discuss**? 기사에서 주로 논의하는 것은 무엇인가? 주제
- **What** is the **purpose** of the letter? 편지의 목적은 무엇인가? 목적
- **What** is being **advertised**? 무엇이 광고되고 있는가? 대상

Dear Mr. Fox,

2단계 **Thank you for offering me the opportunity to speak at Boyd High School. As a proud alumnus of the school, I would be honored to take part.** I looked over the available dates, and Wednesday, June 15 will provide the best fit for my schedule.

Q. **1단계** **What is the purpose of the e-mail?**
(A) To request a schedule
(B) **3단계** **To accept an invitation**

1단계 질문을 읽고 키워드를 확인하세요.

이메일의 목적을 묻는 핵심 정보 문제입니다. 지문 첫 부분에 정답의 단서가 제시될 가능성이 크겠죠?

2단계 문제의 키워드에 해당하는 내용을 지문에서 찾으세요.

첫 번째 줄에서 보이드 고등학교에서 강연할 기회를 주어서 감사하다며, 자랑스러운 동문으로 참여하게 되어 영광이라고 하네요.

3단계 찾은 내용과 동일한, 또는 비슷한 의미로 바꿔 쓴 표현을 보기에서 찾으세요.

Thank you for offering me the opportunity to speak과 I would be honored to take part를 바꿔 말하면 초대를 수락하겠다는 뜻으로 해석할 수 있으니 (B)가 정답임을 알 수 있어요.

어휘 엿보기

offer 제의하다, 제공하다 ㅣ opportunity 기회 ㅣ speak 말하다, 연설하다 ㅣ proud 자랑스러운 ㅣ alumnus 동문 ㅣ honored 영광스러운 ㅣ take part 참여하다 ㅣ look over ~을 살펴보다 ㅣ available 이용 가능한, 시간이 되는 ㅣ fit 적합함

Point ❷ 상세 정보 문제

인물의 직업, 방문 시점, 지원 방법 등 구체적인 정보를 묻는 문제가 상제 정보 유형에 해당하며, 질문의 키워드를 지문에서 비슷한 의미로 바꿔 쓴 표현을 찾는 것이 요령이에요.

- **Who** is **Mr. Anderson**? 앤더슨 씨는 누구인가?
- **When** did **Mr. Riddick visit Wentworth Inc.**? 리딕 씨는 웬트워스 사에 언제 방문했는가?
- **How** should **candidates apply for** the **position**? 지원자들은 그 자리에 어떻게 지원해야 하는가?

Thank you for your purchase of Guarave!

This is how to get started on using your GP2.

Your GP2 will need to log onto our servers. ²단계 **Make sure you go onto our website to create your account first.** Press the power button, and you will be prompted to log in. Enter your details, and if it is successful, you should be taken to the home screen.

Q. ¹단계 What should the user do first?
(A) ³단계 Make an account
(B) Register a device

1단계 질문을 읽고 키워드를 확인하세요.

What, user, do first가 키워드인 상세 정보 문제네요. '사용자가 제일 먼저 해야 하는 것'을 머릿속에 담아 둬야 해요.

2단계 문제의 키워드에 해당하는 내용을 지문에서 찾으세요.

본문 도입부의 Make sure you go onto our website to create your account first.에서 웹사이트에 접속하여 우선 계정을 만들어야 한다고 하네요.

3단계 찾은 내용과 동일한, 또는 비슷한 의미로 바꿔 쓴 표현을 보기에서 찾으세요.

보기에 '계정을 만든다'라는 뜻의 (A) Make an account를 확인할 수 있고, 본문에 쓰인 create를 보기에서는 make로 바꿔 썼다는 걸 알 수 있어요. 따라서 (A)가 정답이에요.

어휘
엿보기

purchase 구입 | get started on ~을 시작하다 | log onto 접속하다 | server 서버 | create 만들다 | account 계정 | press 누르다 | power button 전원 버튼 | prompt 어떤 일이 일어나도록 하다 | log in 로그인하다 | enter 입력하다 | detail 세부 정보

지문에 주어진 정보를 근거로 하여 직접 언급되지 않은 정보를 유추하는 문제로, 키워드 주위 문장을 단서로 삼아 정답을 객관적으로 유추하는 것이 중요해요.

- **Where** would this notice **most likely be found**? 이 공고문은 어디서 볼 수 있겠는가?
- **What** is **indicated** about **Mr. Yeates**? 예이츠 씨에 관하여 알 수 있는 것은 무엇인가?
- **What** is **suggested** about the **Sun King Suites**? 선 킹 스위트에 관하여 알 수 있는 것은 무엇인가?

2단계 **Albany Grand Hotel**
Room Service Order

Room Number: 418
2단계 **Guest: Edna Sosa**

Order Received: July 13 at 4:30 P.M.
2단계 **Order Details: Dinner Special Platter 2 and Dessert Set 4**
Order Total: $51.70

Q. 1단계 **What is indicated about Ms. Sosa?**
(A) 3단계 **She ordered two items from the hotel.**
(B) She requested a room change.

1단계 **질문을 읽고 키워드를 확인하세요.**

What, indicated, Ms. Sosa가 키워드인 추론 문제네요. 본문에서 소사 씨와 관련된 정보를 수집하여 이를 토대로 객관적으로 유추한 보기를 선택해야 해요.

2단계 **문제의 키워드에 해당하는 내용을 지문에서 찾으세요.**

알바니 그랜드 호텔의 룸서비스 주문서이고, Guest란에 Edna Sosa가 적혀 있어 해당 정보가 모두 소사 씨에 관한 것임을 알 수 있어요. 방 번호는 418호, 주문 받은 날짜는 7월 13일 오후 4시 30분, 주문 내역은 디너 스페셜 플래터 2와 디저트 세트 4, 총 주문 금액은 51.70달러네요.

3단계 **찾은 내용과 동일한, 또는 비슷한 의미로 바꿔 쓴 표현을 보기에서 찾으세요.**

수집한 정보를 토대로 보기와 비교해 봤을 때, 주문 내역이 디너 스페셜 플래터 2와 디저트 세트 4, 두 가지이므로 호텔에서 두 가지 품목을 주문했다는 (A)가 적절한 유추 문장임을 알 수 있어요.

어휘 엿보기

order 주문(서), 주문품 | guest 손님, 투숙객 | details 세부 사항, 세부 정보 | platter 접시

Point ④ 동의어 문제

주어진 단어와 같은 의미로 쓰인 단어가 무엇인지를 묻는 유형으로, 주어진 단어의 동의어가 보기에 둘 이상 등장할 때가 많기 때문에 반드시 해당 문장을 해석해서 어떤 의미로 쓰였는지 파악해야 해요.

• The word "met" in paragraph 3, line 4, is closest in meaning to
세 번째 단락, 네 번째 줄의 단어 "met"와 의미상 가장 가까운 것은

(12 February) – The Australia-based Futura Corporation announced on Tuesday the new CEO to lead the company following Thomas Griffin's retirement. It was announced that Jane Oliver will assume the position of CEO.

Ms. Oliver has been with the company for 15 years. **2단계 She spent the first few years of her career here expanding the company's operations to cover America and China.** In her current position, Ms. Oliver serves as the Director of Strategy for the Mexico division.

Q. **1단계 The word "cover" in paragraph 2, line 2, is closest in meaning to**
(A) protect
(B) **3단계 include**

1단계 질문을 읽고 키워드를 확인하세요.

두 번째 단락의 두 번째 줄에 있는 단어 cover를 찾아서 해당 단어가 지문에서 어떤 의미로 쓰였는지 쉽게 파악할 수 있도록 동그라미나 밑줄 등으로 알아보기 쉽게 표시해 두세요.

2단계 문제의 키워드에 해당하는 내용을 지문에서 찾으세요.

해당 단어가 포함된 문장을 읽어 보니, 그녀가 직장에서 처음 몇 년 동안은 사업 확장을 위해 일했는데, 회사의 사업 확장이 미국과 중국을 포함시키기 위한 것이었으므로, 여기에서 cover는 '포함시키다'라는 의미로 쓰였다는 걸 알 수 있어요.

3단계 찾은 내용과 동일한, 또는 비슷한 의미로 바꿔 쓴 표현을 보기에서 찾으세요.

문맥상 cover가 '포함시키다'라는 의미로 쓰였으므로 보기 중 cover를 대체할 만한 단어는 (B) include예요.

어휘 엿보기

-based 기반을 둔, 본사를 둔 | corporation 기업 | announce 발표하다 | lead 이끌다 | following ~후에 | retirement 은퇴 | assume (책임 등을) 맡다 | expand 확장/확대하다 | operation 사업, 경영 | current 현재의 | serve as ~의 역할을 하다 | strategy 전략 | division (조직의) 부

지문에서 주어진 표현을 찾아 그렇게 말한 의도를 파악하는 유형으로, 표현 자체의 의미를 묻는 게 아니라, 그 말을 하게 된 숨은 의도를 묻기 때문에 앞서 한 말이 무엇인지 먼저 파악하는 게 중요해요.

- At 4:31 P.M., what does Mr. Rios most likely mean when he writes, "No worries"?

  오후 4시 31분에, 리오스 씨가 "걱정 마세요"라고 할 때 무엇을 의미하겠는가?

Nellie Cohen (11:21 A.M.)
Good morning, team. Has anyone managed to contact Mr. Arnold regarding the Laguna Mall blueprints? We still haven't received them, and we can't begin construction until we do.

Mario Spencer (11:23 A.M.)
Perhaps they're in our mailbox. **2단계 Did you check the mailbox marked "Fletchers Development"?**

Nellie Cohen (11:25 A.M.)
2단계 Sure did. **1단계 No luck.**

Q. **1단계 At 11:25 A.M., what does Ms. Cohen most likely mean when she writes, "No luck"?**

(A) She has not contacted the sender.

(B) **3단계 She has already checked the mailbox.**

1단계 질문을 읽고 키워드를 확인하세요.

오전 11시 25분에 넬리 코헨이 말한 "No luck"을 찾아서 동그라미나 밑줄 등으로 알아보기 쉽게 표시해 두세요.

2단계 문제의 키워드에 해당하는 내용을 지문에서 찾으세요.

아놀드 씨에게서 라구나 몰의 설계도를 받지 못하면 공사를 시작할 수 없다고 한 넬리 코헨의 말에, 마리오 스펜서가 메일함에 들어 있을지도 모른다며 우편함을 확인해 봤는지 물었고, 이에 넬리 코헨이 물론 확인해봤다며, "No luck(운이 없네요)"이라고 말한 것이므로 들어 있지 않아 아쉽다는 의미로 해석할 수 있겠네요.

3단계 찾은 내용과 동일한, 또는 비슷한 의미로 바꿔 쓴 표현을 보기에서 찾으세요.

우편함을 이미 확인했지만 들어 있지 않았다는 유감의 표현으로 말한 것이므로 (B)가 적절한 표현 의도라 할 수 있어요.

어휘 엿보기

manage to ~하는 것을 해내다 | contact 연락하다 | regarding ~과 관련해 | blueprint 설계도, 도면 | perhaps 어쩌면, 아마도 | mailbox 메일함 | check 확인하다 | mark 표시하다 | development 개발

문맥상 주어진 문장이 들어가기에 적절한 위치를 고르는 유형으로, 대개 주어진 문장에 들어 있는 it, them 등
의 대명사나 this, those 등의 지시어를 활용하여 알맞은 위치를 찾으면 돼요.

- In which of the positions marked [1], [2], [3], and [4] does the following sentence best
  belong?
  [1], [2], [3], [4]로 표시된 곳 중, 다음 문장이 들어갈 위치로 가장 적절한 것은?

Dear staff,

Please note the following announcements for the month of September. —[1]—.

You may have heard on the news that due to extended drought, **2단계** **the price of
most vegetables has risen. To reflect this, we will also be temporarily raising our
prices.** —[2]—.

Q. In which of the positions marked [1] and [2] does the following sentence best belong?

1단계 **"We will be placing a notice on our doors to relay this to our customers."**

(A) [1]

(B) **3단계** **[2]**

1단계 질문을 읽고 키워드를 확인하세요.

주어진 문장은 문에 안내문을 붙여서 '이것(this)'을 우리 고객들에게 알리겠다는 내용으로, —[1]—이나 —[2]— 앞
에 this가 무엇인지 알 수 있는 문장이 있는지 확인하세요.

2단계 문제의 키워드에 해당하는 내용을 지문에서 찾으세요.

—[1]— 앞은 공지 사항에 주목해 달라는 환기 문장으로, 고객들에게 알리고자 하는 내용이 드러나 있지 않네요.
그런데, —[2]— 앞의 내용을 보면 길어진 가뭄 때문에, 채소 가격이 대부분 올라서 당분간 우리도 가격을 올릴 거
라고 하니, 주어진 문장의 this가 가리키는 내용이 '가격 인상'임을 알 수 있어요.

3단계 찾은 내용과 동일한, 또는 비슷한 의미로 바꿔 쓴 표현을 보기에서 찾으세요.

주어진 문장을 —[2]—에 넣고 연결 지어 문맥을 확인해 보면, 채소 가격의 인상으로 우리도 가격을 당분간 인상
할 건데, 이것을(this) 우리 고객들에게 알리기 위해 문에 안내문을 붙이겠다는 자연스러운 문맥이 완성되므로
(B)가 적절한 위치임을 알 수 있어요.

**어휘
엿보기**

note 주목하다 ㅣ announcement 공지, 발표 ㅣ extended 길어진 ㅣ drought 가뭄 ㅣ vegetable 야채 ㅣ rise 오르다 ㅣ
reflect 반영하다 ㅣ temporarily 임시로, 일시적으로 ㅣ raise 올리다 ㅣ relay 전달하다, 알리다

표시된 단서와 앞에서 배운 포인트를 참고하여 빈칸에 알맞은 것을 고르세요. (단서:)

Questions 1-2 refer to the following information.

> Congratulations on your purchase of the PTech's SmartWatch. We would like to extend our deepest gratitude for choosing PTech. Note that from the time of your purchase, you have a five-year warranty period. If you notice any defects in your watch during this time, log on to our website. You will find instructions on how to apply for a replacement.

1. For whom is the information most likely intended?

(A) PTech employees
(B) Watch owners

> **살짝 엿보기** Point ❸
> 지문 초반에 PTech 스마트워치 구매에 대한 감사를 전하고 있네요.

2. According to the information, what is available on the company's website?

(A) Guide on fixing common minor issues
(B) Procedure for receiving a replacement

> **살짝 엿보기** Point ❷
> 질문의 키워드인 website가 언급된 부분에 교체품 신청 방법에 대해 안내하고 있네요.

어휘 엿보기

purchase 구입, 구매 | extend one's deepest gratitude 진심으로 감사를 표하다 | choose 선택하다 | warranty period 보증 기간 | defect 결함, 하자 | log on 접속하다 | instructions 지침, 설명서 | apply for 신청하다 | replacement 교체(품)

Questions 3-4 refer to the following text-message chain.

Lowell Floyd (10:35 A.M.)
Hi, Luke and Dora. I wanted to go over a few things before I leave for my trip. When will the two of you have time this week to get together?

Luke Spencer (10:37 A.M.)
Hi, Lowell. Sorry, but this is news to me. When are you leaving?

Dora Vasquez (10:38 A.M.)
Hi, Lowell. Good call. I was about to suggest the same thing.

3. Why is Mr. Floyd writing to Mr. Spencer and Ms. Vasquez?

(A) To notify them of a business trip
(B) To organize a meeting

살짝 엿보기 Point ❷
플로이드 씨가 언제 다 같이 모일 수 있는지 묻고 있네요.

4. At 10:38 A.M., what does Ms. Vasquez most likely mean when she writes, "Good call"?

(A) She is glad that Mr. Floyd called a client.
(B) She agrees with Mr. Floyd's suggestion.

살짝 엿보기 Point ❺
"Good call(좋아요)"은 동의할 때 쓰는 표현이에요.

어휘
엿보기

go over 살피다, 점검하다 | leave 떠나다, 출발하다 | trip 출장, 여행 | get together 모이다, 함께 만나다 | news (처음 듣는) 소식 | be about to 막 ~하려고 하다 | suggest 제안하다

앞에서 배운 내용과 관련된 토익 실전 문제를 풀어보세요.

Questions 1-2 refer to the following memo.

MEMO

To: All Tropicalia Staff
From: Kristine Massey
Subject: Returned Parcels
Date: 9 September

We have received reports of our parcels being returned to us. We have determined the problem to be due to our system automatically routing parcels going to Asia through our Davidson hub. However, our Davidson hub is currently not operating. Our IT team is currently working on changing the routing on our system. The fix is expected to be completed within the month. Until the fix is in, please route parcels going to Asia manually.

---

1. What is the purpose of the memo?

   (A) To remind staff to update a form
   (B) To request a change on a menu
   (C) To notify staff of a problem
   (D) To explain a policy change

2. When will the IT department complete its task?

   (A) In September
   (B) In October
   (C) In November
   (D) In December

어휘
엿보기

return 반납하다, 돌려보내다 ∣ parcel 소포 ∣ report 보고 ∣ determine 알아내다, 밝히다 ∣ automatically 자동으로 ∣ route 보내다, 발송하다 ∣ hub 중심지 ∣ currently 현재 ∣ operate 작동되다, 가동되다 ∣ routing 발송 (절차) ∣ fix 수리 ∣ complete 완료하다 ∣ manually 수동으로

Questions 3-4 refer to the following e-mail.

To: Felix Coleman
From: Lucy King
Date: October 18
Subject: Flight booking reference #495ST

Dear Mr. Coleman,

I am writing this e-mail regarding booking reference #495ST. It is for a flight from Darisville to Wellsburg, flying out on October 21. —[1]—. As you may know, the weather has made the flight impossible. —[2]—. I called the airline help desk, and I was advised to contact you regarding the refund process.

As I understand it, I am eligible for a full refund due to the cancellation being made by the airline. —[3]—. However, I could not find any information on how the refund is given and in what timeframe. —[4]—. If possible, I would like the refund to be processed as soon as possible. Thank you for your understanding in this matter.

Best regards,

Lucy King

3. What is indicated about Ms. King's flight?

(A) It is an overbooked flight.
(B) It has been canceled.
(C) It is landing in Darisville.
(D) It includes a hotel reservation.

4. In which of the positions marked [1], [2], [3], and [4] does the following sentence best belong?

"If I am incorrect regarding your policy, please let me know."

(A) [1]
(B) [2]
(C) [3]
(D) [4]

어휘
엿보기

flight 비행, 항공편 | booking 예약 | reference 참조, 참고 | fly out 비행기로 출발하다 | refund 환불 | be eligible for ~할 자격이 있다 | cancellation 취소 | timeframe 기간 | process 처리하다

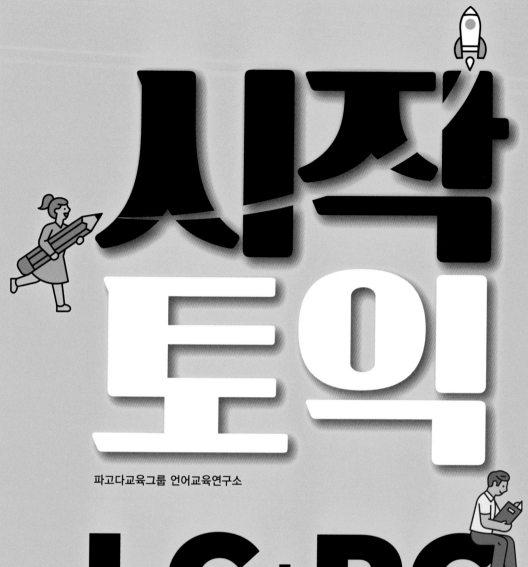

시작 토익

파고다교육그룹 언어교육연구소

LC+RC

해설서

PAGODA Books

시작
토익
LC+RC
해설서

LC

UNIT 01 인물 사진

Point 1 Check up
본서 P. 20

1. 미국 A woman is **reading** a book. ⊙

여자는 책을 읽고 있다.

해설 여자는 서점에서 책을 읽고 있으므로 정답입니다.

2. 미국 A woman is **writing** on a document. ✕

여자는 서류에 무언가를 쓰고 있다.

해설 여자는 무언가를 쓰고 있는 행위가 아닌 읽고 있는 행위를 하므로 오답입니다.

Point 2 Check up
본서 P. 21

1. 영국 Some people are **leaning** on the railing. ✕

몇몇 사람들이 난간에 기대어 있다.

해설 난간에 기대어 있는 동작이 아니므로 오답입니다.

2. 영국 They are **going up** some stairs. ⊙

그들은 계단을 올라가고 있다.

해설 사람들이 계단을 올라가고 있으므로 정답입니다.

💡 실전 문제 풀어보기
본서 P. 25

1. (D) **2.** (C) **3.** (B) **4.** (A) **5.** (B) **6.** (B)

1. 미국

(A) A woman is reaching for a shelf.

(B) A woman is holding a bag.

(C) A woman is trying on a shirt.

(D) A woman is examining some clothing.

(A) 여자가 선반을 향해 손을 뻗고 있다.

(B) 여자가 가방을 들고 있다.

(C) 여자가 셔츠를 입어 보고 있다.

(D) 여자가 옷을 살펴보고 있다.

해설 (A) ✕ 사진에 선반은 보이지 않습니다.
(B) ✕ 사진에 가방은 보이지 않고, 들고 있는 것은 옷입니다.
(C) ✕ 셔츠를 입어 보는 동작이 아닙니다.
(D) ⊙ 옷을 들어 살펴보는 모습이므로 정답입니다.

2. 호주

(A) He's stacking some boxes.

(B) He's organizing some clothes.

(C) He's carrying a basket.

(D) He's looking in a drawer.

(A) 남자가 상자를 쌓고 있다.

(B) 남자가 옷을 정리하고 있다.

(C) **남자가 바구니를 옮기고 있다.**

(D) 남자가 서랍 안을 보고 있다.

해설 (A) ✕ 사진에 상자는 보이지 않으며, 쌓고 있는 동작이 아닙니다.
(B) ✕ 옷을 정리하는 동작이 아닙니다.
(C) ⊙ 바구니를 들고 옮기는 모습이므로 정답입니다.
(D) ✕ 남자는 바구니 안을 보고 있지, 서랍 안을 보고 있지 않습니다.

3. 미국

(A) She's washing some vegetables.

(B) She's preparing a meal.

(C) She's closing a window.

(D) She's drying some dishes.

(A) 여자가 채소를 씻고 있다.

(B) 여자가 식사를 준비하고 있다.

(C) 여자가 창문을 닫고 있다.

(D) 여자가 접시의 물기를 닦아내고 있다.

해설 (A) ✕ 채소를 씻는 동작이 아닙니다.
(B) ⊙ 식사를 준비하는 모습이므로 정답입니다.
(C) ✕ 창문을 닫는 동작이 아닙니다.
(D) ✕ 접시를 닦아내는 동작이 아닙니다.

4. 영국

(A) They're attending a presentation.

(B) They're facing each other.

(C) One of the people is handing out some papers.

(D) One of the people is opening up a laptop.

(A) **사람들이 발표에 참석하고 있다.**

(B) 사람들이 서로 마주 보고 있다.

(C) 사람들 중 한 명이 서류를 나누어주고 있다.

(D) 사람들 중 한 명이 노트북을 열고 있다.

해설 (A) ⊙ 사람들이 발표에 참석 중인 모습이므로 정답입니다.
(B) ✕ 서로 마주 보는 모습이 아닙니다.
(C) ✕ 서류를 나눠주는 동작을 하는 사람이 없습니다.
(D) ✕ 노트북을 여는 동작을 하는 사람이 없습니다.

5. 미국

(A) A man is getting off a bicycle.

(B) Some people are crossing the street.

(C) Some people are waiting for the traffic signal.

(D) A man is sweeping the sidewalk.

(A) 한 남자가 자전거에서 내리고 있다.
(B) 몇몇 사람들이 길을 건너고 있다.
(C) 몇몇 사람들이 교통 신호를 기다리고 있다.
(D) 한 남자가 보도를 쓸고 있다.

해설 (A) ❌ 한 남자가 자전거에 타고 있는 모습은 보이지만, 내리는 동작은 아닙니다.
(B) ⊙ 사람들이 길을 건너는 모습이므로 정답입니다.
(C) ❌ 교통 신호를 기다리고 있는 사람들은 보이지 않습니다.
(D) ❌ 보도를 쓸고 있는 남자는 보이지 않습니다.

6. 호주
(A) A woman is using a microwave.
(B) A woman is holding a mobile phone.
(C) A man is pouring a cup of coffee.
(D) A man is opening a kitchen drawer.

(A) 여자가 전자레인지를 사용하고 있다.
(B) 여자가 핸드폰을 손에 들고 있다.
(C) 남자가 커피를 한 잔 따르고 있다.
(D) 남자가 주방 서랍을 열고 있다.

해설 (A) ❌ 전자레인지를 사용하는 동작이 아닙니다.
(B) ⊙ 여자가 핸드폰을 들고 있는 모습이므로 정답입니다.
(C) ❌ 커피를 따르는 동작이 아닙니다.
(D) ❌ 주방 서랍은 사진에 보이지 않습니다.

UNIT 02 사물 / 풍경 사진

Point ① Check up
본서 P. 26

1. 미국 Some books are stacked **on the floor**. ❌
책 몇 권이 바닥 위에 쌓여 있다.

해설 책 몇 권은 바닥이 아닌 책상에 쌓여 있으므로 오답입니다.

2. 미국 A lamp **has been placed** on a table. ⊙
램프가 테이블 위에 놓여 있다.

해설 램프가 책상 왼쪽 위에 놓여 있으므로 정답입니다.

Point ② Check up
본서 P. 27

1. 미국 Some cars **are parked** on the road. ⊙
몇몇 차들이 길 위에 주차되어 있다.

해설 길 왼쪽 편에 차들이 여러 대 주차되어 있으므로 정답입니다.

2. 미국 Some trees **are being planted** along the street. ❌
나무 몇 그루가 길을 따라 심어지고 있다.

해설 길을 따라 나무가 보이지만 심어지고 있는 상황이 아니므로 오답입니다.

💡 실전 문제 풀어보기
본서 P. 31

| 1. (B) | 2. (C) | 3. (D) | 4. (C) | 5. (B) | 6. (A) |

1. 미국
(A) Some chairs are being moved.
(B) The seats are unoccupied.
(C) Some frames are being hung.
(D) A cupboard has been opened.

(A) 몇몇 의자들이 옮겨지고 있다.
(B) 자리가 비어 있다.
(C) 몇몇 액자들이 걸리고 있다.
(D) 찬장이 열려 있다.

해설 (A) ❌ 의자를 옮기는 사람이 보이지 않습니다.
(B) ⊙ 의자가 비어 있는 모습이므로 정답입니다.
(C) ❌ 액자는 이미 걸려 있고, 거는 사람은 보이지 않습니다.
(D) ❌ 찬장은 모두 닫혀 있습니다.

2. 영국
(A) A passenger is exiting a train.
(B) A worker is fixing railroad tracks.
(C) A train is entering a station.
(D) A platform is crowded with people.

(A) 승객 한 명이 열차에서 내리고 있다.
(B) 인부 한 명이 선로를 수리하고 있다.
(C) 열차가 역으로 들어오고 있다.
(D) 플랫폼이 승객들로 붐빈다.

해설 (A) ❌ 열차에서 내리는 승객은 보이지 않습니다.
(B) ❌ 선로를 수리하는 사람은 보이지 않습니다.
(C) ⊙ 열차가 역으로 진입하는 모습이므로 정답입니다.
(D) ❌ 플랫폼에는 여성 한 명만 보입니다.

3. 미국
(A) Some customers are in a store.
(B) Some pots are being arranged in a row.
(C) Some plants are being watered.
(D) Some flowers are displayed outside.

(A) 몇몇 고객들이 상점 안에 있다.
(B) 몇몇 화분들이 일렬로 배열되고 있다.
(C) 몇몇 식물들에 물을 주고 있다.
(D) 몇몇 꽃들이 밖에 진열되어 있다.

해설 (A) ❌ 상점 안에 손님들이 보이지 않습니다.
(B) ❌ 화분을 배열하는 사람이 보이지 않습니다.
(C) ❌ 식물에 물을 주는 사람이 보이지 않습니다.
(D) ⊙ 상점 밖에 꽃들이 진열되어 있으므로 정답입니다.

4. 호주
(A) A woman is reading a document.
(B) A woman is looking out the window.
(C) Some books have been stacked on the table.
(D) Some materials are being carried into a room.

(A) 여자가 서류를 보고 있다.
(B) 여자가 창밖을 보고 있다.
(C) 테이블에 몇몇 책들이 쌓여 있다.
(D) 몇몇 자료들이 방 안으로 옮겨지고 있다.

해설 (A) ✕ 서류를 보는 동작이 아닙니다.
　　(B) ✕ 여자가 바깥쪽을 보고 있긴 하지만 창문은 보이지 않습니다.
　　(C) ⊙ 테이블 위에 몇 권의 책들이 쌓여 있으므로 정답입니다.
　　(D) ✕ 자료를 방 안으로 옮기는 동작이 아닙니다.

5. 미국
(A) A man is assisting a customer.
(B) Display shelves are stocked with products.
(C) A man is removing some items.
(D) Some merchandise is being put on a counter.

(A) 남자가 고객을 돕고 있다.
(B) 진열 선반이 제품들로 채워져 있다.
(C) 남자가 물건들을 치우고 있다.
(D) 몇몇 상품이 계산대에 놓여지고 있다.

해설 (A) ✕ 고객은 보이지 않습니다.
　　(B) ⊙ 선반에 제품들이 채워져 있는 모습이므로 정답입니다.
　　(C) ✕ 물건을 치우는 동작이 아닙니다.
　　(D) ✕ 계산대는 보이지 않습니다.

6. 영국
(A) Bicycles are parked along a fence.
(B) Cyclists have lined up for a race.
(C) Some trees have been placed near a building.
(D) Some bicycles are being repainted.

(A) 자전거들이 울타리를 따라 세워져 있다.
(B) 자전거 선수들이 경주를 위해 줄 서 있다.
(C) 몇몇 나무들이 건물 근처에 놓여 있다.
(D) 몇몇 자전거들이 다시 페인트칠되고 있다.

해설 (A) ⊙ 자전거들이 울타리와 나란히 서 있는 모습이므로 정답입니다.
　　(B) ✕ 자전거 선수들은 보이지 않습니다.
　　(C) ✕ 건물은 보이지 않습니다.
　　(D) ✕ 페인트칠하는 사람은 보이지 않습니다.

UNIT 03 Who / When / Where 의문문

Point 1 Check up
본서 P. 32

미국 ↔ 미국

Who will **supervise** the new project?
누가 새 프로젝트를 감독할까요?

1. **Raul** has the most experience. ⊙
라울이 경험이 제일 많아요.

해설 질문에서 누가(Who) 프로젝트를 감독하게 될지를 물었고 응답으로 대상(Raul)을 언급하므로 정답입니다.

2. At the end of **November**. ✕
11월 말에요.

해설 누구(Who)인지 대상을 물었는데 시간(When)으로 응답하므로 오답입니다.

Point 2 Check up
본서 P. 33

미국 ↔ 호주

When will you **buy** the new printers?
언제 새 프린터를 살 건가요?

1. **From** the electronics store. ✕
전자제품 매장에서요.

해설 질문에서 언제(When) 새 프린터를 구매할지를 물었는데 응답으로 장소(Where)를 언급하므로 오답입니다.

2. Conan should **know**. ⊙
코난이 알 거예요.

해설 언제(When) 새 프린터를 구매할지 화자는 모르지만 Conan은 알 거라고 우회적인 응답을 했으므로 정답입니다.

Point 3 Check up
본서 P. 34

영국 ↔ 호주

Where is the post office?
우체국은 어디에 있나요?

1. The **poster** will be redesigned. ✕
포스터는 다시 디자인될 거예요.

해설 질문에서 어디에(Where) 우체국이 있는지 장소를 물었는데 포스터(poster)가 다시 디자인될 거라는 관련 없는 언급을 하므로 오답입니다.

2. **Next to** the City Hall. ⊙
시청 옆에요.

해설 해설 질문에서 어디에(Where) 우체국이 있는지 물었고 City Hall 옆이라고 장소(Next to)를 언급했으므로 정답입니다.

🔎 실전 문제 풀어보기
본서 P. 37

1. (C)	2. (A)	3. (C)	4. (B)	5. (B)	6. (B)
7. (C)	8. (A)	9. (C)	10. (B)		

1. 미국 ↔ 영국
When will you plan to sell your house?
(A) We sell fresh produce.

(B) This is the floor plan.

(C) Early next month.

언제 집을 팔 계획이세요?

(A) 저희는 신선한 농산물을 판매합니다.

(B) 이게 평면도예요.

(C) 다음 달 초요.

해설 (A) ❌ 질문의 sell을 반복 사용하여 혼동을 준 함정입니다.

(B) ❌ 질문의 plan을 반복 사용하여 혼동을 준 함정입니다.

(C) ◎ 다음 달 초라며 특정 시점으로 대답했으므로 정답입니다.

2. 미국 ↔ 호주

Where will you store the painting supplies?

(A) In the second-floor closet.

(B) Of course. I can go to the store.

(C) She's a talented artist.

그림 용품을 어디에 보관할 거예요?

(A) 2층 벽장예요.

(B) 그럼요. 제가 가게에 갈 수 있어요.

(C) 그녀는 재능 있는 예술가예요.

해설 (A) ◎ 2층 벽장이라며 특정 장소로 대답했으므로 정답입니다.

(B) ❌ 질문의 store를 반복 사용하여 혼동을 준 함정입니다.

(C) ❌ 질문의 painting을 듣고 연상할 수 있는 a talented artist를 사용한 함정입니다.

3. 영국 ↔ 호주

Who will be giving the history lecture tomorrow?

(A) Twelve students.

(B) Tomorrow at 10 A.M.

(C) The new professor.

내일 역사 강의는 누가 할 예정이에요?

(A) 학생 12명이요.

(B) 내일 오전 10시요.

(C) 새로 오신 교수님이요.

해설 (A) ❌ 질문의 lecture를 듣고 연상할 수 있는 students를 사용한 함정입니다.

(B) ❌ 질문의 tomorrow를 반복 사용하여 혼동을 준 함정입니다.

(C) ◎ 새로 오신 교수님이라며 특정 인물로 대답했으므로 정답입니다.

4. 미국 ↔ 영국

When are they starting the restoration work?

(A) The lobby is located on your right.

(B) Next Monday, I believe.

(C) A fresh coat of paint.

그들은 복구 작업을 언제 시작할 예정인가요?

(A) 로비는 오른편에 있습니다.

(B) 다음 주 월요일일 거예요.

(C) 새로 한 페인트칠이에요.

해설 (A) ❌ 질문과 무관한 대답입니다.

(B) ◎ 다음 주 월요일일 거라며 특정 시점으로 대답했으므로 정답입니다.

(C) ❌ 질문의 restoration work를 듣고 연상할 수 있는 fresh coat of paint를 사용한 함정입니다.

5. 미국 ↔ 미국

Who will be leading the new project?

(A) A brand-new computer.

(B) Veronica has been chosen.

(C) Last week's news release.

신규 프로젝트를 누가 이끌 예정인가요?

(A) 새 컴퓨터요.

(B) 베로니카가 선발됐어요.

(C) 지난주 보도 자료요.

해설 (A) ❌ 질문의 new를 반복 사용하여 혼동을 준 함정입니다.

(B) ◎ Veronica가 선발됐다며 특정 인물로 대답했으므로 정답입니다.

(C) ❌ 질문의 new와 발음이 유사한 news를 사용하여 혼동을 준 함정입니다.

6. 호주 ↔ 영국

Where do I go to fill out a registration form?

(A) Please pay at the register.

(B) You can do that right here.

(C) It was very helpful.

신청서를 작성하러 어디로 가면 되나요?

(A) 계산대에서 지불해 주세요.

(B) 바로 여기서 하실 수 있어요.

(C) 그건 매우 유용했어요.

해설 (A) ❌ 질문의 registration과 발음이 유사한 register를 사용하여 혼동을 준 함정입니다.

(B) ◎ 바로 여기서 할 수 있다고 하여 특정 장소로 대답했으므로 정답입니다.

(C) ❌ 질문과 무관한 대답입니다.

7. 영국 ↔ 미국

When do packages usually get delivered?

(A) To the Shipping Department.

(B) Can you sign your name here?

(C) There's no set time.

소포가 보통 언제 배달되나요?

(A) 배송 부서로요.

(B) 여기 서명해 주시겠어요?

(C) 정해진 시간은 없어요.

해설 (A) ❌ 질문의 packages, delivered를 듣고 연상할 수 있는 Shipping Department를 사용한 함정입니다.

(B) ❌ 질문의 packages, delivered를 듣고 연상할 수 있는 sign your name을 사용한 함정입니다.

(C) ◎ 정해진 시간은 없다며 질문에 적절히 대답했으므로 정답입니다.

8. 호주 ↔ 영국

Who's supposed to contact the restaurant?

(A) I took care of that already.

(B) My restaurant is on Evergreen Drive.

(C) The list of contacts.

누가 식당에 연락하기로 했죠?

(A) 제가 이미 처리했어요.

(B) 제 식당은 에버그린 드라이브에 있어요.

(C) 연락처 목록이요.

해설 (A) ◉ 이미 처리했다며 질문에 적절히 대답했으므로 정답입니다.

　　　(B) ✖ 질문의 restaurant를 반복 사용하여 혼동을 준 함정입니다.

　　　(C) ✖ 질문의 contact를 반복 사용하여 혼동을 준 함정입니다.

9. 미국 ↔ 호주

Where do I pick up my company ID badge?

(A) That's the new card reader.

(B) Yes, any valid form of ID.

(C) Talk to Steve in the security office.

제 회사 신분증 배지를 어디에서 받죠?

(A) 그게 새 카드 판독기예요.

(B) 네, 모든 유효한 신분 확인서요.

(C) 경비실의 스티브에게 얘기하세요.

해설 (A) ✖ 질문의 ID badge를 듣고 연상할 수 있는 card reader를 사용한 함정입니다.

　　　(B) ✖ 의문사 의문문에는 Yes / No로 대답할 수 없습니다.

　　　(C) ◉ 경비실의 스티브에게 얘기하라며 질문에 적절히 대답했으므로 정답입니다.

10. 영국 ↔ 미국

When will the new service be launched?

(A) At the shopping center.

(B) We're still waiting for Mr. Ortiz's confirmation.

(C) Anna works in customer service.

신규 서비스는 언제 출시되나요?

(A) 쇼핑센터에서요.

(B) 아직 오르티즈 씨의 확인을 기다리고 있어요.

(C) 안나가 고객 서비스에서 일해요.

해설 (A) ✖ 질문의 service를 듣고 연상할 수 있는 shopping center를 사용한 함정입니다.

　　　(B) ◉ 아직 확인을 기다리고 있다며 질문에 적절히 대답했으므로 정답입니다.

　　　(C) ✖ 질문의 service를 반복 사용하여 혼동을 준 함정입니다.

UNIT 04 What / How / Why 의문문

Point 1 Check up
본서 P. 38

미국 ↔ 호주

What time is the staff workshop?

직원 워크숍은 몇 시인가요?

1. Her **name** is Stephanie. ✖

그녀의 이름은 스테파니예요.

해설 시간(What time)을 물었는데 대상의 이름으로 응답하므로 오답입니다.

2. It's **scheduled** for **nine** o'clock. ◉

9시로 예정되어 있어요.

해설 시간(What time)을 물었고 9시로 예정되어 있다고 응답하므로 정답입니다.

Point 2 Check up
본서 P. 39

호주 ↔ 미국

How did you **enjoy** your dessert?

디저트 맛은 괜찮으셨나요?

1. It was **delicious**. ◉

맛있었어요.

해설 디저트 맛이 어땠는지(How) 물었고 맛있었다고 응답하므로 정답입니다.

2. To **share** with my family. ✖

가족들이랑 나누려고요.

해설 디저트 맛이 괜찮았는지를 물었는데 가족과 나누려고 한다는 이유(Why)로 응답하므로 오답입니다.

Point 3 Check up
본서 P. 40

영국 ↔ 호주

Why is Sam **looking for** a new **job**?

왜 샘은 새로운 직업을 찾고 있나요?

1. **From** the company's website. ✖

회사의 웹사이트에서요.

해설 Sam이 새로운 직업을 찾는 이유(Why)를 물었는데 장소(From)로 응답하므로 오답입니다.

2. He wants **to work** fewer hours. ◉

그는 더 적은 시간을 일하기를 원해요.

해설 Sam이 새로운 직업을 찾는 이유(Why)로 더 적은 시간 동안 일하고 싶어 하기 때문이라고 응답하므로 정답입니다.

💡 실전 문제 풀어보기
본서 P. 43

| **1.** (A) | **2.** (A) | **3.** (B) | **4.** (C) | **5.** (A) | **6.** (B) |
| **7.** (A) | **8.** (A) | **9.** (B) | **10.** (A) | | |

1. 호주 ↔ 영국

How was the tech conference?

(A) It was excellent.

(B) When's the conference call?

(C) Sure, we can trade them.

기술 컨퍼런스는 어땠어요?

(A) 아주 좋았어요.

(B) 전화 회의는 언제죠?

(C) 그럼요, 교환할 수 있어요.

해설 (A) ⊙ 아주 좋았다며 질문에 적절히 대답했으므로 정답입니다.
　　　(B) ✖ 질문의 conference를 반복 사용하여 혼동을 준 함정입니다.
　　　(C) ✖ 질문과 무관한 대답입니다.

2. 미국 ↔ 영국

What time is your lunch reservation?

(A) At noon.

(B) The restaurant downtown.

(C) Sure, I can make a reservation.

점심 예약이 몇 시예요?

(A) 정오요.

(B) 시내에 있는 식당이요.

(C) 네, 제가 예약할게요.

해설 (A) ⊙ 정오라며 질문에 적절히 대답했으므로 정답입니다.
　　　(B) ✖ 질문의 lunch reservation을 듣고 연상할 수 있는 restaurant을 사용하여 혼동을 준 함정입니다.
　　　(C) ✖ 질문의 reservation을 반복 사용하여 혼동을 준 함정입니다.

3. 미국 ↔ 호주

Why was your train delayed?

(A) At Grand Central Station.

(B) There was a heavy rainstorm.

(C) We can reschedule the client meeting.

기차가 왜 연착된 거예요?

(A) 그랜드 센트럴 역에서요.

(B) 폭우가 쏟아졌어요.

(C) 고객 회의 일정을 변경할 수 있어요.

해설 (A) ✖ 질문의 train을 듣고 연상할 수 있는 Station을 사용하여 혼동을 준 함정입니다.
　　　(B) ⊙ 폭우가 쏟아졌다며 질문에 적절히 대답했으므로 정답입니다.
　　　(C) ✖ 질문의 delayed를 듣고 연상할 수 있는 reschedule을 사용하여 혼동을 준 함정입니다.

4. 영국 ↔ 미국

What are you watching right now?

(A) You can get a ticket online.

(B) It's 11:30.

(C) The video clip Zoe edited.

지금 무엇을 보고 계세요?

(A) 티켓을 온라인으로 구입할 수 있어요.

(B) 11시 30분이요.

(C) 조가 편집한 동영상이요.

해설 (A) ✖ 질문의 watching을 듣고 연상할 수 있는 ticket을 사용하여 혼동을 준 함정입니다.

(B) ✖ 질문의 right now를 듣고 연상할 수 있는 It's 11:30.를 사용하여 혼동을 준 함정입니다.

(C) ⊙ 동영상이라며 질문에 적절히 대답했으므로 정답입니다.

5. 호주 ↔ 미국

How can I buy a bus ticket?

(A) The counter is right over there.

(B) Four seats, please.

(C) I have two large luggage.

버스표를 어떻게 구입할 수 있나요?

(A) 카운터가 바로 저기 있어요.

(B) 좌석 네 개 주세요.

(C) 대형 수하물 두 개 있어요.

해설 (A) ⊙ 카운터가 저쪽에 있다며 질문에 적절히 대답했으므로 정답입니다.
　　　(B) ✖ 질문의 bus ticket을 듣고 연상할 수 있는 Four seats를 사용하여 혼동을 준 함정입니다.
　　　(C) ✖ 질문의 bus ticket을 듣고 연상할 수 있는 luggage를 사용하여 혼동을 준 함정입니다.

6. 영국 ↔ 호주

How would you like to make the payment?

(A) That's my wallet.

(B) With credit card.

(C) It costs 200 dollars.

결제는 어떻게 하시겠어요?

(A) 저건 제 지갑이에요.

(B) 신용카드로요.

(C) 200달러예요.

해설 (A) ✖ 질문의 payment를 듣고 연상할 수 있는 wallet을 사용하여 혼동을 준 함정입니다.
　　　(B) ⊙ 결제 방법을 묻는 질문에 신용카드로라며 질문에 적절히 대답했으므로 정답입니다.
　　　(C) ✖ 질문의 payment를 듣고 연상할 수 있는 200 dollars를 사용하여 혼동을 준 함정입니다.

7. 호주 ↔ 미국

What is Myung-ho's current position?

(A) Let's check the company website.

(B) That's not a good position.

(C) The flower arrangements on the table.

명호의 현재 직위는 뭔가요?

(A) 회사 웹사이트를 확인해 봅시다.

(B) 좋은 자리는 아니에요.

(C) 테이블 위에 꽃장식이요.

해설 (A) ⊙ 회사 웹사이트를 확인해 보자며 질문에 적절히 대답했으므로 정답입니다.
　　　(B) ✖ 질문의 position을 반복 사용하여 혼동을 준 함정입니다.
　　　(C) ✖ 질문과 무관한 대답입니다.

8. 미국 ↔ 영국

How long has Latoya been at this company?

(A) I only started last month.

(B) At the headquarters.
(C) I appreciate your time.

라토야는 이 회사에 얼마나 오래 다녔어요?
(A) 저는 지난달부터 다녔어요.
(B) 본사에서요.
(C) 시간 내 주셔서 감사합니다.

해설 (A) ⊙ 지난달부터 다녀서 모른다는 의미로 질문에 우회적으로
      대답했으므로 정답입니다.
      (B) ✕ 질문의 company를 듣고 연상할 수 있는 headquarters
      를 사용하여 혼동을 준 함정입니다.
      (C) ✕ 질문의 How long을 듣고 연상할 수 있는 time을 사용하
      여 혼동을 준 함정입니다.

9. 미국 ↔ 호주

What drink would you like with your meal?
(A) She told me she did.
(B) Can I see your menu again?
(C) No, I don't know the recipe.

식사에 어떤 음료를 곁들이시겠어요?
(A) 그녀가 했다고 말해줬어요.
(B) 메뉴판을 다시 볼 수 있을까요?
(C) 아니요, 전 조리법을 몰라요.

해설 (A) ✕ 질문과 무관한 대답입니다.
      (B) ⊙ 메뉴판을 다시 볼 수 있냐고 되물으며 질문에 적절히 대답
      했으므로 정답입니다.
      (C) ✕ 질문의 meal을 듣고 연상할 수 있는 recipe를 사용하여
      혼동을 준 함정입니다.

10. 미국 ↔ 미국

Why has the delivery been delayed?
(A) Have you seen the weather outside?
(B) When the shipment arrives later.
(C) Yes, from the manufacturing plant.

배달이 왜 지연되었나요?
(A) 밖에 날씨 보셨어요?
(B) 이따가 배송품이 도착할 때요.
(C) 네, 제조 공장에서요.

해설 (A) ⊙ 바깥 날씨를 봤냐고 되물으며 날씨 때문에 배달이 지연되
      었음을 우회적으로 대답했으므로 정답입니다.
      (B) ✕ 질문의 delivery를 듣고 연상할 수 있는 shipment를
      사용하여 혼동을 준 함정입니다.
      (C) ✕ 의문사 의문문에는 Yes / No로 대답할 수 없습니다.

UNIT 05 일반 / 부정 / 부가 의문문

Point 1 Check up
본서 P. 44

미국 ↔ 미국

> **Did you email** the computer technician?
> 컴퓨터 기술자에게 이메일을 보냈나요?

1. Yes, someone will be here later today. ⊙
네, 누군가 오늘 늦게 여기에 올 거예요.

해설 이메일을 보냈는지 물었고 보냈다(Yes)고 응답하므로 정답입니
      다.

2. Please write down your **e-mail** address. ✕
당신의 이메일 주소를 적어주세요.

해설 이메일(e-mail)이라는 어휘를 사용하였지만 이메일 주소를 적
      으라는 응답은 질문과 관련 없으므로 오답입니다.

Point 2 Check up
본서 P. 45

호주 ↔ 영국

> **Haven't** you **signed up** for the conference?
> 콘퍼런스에 등록하지 않으셨나요?

1. The **sign** on the window. ✕
창문에 있는 표지판이요.

해설 콘퍼런스에 등록했는지를 묻는데 창문에 있는 표지판을 언급하
      므로 오답입니다.

2. Yes, I did it yesterday. ⊙
네, 어제 등록했어요.

해설 콘퍼런스에 등록했는지를 물었고 등록했다(Yes)고 응답하므로
      정답입니다.

Point 3 Check up
본서 P. 46

영국 ↔ 호주

> Mike has been **promoted** to sales **manager**,
> hasn't he?
> 마이크는 영업 매니저로 승진했죠, 그렇지 않아요?

1. I think **it was** Cathy. ⊙
캐시가 승진한 걸로 알아요.

해설 마이크가 승진했는지 물었고, 마이크가 아닌 캐시가 승진했다고
      응답하므로 정답입니다.

2. Just enter the **promotional** code. ✕
쿠폰 번호를 입력하시기만 하면 돼요.

해설 promotion(승진, 홍보)과 형태는 유사하지만 다른 의미를 가진 어휘 promotional(판촉의)을 사용하여 쿠폰 번호를 입력하라 며 질문과 관련 없는 응답을 하므로 오답입니다.

🔍 실전 문제 풀어보기

본서 P. 49

1. (C)　**2.** (B)　**3.** (B)　**4.** (A)　**5.** (B)　**6.** (A)
7. (B)　**8.** (C)　**9.** (A)　**10.** (A)

1. 미국 ↔ 영국

Don't you have ice at this store?
(A) One iced coffee, please.
(B) It weighs about two pounds.
(C) Yes, check the freezer.

이 매장에는 얼음이 없나요?
(A) 아이스 커피 한 잔 주세요.
(B) 2파운드 정도 나가요.
(C) 있어요, 냉동고를 확인해 보세요.

해설 (A) ❌ 질문의 ice와 발음이 유사한 iced를 사용하여 혼동을 준 함정입니다.
(B) ❌ 질문과 무관한 대답입니다.
(C) ⭕ Yes라고 답한 후 냉동고를 확인해 보라며 질문에 적절히 대답했으므로 정답입니다.

2. 미국 ↔ 영국

Have you done any software design work before?
(A) What about afterwards?
(B) No, I haven't.
(C) The computer monitor.

전에 소프트웨어 설계 일을 해 본 적 있으세요?
(A) 나중에는 어떠세요?
(B) 아니요, 안 해 봤어요.
(C) 컴퓨터 모니터요.

해설 (A) ❌ 질문의 before를 듣고 연상할 수 있는 afterwards를 사용하여 혼동을 준 함정입니다.
(B) ⭕ No라고 답한 후 안 해 봤다며 질문에 적절히 대답했으므로 정답입니다.
(C) ❌ 질문의 software를 듣고 연상할 수 있는 computer를 사용하여 혼동을 준 함정입니다.

3. 호주 ↔ 영국

Shouldn't you replace your chair?
(A) Robert is the committee chair.
(B) We'll be relocating soon.
(C) That's a good place to get one.

의자를 교체해야 하지 않아요?
(A) 로버트가 위원회 의장이에요.
(B) 저희가 곧 이사할 예정이에요.
(C) 구입하기에 좋은 곳이에요.

해설 (A) ❌ 질문의 chair를 반복 사용하여 혼동을 준 함정입니다.

(B) ⭕ 곧 이사할 거라며 살 필요가 없음을 우회적으로 대답했으므로 정답입니다.
(C) ❌ 질문의 replace와 발음이 유사한 place를 사용하여 혼동을 준 함정입니다.

4. 호주 ↔ 미국

This restaurant is always packed, isn't it?
(A) They have an excellent menu.
(B) We packed a sandwich.
(C) Then I'll see you there.

이 식당은 항상 사람이 많아요, 그렇지 않아요?
(A) 메뉴가 아주 훌륭해요.
(B) 저희는 샌드위치 싸 왔어요.
(C) 그럼 거기서 봐요.

해설 (A) ⭕ 메뉴가 훌륭하다며 질문에 적절히 대답했으므로 정답입니다.
(B) ❌ 질문의 packed를 반복 사용하여 혼동을 준 함정입니다.
(C) ❌ 질문의 restaurant를 듣고 연상할 수 있는 see you there를 사용하여 혼동을 준 함정입니다.

5. 미국 ↔ 영국

Don't you want to go to the company picnic?
(A) Some light snacks and beverages.
(B) I'm excited about it.
(C) The biggest event hall.

회사 야유회에 가고 싶지 않으세요?
(A) 가벼운 간식과 음료요.
(B) 기대돼요.
(C) 가장 큰 행사장이요.

해설 (A) ❌ 질문의 picnic을 듣고 연상할 수 있는 snacks and beverages를 사용하여 혼동을 준 함정입니다.
(B) ⭕ 기대된다며 질문에 적절히 대답했으므로 정답입니다.
(C) ❌ 질문의 picnic을 듣고 연상할 수 있는 event를 사용하여 혼동을 준 함정입니다.

6. 미국 ↔ 미국

It's a little dark in here, isn't it?
(A) You could turn on the lights.
(B) The community park.
(C) Can I try on the black one?

여기 좀 어둡죠, 그렇지 않아요?
(A) 조명을 켜도 돼요.
(B) 지역 공원이요.
(C) 검은색 입어봐도 돼요?

해설 (A) ⭕ 조명을 켜도 된다며 질문에 적절히 대답했으므로 정답입니다.
(B) ❌ 질문의 dark와 발음이 유사한 park를 사용하여 혼동을 준 함정입니다.
(C) ❌ 질문의 dark를 듣고 연상할 수 있는 black을 사용하여 혼동을 준 함정입니다.

7. 미국 ↔ 호주

Didn't we rent a room for three people?

(A) 150 dollars a night.

(B) Yes, that's right.

(C) The hotel is in the city center.

우리가 3인실을 빌리지 않았나요?

(A) 1박에 150달러요.

(B) 네, 맞아요.

(C) 호텔은 도심에 있어요.

해설 (A) ❌ 질문의 rent a room을 듣고 연상할 수 있는 a night를 사용하여 혼동을 준 함정입니다.

(B) ⭕ Yes라고 답한 후 '맞아요'라며 질문에 적절히 대답했으므로 정답입니다.

(C) ❌ 질문의 rent a room을 듣고 연상할 수 있는 hotel을 사용하여 혼동을 준 함정입니다.

8. 호주 ↔ 미국

They're going to the musical performance, aren't they?

(A) I can play a few musical instruments.

(B) The city orchestra.

(C) They haven't responded yet.

그들은 음악 공연을 보러 가는 거죠, 그렇지 않나요?

(A) 저는 몇 가지 악기를 연주할 줄 알아요.

(B) 시립 관현악단이요.

(C) 그들은 아직 회신하지 않았어요.

해설 (A) ❌ 질문의 musical을 반복 사용했으며, musical performance를 듣고 연상할 수 있는 play, musical instruments를 사용하여 혼동을 준 함정입니다.

(B) ❌ 질문의 musical performance를 듣고 연상할 수 있는 orchestra를 사용하여 혼동을 준 함정입니다.

(C) ⭕ 아직 회신하지 않았다며 그들이 공연을 보러 가는지 모른다는 것을 우회적으로 대답했으므로 정답입니다.

9. 영국 ↔ 미국

The microwave is still available for sale, isn't it?

(A) I'll check the inventory.

(B) A 20 percent discount.

(C) Heat it for three minutes.

전자레인지가 아직 판매 중이죠, 그렇지 않나요?

(A) 재고를 확인해 볼게요.

(B) 20퍼센트 할인이요.

(C) 3분간 데우세요.

해설 (A) ⭕ 재고를 확인해 보겠다며 모르고 있다는 것을 우회적으로 대답했으므로 정답입니다.

(B) ❌ 질문의 sale을 듣고 연상할 수 있는 discount를 사용하여 혼동을 준 함정입니다.

(C) ❌ 질문의 microwave를 듣고 연상할 수 있는 heat을 사용하여 혼동을 준 함정입니다.

10. 미국 ↔ 영국

Does this train go to City Hall?

(A) That's what the map says.

(B) About 30 minutes ago.

(C) I'll be leading a training session.

이 기차는 시청에 가나요?

(A) 지도에는 그렇게 나와 있어요.

(B) 약 30분 전에요.

(C) 제가 교육을 진행할 거예요.

해설 (A) ⭕ 지도상에는 그렇다며 Yes(시청에 간다)라는 의미를 우회적으로 드러낸 대답이므로 정답입니다.

(B) ❌ When 의문문에 어울리는 대답입니다.

(C) ❌ 질문의 train과 발음이 유사한 training을 사용하여 혼동을 준 함정입니다.

UNIT 06 선택 의문문 / 제안·제공·요청문 / 평서문

Point ① Check up 본서 P. 50

호주 ↔ 영국

> Would you like a **paper ticket** or an **electronic** one?
> 종이 티켓을 원하세요, 아니면 전자 티켓을 원하세요?

1. I'm looking forward to the **movie**. ❌

저는 영화가 기대돼요.

해설 어떤 종류의 티켓(ticket)을 원하냐는 질문에 티켓의 연상 어휘인 영화(movie)를 사용하여 질문과 관련 없는 응답을 하므로 오답입니다.

2. Please send it to my e-mail address. ⭕

제 이메일로 보내주세요.

해설 이메일(e-mail)로 보내달라는 우회적 표현은 전자 티켓(electronic ticket)을 원한다는 의미이므로 정답입니다.

Point ② Check up 본서 P. 51

영국 ↔ 호주

> **Please join** us for **lunch** after the meeting.
> 회의 후에 저희와 같이 점심 먹으러 가요.

1. The **conference** room. ❌

회의실이요.

해설 회의(meeting)의 연상 어휘인 콘퍼런스(conference)를 사용하여 점심 먹으러 가자는 제안과 관계없는 장소를 언급하므로 오답입니다.

2. **Thanks** for inviting me. ⭕

초대해줘서 고마워요.

해설 점심을 같이 먹자는 제안에 초대해줘서 고맙다(Thanks)고 하는데 이는 함께 가겠다는 우회적 표현이므로 정답입니다.

Point ③ Check up
본서 P. 52

미국 ↔ 호주

The **weather** is too **hot** today.
날씨가 오늘 너무 덥네요.

1. Why don't we **go inside**? ⊙

우리 안으로 들어가는 게 어때요?

해설 너무 덥다는 말에 안으로 들어가자(go inside)고 제안하는데 이는 안으로 들어가서 더위를 식히자는 우회적 표현이므로 정답입니다.

2. I'll meet you at **two** then. ✕

그러면 2시에 뵙는 걸로 할게요.

해설 날씨가 너무 덥다는 말에 질문과 상관없는 2시를 언급하므로 오답입니다.

💡 실전 문제 풀어보기
본서 P. 55

1. (B)　**2.** (B)　**3.** (B)　**4.** (B)　**5.** (A)　**6.** (B)
7. (B)　**8.** (B)　**9.** (C)　**10.** (B)

1. 미국 ↔ 미국

Let's move these boxes before it rains.
(A) Yes, that's a nice umbrella.
(B) Good idea.
(C) I didn't send any.

비가 오기 전에 이 상자들을 옮깁시다.
(A) 네, 멋진 우산이네요.
(B) 좋은 생각이에요.
(C) 전 아무것도 안 보냈어요.

해설 (A) ✕ 질문의 rains를 듣고 연상할 수 있는 umbrella를 사용하여 혼동을 준 함정입니다.
(B) ⊙ 좋은 생각이라며 적절히 대답했으므로 정답입니다.
(C) ✕ 질문의 move, boxes를 듣고 연상할 수 있는 send를 사용하여 혼동을 준 함정입니다.

2. 영국 ↔ 미국

Did you decide to buy the beige sofa or the brown one?
(A) Thanks for the suggestion.
(B) I'm going with brown.
(C) You should get a different color.

베이지색 소파를 사기로 하셨어요, 아니면 갈색 소파를 사기로 하셨어요?
(A) 의견 감사드려요.
(B) 갈색으로 하려고요.
(C) 다른 색으로 하세요.

해설 (A) ✕ 질문과 무관한 대답입니다.
(B) ⊙ 갈색으로 할 거라며 후자를 선택했으므로 정답입니다.

(C) ✕ 질문의 beige, brown을 듣고 연상할 수 있는 color를 사용하여 혼동을 준 함정입니다.

3. 영국 ↔ 호주

Could you email me the slides before you leave today?
(A) On the fifth floor.
(B) I can do that right now.
(C) The post office was closed.

오늘 퇴근 전에 저한테 이메일로 슬라이드를 보내주시겠어요?
(A) 5층이요.
(B) 지금 바로 해드릴 수 있어요.
(C) 우체국이 문을 닫았어요.

해설 (A) ✕ 질문과 무관한 대답입니다.
(B) ⊙ 지금 바로 할 수 있다며 질문에 적절히 대답했으므로 정답입니다.
(C) ✕ 질문과 무관한 대답입니다.

4. 미국 ↔ 미국

I recommend the club sandwich.
(A) I have joined the fitness club.
(B) Do you have any vegetarian options?
(C) Ham, cheese, and bacon.

클럽 샌드위치를 추천합니다.
(A) 저는 피트니스 클럽에 가입했어요.
(B) 채식주의자용 메뉴가 있나요?
(C) 햄, 치즈, 베이컨이요.

해설 (A) ✕ 질문의 club을 반복 사용하여 혼동을 준 함정입니다.
(B) ⊙ 채식주의자용 옵션이 있냐고 되물으며 질문에 적절히 대답했으므로 정답입니다.
(C) ✕ 질문의 sandwich를 듣고 연상할 수 있는 Ham, cheese, and bacon을 사용하여 혼동을 준 함정입니다.

5. 미국 ↔ 미국

Should we go on the expressway or drive through the city?
(A) Let's take the expressway.
(B) We won the competition.
(C) Of course. Right away.

고속도로를 탈까요, 아니면 시내를 통해 갈까요?
(A) 고속도로를 탑시다.
(B) 우리가 대회에서 우승했어요.
(C) 그럼요. 지금 바로요.

해설 (A) ⊙ 고속도로를 타자며 전자를 선택했으므로 정답입니다.
(B) ✕ 질문의 on the와 발음이 유사한 won the를 사용하여 혼동을 준 함정입니다.
(C) ✕ 질문의 expressway와 발음이 유사한 Right away를 사용하여 혼동을 준 함정입니다.

6. 미국 ↔ 호주

Can you please turn on the air conditioner?
(A) Yes, it's too loud in here.

(B) Isn't it too cold for that?

(C) You just need to turn the knob to the right.

에어컨 좀 켜 주시겠어요?

(A) 네, 여기 너무 시끄럽네요.

(B) 그러기엔 너무 춥지 않나요?

(C) 손잡이만 오른쪽으로 돌려주세요.

해설 (A) ❌ 질문과 무관한 대답입니다.
　　 (B) ⊙ 그렇게 하기에는 너무 춥지 않냐고 반문하며 질문에 적절히 대답했으므로 정답입니다.
　　 (C) ❌ 질문의 turn을 반복 사용하여 혼동을 준 함정입니다.

7. 호주 ↔ 영국

Seok-min filled the order for the new uniforms.

(A) No thanks. I'm OK for now.

(B) He took care of that quickly.

(C) Ten large and three medium shirts.

석민이 새 유니폼 주문을 처리했어요.

(A) 아니에요. 지금은 괜찮습니다.

(B) 빠르게 처리했네요.

(C) 티셔츠 큰 사이즈 10개랑 중간 사이즈 3개요.

해설 (A) ❌ 질문과 무관한 대답입니다.
　　 (B) ⊙ 그가 빠르게 처리했다며 질문에 적절히 대답했으므로 정답입니다.
　　 (C) ❌ 질문의 uniforms를 듣고 연상할 수 있는 shirts를 사용하여 혼동을 준 함정입니다.

8. 미국 ↔ 미국

Can I give you a ride to the train station?

(A) At the training center.

(B) My trip was postponed.

(C) You're wrong about that.

제가 기차역까지 태워다 드릴까요?

(A) 연수원에서요.

(B) 제 여행이 연기됐어요.

(C) 당신이 틀렸어요.

해설 (A) ❌ 질문의 train과 발음이 유사한 training을 사용하여 혼동을 준 함정입니다.
　　 (B) ⊙ 여행이 연기됐다며 태워 줄 필요가 없음을 우회적으로 대답했으므로 정답입니다.
　　 (C) ❌ 질문과 무관한 대답입니다.

9. 미국 ↔ 영국

Do you want to ride the elevator or take the stairs?

(A) A five-minute wait.

(B) We should call the repairperson.

(C) The seminar is on this floor.

엘리베이터를 타실래요, 아니면 계단으로 가실래요?

(A) 5분의 대기 시간이요.

(B) 우리는 수리 기사를 불러야 해요.

(C) 세미나는 이 층에서 해요.

해설 (A) ❌ 질문의 ride, elevator를 듣고 연상할 수 있는 five-minute wait를 사용하여 혼동을 준 함정입니다.

(B) ❌ 질문의 elevator를 듣고 연상할 수 있는 repairperson을 사용하여 혼동을 준 함정입니다.

(C) ⊙ 세미나가 지금 있는 층에서 한다고 말하며 둘 다 선택하지 않은 대답이므로 정답입니다.

10. 미국 ↔ 호주

I can't find my wallet anywhere.

(A) I found it very difficult.

(B) Have you checked your bag?

(C) It's a fine day today.

제 지갑을 어디에서도 찾을 수가 없어요.

(A) 저는 그게 아주 어렵던데요.

(B) 가방 확인해 보셨어요?

(C) 오늘 날씨가 좋네요.

해설 (A) ❌ 질문의 find와 발음이 유사한 found를 사용하여 혼동을 준 함정입니다.
　　 (B) ⊙ 가방을 확인해 봤냐고 되물으며 질문에 적절히 대답했으므로 정답입니다.
　　 (C) ❌ 질문의 find와 발음이 유사한 fine을 사용하여 혼동을 준 함정입니다.

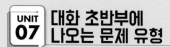

UNIT 07 대화 초반부에 나오는 문제 유형

Point ① Check up　　　　본서 P. 56

미국 ↔ 미국

> 🇼 Good morning. I'm Elizabeth Lopez from Ace Technologies. We received your job application, and I want to **set up a job interview** next week.
> 🇲 Yes, of course. I'll be free any time during the week.

> 🇼 안녕하세요. 저는 에이스 테크놀로지의 엘리자베스 로페즈입니다. 당신의 입사 지원서를 받았고, 다음 주에 **면접 약속을 잡고자** 합니다.
> 🇲 네, 알겠습니다. 저는 주중 아무 때나 시간이 됩니다.

Q. Why is the woman calling? 여자는 왜 전화를 하고 있는가?

(A) To inquire about a service 서비스에 관해 문의하려고

(B) To set up a job interview 채용 면접을 잡으려고

어휘 receive 받다 | job application 입사 지원서 | set up 잡다, 준비하다 | free 시간이 되는

Point ② Check up　　　　본서 P. 57

미국 ↔ 영국

> 🇲 Julia, I'm excited to be **working with you on this advertisement campaign** for our newest

client. You're one of the most creative designers I've ever worked with.

W Thank you. That means a lot.

M 줄리아, 저희 신규 고객을 위한 **이번 광고 캠페인 작업에 당신과 함께 일하게 돼서** 기뻐요. 당신은 제가 함께 일해 본 사람 중 최고로 창의적인 디자이너세요.

W 고마워요. 큰 힘이 되네요.

Q. Where do the speakers most likely work?
화자들은 어디서 일하겠는가?

(A) At an advertising agency 광고 대행사에서
(B) At a publishing house 출판사에서

어휘 excited 신이 난 | advertisement 광고 | newest 최신의, 신규의 | client 고객 | creative 창의적인 | agency 대행사 | publishing house 출판사

Point ❸ Check up   본서 P. 58

미국 ↔ 호주

W This is the newest edition of Unique Careers, **a TV show about people and their jobs.** Today's guest is Ryan West. We're glad to have you here, Ryan.

M Hello, thank you for having me.

W **사람들과 그들의 직업을 살펴보는 TV쇼** 유니크 커리어의 최신 회입니다. 오늘의 초대 손님은 라이언 웨스트입니다. 이 자리에 와 주셔서 좋네요. 라이언.

M 안녕하세요, 불러 주셔서 감사합니다.

Q. Where is the conversation most likely taking place?
대화는 어디에서 이뤄지고 있겠는가?

(A) At a broadcasting station 방송국에서
(B) At a department store 백화점에서

어휘 newest 최신의 | edition (방송물의 특정) 호[회] | job 직업 | gusest 초대 손님, 게스트

💡 실전 문제 풀어보기   본서 P. 61

| **1.** (D) | **2.** (C) | **3.** (D) | **4.** (B) | **5.** (A) | **6.** (C) |

미국 ↔ 미국

Questions 1-3 refer to the following conversation.

M Hello, Glenda. ¹ **I heard that three of our sewing machines are out of order.** Did you contact a repairperson to come and take a look at them?

W Yeah. ² **She came by the manufacturing plant earlier today** and indicated that some parts

need to be replaced. She said they'd be fixed by tomorrow afternoon.

M Alright. Meanwhile, ³ could you look over our inventory? We have to make sure that we'll be able to fill all of our fabric orders tomorrow.

1-3번은 다음 대화에 관한 문제입니다.

M 안녕하세요, 글렌다. **재봉틀 세 대가 고장 났다고 들었어요.** 수리공한테 연락해서 와서 살펴보라고 했나요?

W 네. 그녀가 오전 일찍 제조 공장에 들러서 일부 부품이 교체되어야 한다고 했어요. 내일 오후까지는 수리될 거라고 말하더군요.

M 알겠습니다. **그사이에 재고 목록을 검토해 줄래요?** 내일 원단 주문을 모두 다 처리해야 해서요.

1. What are the speakers discussing?
(A) Some shipments were damaged.
(B) An order has been delayed.
(C) A repairperson is not available.
(D) Some equipment is malfunctioning.

화자들은 무엇에 대해 이야기하고 있는가?
(A) 일부 배송품이 파손되었다.
(B) 주문이 지연되었다.
(C) 수리공이 시간이 없다.
(D) 일부 장비가 작동되지 않는다.

해설 남자가 재봉틀 세 대가 고장 났다는 소식을 들었다는 말로 대화를 시작하고 있어서 재봉틀 고장에 대한 대화임을 알 수 있으므로 (D)가 정답입니다.

2. Where do the speakers most likely work?
(A) At a laundry business
(B) At an electronics store
(C) At a factory
(D) At a farm

화자들은 어디서 일하겠는가?
(A) 세탁업체에서
(B) 전자기기 매장에서
(C) 공장에서
(D) 농장에서

해설 여자가 수리공이 오전 일찍 제조 공장에 들렀다고 말한 것으로 보아 화자들은 공장에서 일하는 사람들임을 알 수 있으므로 (C)가 정답입니다.

3. What does the man instruct the woman to do?
(A) Conduct a customer survey
(B) Order additional supplies
(C) Look over some contract terms
(D) Check some inventory

남자는 여자에게 무엇을 하라고 지시하는가?
(A) 고객 설문을 하라고
(B) 추가 물품을 주문하라고
(C) 계약 조건을 검토하라고
(D) 재고를 확인하라고

해설 남자의 마지막 대사에서 재고 목록을 검토해 줄 것을 요청하고
있으므로 (D)가 정답입니다.

영국 ↔ 미국

Questions 4-6 refer to the following conversation.

W Hi, my name is Megan Miller. ⁴ **I'm here to pick
up my medication.**

M ⁵ **I'm sorry, Ms. Miller, but unfortunately it's
not ready yet.**

W Really? ⁴ **But the clinic sent my prescription
to this pharmacy at least half an hour ago.**

M Well, we are very busy at the moment, so your
medication won't be ready for another 30
minutes. I'm sorry for the inconvenience.

W I understand. Well, ⁶ **I need to stop by the post
office next door anyway.** I'll be back in about
30 minutes then.

M Thank you for your understanding, Ms. Miller.

4-6번은 다음 대화에 관한 문제입니다.

W 안녕하세요, 제 이름은 메건 밀러입니다. **제 약을 찾으러 왔는데요.**

M **죄송합니다, 밀러 씨, 안타깝게도 아직 준비가 되지 않았습니다.**

W 정말요? **하지만 병원에서 적어도 30분 전에 이 약국으로 제 처방
전을 보냈어요.**

M 음, 저희가 지금은 매우 바쁘거든요. 그래서 손님의 약은 앞으로
30분 후에나 준비가 될 것 같습니다. 불편을 드려서 죄송합니다.

W 알겠습니다. 음, **제가 어차피 바로 옆 우체국에 들러야 해서요.** 그
럼 30분 후에 다시 올게요.

M 이해해주셔서 감사합니다. 밀러 씨.

4. Who most likely is the man?

(A) A teller

(B) A pharmacist

(C) A nurse

(D) A receptionist

남자는 누구이겠는가?

(A) 은행원

(B) 약사

(C) 간호사

(D) 접수원

해설 초반에 여자가 남자에게 약을 찾으러 왔다고 말하고, 여자의 두
번째 말에서도 병원에서 적어도 30분 전에 이 약국으로 처방전을
보냈다고 언급해 대화 장소가 약국임을 유추할 수 있습니다. 따라
서 남자는 약사임을 알 수 있으므로 (B)가 정답입니다.

5. Why does the man apologize to the woman?

(A) An order is not ready yet.

(B) The business is about to close.

(C) She was overcharged.

(D) He provided incorrect information.

남자는 왜 여자에게 사과하는가?

(A) 주문품이 아직 준비되지 않았다.

(B) 회사가 막 문을 닫으려고 한다.

(C) 여자에게 초과 청구되었다.

(D) 남자가 잘못된 정보를 제공했다.

해설 남자가 아직 준비가 되지 않았다고 말해 여자의 약이 아직 준비되
지 않은 것에 사과하고 있다는 것을 알 수 있으므로 (A)가 정답
입니다.

6. What will the woman probably do next?

(A) Get a refund

(B) Call a doctor

(C) Go next door

(D) Pay for a purchase

여자는 다음에 무엇을 할 것인가?

(A) 환불을 받는다

(B) 의사에게 전화를 건다

(C) 옆 건물로 간다

(D) 구매품을 지불한다

해설 후반부에서 여자가 어차피 바로 옆 우체국에 들러야 한다고 말하
며 30분 후에 다시 오겠다고 하므로 (C)가 정답입니다.

**UNIT 08 대화 중반부에
나오는 문제 유형**

Point ❶ Check up 본서 P. 62

영국 ↔ 미국

W **My laptop just ran out of battery.** Is there a
desk with an electrical outlet here in the library?

M Well, there are a few desks that have outlets.
Let me see.

W **제 노트북이 지금 배터리가 다 됐어요.** 이 도서관에 전기 콘센트
가 있는 책상이 있나요?

M 어, 콘센트가 있는 책상이 몇 개 있죠. 한번 볼게요.

Q. What is the woman concerned about?

여자는 무엇을 걱정하고 있는가?

(A) Her computer is low on power.

컴퓨터 배터리가 얼마 없다.

(B) She misplaced her laptop. 자신의 노트북을 찾을 수 없다.

어휘 laptop 노트북 | run out of 다 떨어지다 | electrical outlet
전기 콘센트 | a few 어느 정도, 조금 | misplace 찾지 못하다

Point ② Check up

본서 P. 63

미국 ↔ 호주

W Hello, I'm going to redo my garden next week, so I need to purchase some soil.

M OK. Is there a specific brand of soil you're looking for?

W Yes. Does your store carry Patsy's Mix? **I used it once for my front yard**, and I was very pleased with the results.

W 안녕하세요, 제가 다음 주에 정원을 다시 손질할 예정이어서 흙을 좀 구매하려고 합니다.

M 네. 특별히 찾는 브랜드가 있으신가요?

W 네. 팻시즈 믹스를 취급하시나요? **앞마당에 한 번 사용해 봤는데**, 결과가 아주 만족스러웠어요.

Q. What does the woman say about Patsy's Mix?

여자는 팻시즈 믹스에 대해 뭐라고 말하는가?

(A) She likes its texture. 그 질감을 좋아한다.

(B) She has previously used it. 이전에 써 본 적이 있다.

어휘 redo 다시 하다, 개조하다 | purchase 구매하다 | soil 흙 | specific 특정한 | look for ~을 찾다 | carry 취급하다 | front yard 앞마당 | be pleased with ~에 만족하다 | result 결과 | texture 질감 | previously 질감

Point ③ Check up

본서 P. 64

영국 ↔ 호주

W Hi, I'm interested in signing up for a **library card**.

M OK, fill out this form, please. And… um… do you have any photo identification?

W Here, I have a **driver's license**.

W 안녕하세요, **도서관 카드**를 신청하고 싶은데요.

M 네, 이 서류를 작성해 주세요. 그리고… 음… 혹시 사진이 부착된 신분증을 가지고 계신가요?

W 여기, 제 **운전 면허증**이요.

Q. What does the woman want to get?

여자는 무엇을 얻고자 하는가?

(A) A library card 도서관 카드

(B) A driver's license 운전 면허증

어휘 be interested in ~에 관심이 있다 | sign up for ~을 신청하다 | fill out 작성하다 | form 서식 | photo identification 사진이 부착된 신분증 | driver's license 운전 면허증

🔍 실전 문제 풀어보기

본서 P. 67

1. (D) **2.** (C) **3.** (D) **4.** (A) **5.** (A) **6.** (A)

미국 ↔ 호주

Questions 1-3 refer to the following conversation.

W Hi, ¹ I called yesterday about my laptop, which has been making a buzzing sound. I was told to bring it in.

M Oh, I'm the one you talked to. Now, usually ² a buzzing sound occurs when the fan is broken. You'll have to replace it, and that'll cost 30 dollars.

W OK, that's fine. ³ But how long will it take? I have an important meeting this afternoon, and I need my laptop for that.

M Don't worry. It'll only take about 10 minutes.

1-3번은 다음 대화에 관한 문제입니다.

W 안녕하세요. 제 노트북 컴퓨터에서 윙 하는 소리가 나서 어제 전화를 드렸어요. 들고 오라고 하시더군요.

M 아, 제가 통화했던 사람이에요. 보통 윙 하는 소리가 나는 건 팬이 고장 났을 때 발생하거든요. 그걸 교체하셔야 하는데, 비용은 30달러입니다.

W 좋아요. 그렇게 해주세요. 근데 그게 얼마나 걸릴까요? 제가 오늘 오후에 중요한 회의가 있는데, 그 회의에 제 노트북 컴퓨터가 필요해서요.

M 그건 걱정 마세요. 10분 정도밖에 안 걸릴 거예요.

1. Where most likely are the speakers?

(A) At a car factory

(B) At a trade fair

(C) At a department store

(D) At a computer repair shop

화자들은 어디에 있겠는가?

(A) 자동차 공장에

(B) 무역 박람회에

(C) 백화점에

(D) 컴퓨터 수리점에

해설 첫 문장에서 여자가 노트북 컴퓨터에서 윙하는 소리가 나서 어제 전화를 했더니 들고 오라고 했다고 말하므로 컴퓨터 수리를 위해 방문한 장소임을 유추할 수 있습니다. 따라서 (D)가 정답입니다.

2. What problem does the man mention?

(A) Technicians are unavailable.

(B) Some supplies are not in stock.

(C) A part needs to be replaced.

(D) A document has been misplaced.

남자는 어떤 문제점을 언급하는가?

(A) 기술자들을 만날 수 없다.

(B) 일부 자재들이 재고가 없다.

(C) 부품이 교체되어야 한다.

(D) 서류가 분실되었다.

해설 남자는 윙 하는 소리가 나는 건 팬이 고장 났을 때 발생하니까 고치려면 그걸 교체해야 하고, 비용은 30달러라고 말하므로 (C)가 정답입니다.

3. What does the woman ask the man about?

(A) When a warranty ends

(B) Where a store is located

(C) How much a service costs

(D) How long some work will take

여자는 남자에게 무엇에 대해 묻는가?

(A) 언제 품질 보증이 끝나는지

(B) 어디에 가게가 있는지

(C) 서비스 비용이 얼마인지

(D) 그 작업에 시간이 얼마나 걸리는지

해설 여자가 작업 시간이 얼마나 걸릴지 물어보므로 (D)가 정답입니다.

미국 ↔ 호주 ↔ 영국

Questions 4-6 refer to the following conversation with three speakers.

W1 Pardon me, ⁴ you're the manager, right?

M ⁴ Yes, what can I do for you?

W1 Well, ⁴ I ordered the dessert special 20 minutes ago, and I still haven't gotten it.

M Hmm… ⁴ May I ask who your server is?

W1 Stephanie.

M I'll look into this right away. ⁵ Stephanie, this customer has been here for 20 minutes waiting for her dessert.

W2 ⁵ I'm really sorry… I asked the chef to hurry, but the kitchen's really busy today.

M ⁶ I'll talk to the chef and make sure the dessert is sent out as soon as possible.

4-6번은 다음 세 화자의 대화에 관한 문제입니다.

W1 실례합니다. 당신이 지배인이군요, 맞으시죠?

M 네, 무엇을 도와 드릴까요?

W1 음, 20분 전에 특별 디저트 메뉴를 주문했는데, 아직 안 나와서요.

M 네… 담당 종업원이 누구인지 여쭤봐도 될까요?

W1 스테파니예요.

M 바로 알아보도록 하겠습니다. 스테파니, 이 손님이 20분 동안 디저트를 기다리고 계시네요.

W2 정말 죄송합니다… 주방장에게 서둘러 달라고 요청했는데. 오늘은 주방이 정말 바쁘네요.

M 되도록 빨리 디저트를 내달라고 주방장에게 일러두겠습니다.

4. Who most likely is the man?

(A) Restaurant manager

(B) Factory director

(C) Computer technician

(D) Hotel supervisor

남자는 누구겠는가?

(A) 식당 지배인

(B) 공장 감독관

(C) 컴퓨터 기술자

(D) 호텔 관리자

해설 첫 번째 여자가 남자에게 지배인인지 물었고, 20분 전에 디저트를 주문했다는 말을 하는 것으로 보아 남자의 직업이 식당 지배인임을 알 수 있으므로 (A)가 정답입니다.

5. Why does Stephanie apologize to the customer?

(A) An order has been delayed.

(B) A package was damaged.

(C) A receipt was not given.

(D) A Web page is unavailable.

스테파니는 왜 손님에게 사과하는가?

(A) 주문이 지연되었다.

(B) 소포가 파손되었다.

(C) 영수증을 주지 않았다.

(D) 웹페이지를 이용할 수 없다.

해설 남자가 두 번째 여자를 스테파니라고 부르며, 손님이 디저트를 20분 넘게 기다리고 있다고 하자 스테파니가 미안하다고 사과한 것이므로 (A)가 정답입니다.

6. What does the man say he will do?

(A) Talk to a worker

(B) Process a credit card

(C) Provide a coupon

(D) Call a supplier

남자는 무엇을 하겠다고 말하는가?

(A) 직원과 이야기하겠다고

(B) 신용카드 결제를 처리하겠다고

(C) 쿠폰을 제공하겠다고

(D) 공급업체에 전화하겠다고

해설 남자가 대화 마지막에 주방장에게 얘기해서 디저트가 빨리 나올 수 있도록 하겠다고 말했으므로 (A)가 정답입니다.

UNIT 09 대화 후반부에 나오는 문제 유형

Point 1 Check up

본서 P. 68

호주 ↔ 미국

M Some of us from the marketing team will be volunteering at Griffith Park this Sunday afternoon. Would you like to help out?

W I have to attend a housewarming party that evening, so I have to leave by 5:00 p.m. Would we be done by then?

Ⓜ Don't worry. We'll be finished before five. I'm going to add you to the volunteer list for this Sunday then.

Ⓜ 마케팅팀 우리 중 몇 명이 이번 주 일요일 오후에 그리피스 공원에서 자원봉사를 할 예정이에요. 도와주실래요?

Ⓦ **제가 그날 저녁에 집들이에 참석해야 해서,** 오후 5시에는 가야 해요. 그때쯤에는 끝날까요?

Ⓜ 걱정 마세요. 5시 전에는 끝날 거예요. 그럼 이번 주 일요일 자원봉사자 명단에 당신을 추가할게요.

Q. What will the woman plan to do?

여자는 무엇을 할 계획인가?

(A) Go to a party 파티에 간다
(B) Add to a list 목록에 추가한다

어휘 volunteer 자원봉사 하다 | have to ~해야 한다 | attend 참석하다 | housewarming party 집들이 | leave 떠나다 | add 추가하다 | volunteer list 자원봉사자 명단

Point ❷ Check up 본서 P. 69

영국 ↔ 미국

Ⓦ Actually, I did some freelancing while studying. I designed the layout of an advertising agency's website.

Ⓜ Interesting. **Do you mind emailing me its address** so that I can check out your work?

Ⓦ Not at all. **I'll do that now.**

Ⓦ 사실, 제가 공부하는 동안 프리랜서로 일을 조금 했습니다. 한 광고 대행사 웹사이트의 레이아웃을 디자인했어요.

Ⓜ 흥미롭군요. 귀하의 작업물을 확인해 볼 수 있게 **그곳 주소를 제게 이메일로 보내 주시겠어요?**

Ⓦ 물론이죠. **지금 보내 드릴게요.**

Q. What will the woman do next?

여자는 다음에 무엇을 할 것인가?

(A) Speak to a supervisor 상사에게 이야기한다
(B) Send a website address 웹사이트 주소를 보낸다

어휘 actually 실은, 사실은 | freelancing 자유 계약 업무 | layout 레이아웃 배치 | Do you mind -ing ~해 줄래요? | address 주소 | so that ~하도록 | check out 확인하다 | work 작업물, 작품 | not at all 그럼요, 전혀요

Point ❸ Check up 본서 P. 70

호주 ↔ 영국

Ⓜ Hmm… If I remember right, there's a parking garage on the next block. Maybe we can park there.

Ⓦ OK. And after we park, **let's stop by a café** and get some coffee on the way to the conference hall.

Ⓜ 음… 제 기억이 맞다면, 다음 블록에 주차장이 있어요. 아마 거기에 주차할 수 있을 거예요.

Ⓦ 좋아요. 그리고 주차하고 나서, 회의장으로 가는 길에 **카페에 들러서** 커피 좀 사죠.

Q. What does the woman suggest doing?

여자는 무엇을 하자고 제안하는가?

(A) Parking to the next block 다음 블록에 주차하자고
(B) Going to a café 카페에 가자고

어휘 remember 기억하다 | parking garage 주차장 | park 주차하다 | stop by ~에 들르다 | on the way to ~로 가는 길에 | conference hall 회의장

⚙ 실전 문제 풀어보기 본서 P. 73

1. (B) **2.** (A) **3.** (B) **4.** (B) **5.** (A) **6.** (C)

영국 ↔ 호주

Questions 1-3 refer to the following conversation.

Ⓦ Frank, I have a customer on the phone right now. She placed an order for laptop model AX920 in blue yesterday. ¹ However, she has changed her mind about the color and now wants it in black. Can we do that for her?

Ⓜ Usually, we could just change the order, but I know for a fact that ² we are out of black models. We won't be getting a new shipment until next month.

Ⓦ Oh, I see. So ³ is there anything I can do for the customer?

Ⓜ ³ You could ask her if she wants to change her order to the AX921 in black. The price is slightly higher, but that model has a faster processor.

1–3번은 다음 대화에 관한 문제입니다.

Ⓦ 프랭크, 지금 고객과 통화하고 있는데요. 어제 노트북 모델 AX920을 파란색으로 주문했대요. **그런데 색상에 대한 생각이 바뀌어서 이제 검은색을 원하고 있어요.** 우리가 그걸 해줄 수 있나요?

Ⓜ 보통 우리는 주문을 그냥 바꿔줄 수 있지만, **검은색 모델의 재고가 없는 걸로 알아요.** 다음 달이 되어야 새로 물건이 들어올 거예요.

Ⓦ 아, 알겠어요. 그러면 **고객을 위해 제가 해줄 수 있는 게 있나요?**

Ⓜ **고객에게 주문을 검은색 AX921로 바꾸고 싶은지 물어볼 수 있을 것 같아요.** 가격은 약간 높지만, 그 모델의 프로세서가 더 빨라서요.

1. What does the customer want to change about her order?
   (A) The amount
   (B) The color
   (C) The model number
   (D) The delivery address

   고객은 자신의 주문에 대해 무엇을 변경하고 싶어 하는가?
   (A) 양
   (B) 색상
   (C) 모델 번호
   (D) 배달 주소

   해설 대화의 첫 부분에서 여자가 고객이 노트북 모델을 파란색으로 주문했는데, 색상에 대한 생각이 바뀌어서 이제 검은색을 원하고 있다고 말하므로 (B)가 정답입니다.

2. What problem does the man mention?
   (A) An item is out of stock.
   (B) An order was shipped early.
   (C) An online form did not work.
   (D) A shipment was delayed.

   남자는 어떤 문제점을 언급하는가?
   (A) 물품이 품절되었다.
   (B) 주문이 일찍 배송되었다.
   (C) 온라인 서식이 작동하지 않았다.
   (D) 배송이 지연되었다.

   해설 대화 중반부에서 남자가 보통은 주문을 바꿔줄 수 있지만 검은색 모델의 재고가 없는 걸로 알고 있다고 말하므로 (A)가 정답입니다.

3. What will the woman probably do next?
   (A) Give a refund
   (B) Suggest a different model
   (C) Request that the customer reorder
   (D) Contact a supplier

   여자는 다음에 무엇을 하겠는가?
   (A) 환불해 준다
   (B) 다른 모델을 제안한다
   (C) 고객이 재주문할 것을 요청한다
   (D) 공급업체에 연락한다

   해설 대화의 마지막 부분에서 여자가 고객을 위해 자신이 할 수 있는 게 있는지 물었고, 남자가 주문을 검은색 다른 모델로 바꾸고 싶은지 물어볼 수 있을 거라고 말하므로 여자는 고객에게 다른 모델을 제안할 것임을 알 수 있습니다. 따라서 (B)가 정답입니다.

Questions 4-6 refer to the following conversation.

W Derek, ⁴ we're taking all of the new interns to lunch at the pizza and pasta restaurant tomorrow. Would you like to join us?

M I'd love to, ⁵ but I have to prepare for an important presentation about this year's sales at the 2 o'clock meeting with the Vice President. Have you made a reservation yet?

W Hmm, do you think I should?

M Yes, that place gets pretty busy, so ⁶ you should reserve a spot.

4-6번은 다음 대화에 관한 문제입니다.

W 데렉, 내일 점심때 새로 온 인턴들을 피자와 파스타 식당에 데려가려고 해요. 우리와 함께 하시겠어요?

M 그러고 싶지만, 부사장님이 참석하시는 2시 회의에서 올해 매출액에 대한 중요한 발표를 준비해야 해요. 벌써 예약했나요?

W 음, 제가 예약해야 할까요?

M 네, 그곳은 꽤 붐빌 테니까 자리를 예약하셔야 해요.

4. What are the speakers mainly discussing?
   (A) A conference
   (B) Lunch plans
   (C) Theater performances
   (D) A budget

   화자들은 주로 무엇에 대해 이야기하고 있는가?
   (A) 콘퍼런스
   (B) 점심 계획
   (C) 연극 공연
   (D) 예산

   해설 여자가 점심때 인턴들을 식당에 데려가려고 하는데 같이 가겠냐고 물으며 대화가 시작되고 있으므로 점심 계획에 대한 이야기가 전개될 것임을 알 수 있습니다. 따라서 (B)가 정답입니다.

5. Why is the man unable to attend?
   (A) He has to get ready for a presentation.
   (B) He will go on a vacation.
   (C) He will be interviewing candidates.
   (D) He must visit another branch.

   남자는 왜 참석할 수 없는가?
   (A) 발표 준비를 해야 한다.
   (B) 휴가를 떠날 것이다.
   (C) 지원자 면접을 할 것이다.
   (D) 다른 지점을 방문해야 한다.

   해설 남자가 부사장님이 참석하는 회의에서 올해 매출액에 대한 발표를 준비해야 한다고 말하므로 (A)가 정답입니다.

6. What does the man suggest?
   (A) Canceling a meeting
   (B) Reviewing a document
   (C) Booking a table
   (D) Paying in advance

   남자는 무엇을 제안하는가?
   (A) 회의를 취소할 것
   (B) 서류를 검토할 것
   (C) 테이블을 예약할 것
   (D) 미리 지불할 것

   해설 여자가 예약을 해야 하는지 묻자 남자가 그곳은 붐빌 테니까 자리를 예약해야 한다고 말하므로 (C)가 정답입니다.

UNIT 10 화자 의도 파악 / 시각 자료 연계 문제

Point ❶ Check up
본서 P. 75

영국 ↔ 호주

> W Hey, Jack. **What's the best way to get to** the Broadlight Theater on Friday?
>
> M Oh! Well, if you are interested, several of us from Accounting are also going to watch a movie after work that day. And **Keisha owns a minivan**.
>
> W That sounds good.

> W 저기, 잭. 금요일에 브로드라이트 극장까지 **어떻게 가는 게 가장 좋은가요?**
>
> M 애 음, 관심 있으시면 우리 회계팀 직원들 몇 명도 그날 퇴근하고 영화를 보러 가거든요. 그리고 **케이샤에게 미니밴이 한 대 있고요.**
>
> W 그거 좋은데요.

Q. Why does the man say, "Keisha owns a minivan"?
남자는 왜 "케이샤에게 미니밴이 한 대 있다"라고 말하는가?

(A) To request a parking permit 주차권을 요청하려고
(B) To suggest sharing a ride 차를 같이 탈 것을 제안하려고

어휘 get to ~에 도착하다 | accounting 회계(팀) | own 소유하다

Point ❷ Check up
본서 P. 77

미국 ↔ 미국

> W Excuse me. I'm here for a meeting at Kelmore Legal, but I can't seem to find the office.
>
> M Kelmore actually has offices on two different floors. Who are you meeting, exactly?
>
> W I'm meeting Rupert Linch.
>
> M Oh, I know him quite well. You'll want to go to the 3rd floor then. **His room is the one on the left as soon as you enter the office.**
>
> W Thank you.

3층 – 켈모어 법률회사		
	301	창고
입구		
	302	주방

> W 실례합니다. 켈모어 법률회사에서 회의가 있어서 왔는데, 사무실을 못 찾겠네요.
>
> M 사실 켈모어는 사무실이 두 층에 나뉘어 있어요. 정확히 어느 분을 만나기로 하셨나요?

> W 루퍼트 린치와 만나기로 했어요.
>
> M 아, 그분이라면 제가 잘 알죠. 그럼 3층으로 가시면 됩니다. **사무실에 들어가자마자 왼쪽에 있는 방이 그분 사무실입니다.**
>
> W 감사합니다.

Q. Look at the graphic. Which room is Rubert Linch located in? 시각 자료를 보세요. 루퍼트 린치는 어느 방에 있나요?

(A) Room 301 301호
(B) Room 302 302호

어휘 seem ~인 것 같다 | find 찾다 | floor 층 | exactly 정확히 | as soon as ~하자마자 | enter 들어오다

💡 실전 문제 풀어보기
본서 P. 81

1. (A) **2.** (B) **3.** (A) **4.** (D) **5.** (B) **6.** (C)

미국 ↔ 미국

> **Questions 1-3** refer to the following conversation.
>
> W Excuse me. I think you gave me the wrong meal.
>
> M Oh, that's the vegetarian dish.
>
> W But I asked for the steak.
>
> M Well, ¹ according to our list, you requested a special meal when you made your reservation.
>
> W I'm sorry, but **there must have been some kind of mistake**. ² I booked my flight just yesterday, so I would remember if I ordered something in advance.
>
> M I see. Give me a moment, and ³ I'll check with the head flight attendant to solve the problem.

1-3번은 다음 대화에 관한 문제입니다.

> W 실례합니다. 음식을 잘못 가져다주신 것 같은데요.
>
> M 아, 이건 채식주의자용 식사입니다.
>
> W 하지만 저는 스테이크를 요청했는데요.
>
> M 음, 저희 목록에는 손님께서 예약하실 때 특식을 주문하신 걸로 되어 있어요.
>
> W 죄송하지만, **뭔가 실수가 있었던 것 같은데요.** 제가 어제 항공편 예약을 해서, 제가 미리 뭘 주문했다면 기억이 날 텐데요.
>
> M 알겠습니다. 잠시만 기다려 주시면 **수석 승무원과 확인하고 문제를 해결하도록 하겠습니다.**

1. What does the woman mean when she says, "there must have been some kind of mistake"?

(A) An order is incorrect.
(B) A package has not arrived.
(C) A price is wrong.

(D) A credit card was not accepted.

여자가 "뭔가 실수가 있었던 것 같은데요"라고 말할 때 그녀가 의미하는 것은?

(A) **주문이 잘못되었다.**

(B) 소포가 도착하지 않았다.

(C) 가격이 잘못되었다.

(D) 신용카드로 계산할 수 없었다.

해설 남자가 예약할 때 특식을 요청한 걸로 나와 있다고 하자, 여자가 실수가 있었던 것 같다고 말한 것이므로 주문이 잘못되었음을 의미합니다. 따라서, (A)가 정답입니다.

2. What does the woman say she did yesterday?

(A) Book a hotel

(B) **Reserve a flight**

(C) Purchase a bag

(D) Depart from a city

여자는 어제 무엇을 했다고 말하는가?

(A) 호텔을 예약했다

(B) **항공편을 예약했다**

(C) 가방을 구입했다

(D) 도시에서 출발했다

해설 여자가 어제 항공편을 예약했다고 말했으므로 (B)가 정답입니다.

3. What will the man do next?

(A) **Consult a coworker**

(B) Bring some snacks

(C) Look for storage space

(D) Check a list

남자는 다음에 무엇을 할 것인가?

(A) **동료와 상의한다**

(B) 간식을 가져온다

(C) 저장 공간을 찾아본다

(D) 목록을 확인한다

해설 남자가 수석 승무원에게 확인해서 문제를 해결하겠다고 말했으므로 (A)가 정답입니다.

미국 ↔ 호주

Questions 4-6 refer to the following conversation and map.

W Ted, ⁴ the university is closing the parking lot next to the International Student Housing complex this Friday for repairs.

M Did they mention where students should park during that time?

W They should park in Lot B until the repairs are done.

M Oh, that's pretty far from the complex. ⁵ And when it snows, the streets here become pretty slippery.

W That shouldn't be a problem. ⁶ The university is arranging for a shuttle to transport residents from the lot to the complex.

4-6번은 다음 대화와 지도에 관한 문제입니다.

주차장 D		주차장 A	
국제 학생 기숙사		축구 경기장	주차장 B
			주차장 C

W Ted, 대학 측에서 수리 때문에 이번 주 금요일에 **국제 학생 기숙사** 단지 옆에 있는 주차장을 폐쇄한대요.

M 그 기간 동안 학생들이 어디에 주차해야 하는지 언급하던가요?

W 수리가 끝날 때날 B 주차장을 이용해야 해요.

M 아, 거긴 단지에서 꽤 멀잖아요. **그리고 눈이 오면 이곳 도로가 꽤 미끄러워요.**

W 그건 문제가 안 될 거예요. 학교에서 거주자들을 주차장에서 단지까지 데려다 줄 셔틀버스를 준비할 거니까요.

4. Look at the graphic. Which parking lot will be closed?

(A) Parking Lot A

(B) Parking Lot B

(C) Parking Lot C

(D) **Parking Lot D**

시각 자료를 보시오. 어느 주차장이 폐쇄될 것인가?

(A) A 주차장

(B) B 주차장

(C) C 주차장

(D) **D 주차장**

해설 대화 처음에 여자가 남자에게 대학 측에서 수리 때문에 국제 학생 기숙사 단지 옆에 있는 주차장을 폐쇄한다고 말했고, 지도에서 International Student Housing 옆 주차장은 Parking Lot D 이므로 (D)가 정답입니다.

5. What is the man concerned about?

(A) Parking availability

(B) **Street conditions**

(C) Heavy traffic

(D) Housing fees

남자는 무엇에 대해 걱정하는가?

(A) 주차장 이용 가능성

(B) **도로 상태**

(C) 교통 체증

(D) 주거비

해설 남자가 눈이 오면 길들이 상당히 미끄러워진다고 말했으므로 남자는 도로 상태에 대해 걱정하고 있습니다. 따라서, (B)가 정답입니다.

6. What does the woman say the university will do?

(A) Distribute maps

(B) Hire more security guards

(C) **Provide some transportation**

(D) Reimburse students

여자는 대학이 무엇을 할 거라고 말하는가?

(A) 지도를 배포한다
(B) 경비원을 더 채용한다
(C) 교통편을 제공한다
(D) 학생들에게 비용을 환급해준다

해설 여자가 대학 측에서 거주자들을 주차장에서 단지까지 데려다 줄 셔틀버스를 준비할 거라고 말했으므로 (C)가 정답입니다.

화자는 청자들에게 무엇에 관해 주의를 주는가?

(A) 마감 시간
(B) 처리 시간

어휘 be pleased with ~에 기뻐하다 | turnout 참가자 수 | job fair 직업 박람회 | demonstrate 시연하다, 보여주다 | fill out 작성하다 | application 지원(서) | form 양식 | click on 클릭하다 | career 경력, 직업 | create 만들다 | account 계정 | enter 입력하다 | warn 주의를 주다 | at least 최소한 | process 진행되다

UNIT 11 필수 담화 유형 1

LC

Point 1 Check up

영국

본서 P. 83

Ⓦ I'm pleased with the turnout at our booth today at the **job fair**. Thank you for **your interest in working for** Gloucester Textiles. I'm going to demonstrate how to fill out our application form. After you find our website, click on the Careers menu. **First, you will need to create an account.** Then you can enter your personal information. Now, **I have to warn you**. These applications **take at least a month to process**.

Ⓦ 오늘 **직업 박람회**에 저희 부스 참석자 수를 보니 뿌듯하네요. 글로스터 섬유 **입사에 관심을 가져주셔서** 감사합니다. 저희 지원서를 작성하는 방법을 알려 드릴게요. 웹사이트를 찾으신 후, '직업' 메뉴를 클릭하세요. **먼저, 계정을 만들어야 할 거예요.** 그다음, 개인 정보를 입력하세요. 자, **주의하세요**. 지원서가 **처리되는 데 최소 한 달 걸립니다**.

1. Who most likely are the listeners?
   (A) Job candidates
   (B) Conference organizers
   청자들은 누구겠는가?
   (A) 취업 준비생
   (B) 콘퍼런스 주최자

2. According to the speaker, what should the listeners first do on a website?
   (A) Make an appointment
   (B) Set up an account
   화자에 따르면, 청자들은 웹사이트에서 무엇을 먼저 해야 하는가?
   (A) 약속을 잡는다
   (B) 계정을 만든다

3. What does the speaker warn the listeners about?
   (A) A closing hour
   (B) A processing time
   화자는 청자들에게 무엇에 관해 주의를 주는가?
   (A) 마감 시간
   (B) 처리 시간

Point 2 Check up

미국

본서 P. 85

Ⓜ Hello, David. I was going over our revenue and **student numbers for our classes** this quarter. I think it's time we start **hiring more instructors** so that we can host more classes. I know you're concerned about not being able to find the instructors we're looking for. Not to worry. I reached out to a recruitment agency, and they want to have a meeting with us. I left their contact details on your desk. **Could you organize a meeting** for next week sometime? Thank you.

Ⓜ 데이비드, 안녕하세요. 제가 이번 분기 **저희 수업의 학생 수**와 수익을 검토하고 있는데요. 수업을 더 늘리려면 **강사를 더 채용해야** 할 때인 것 같아요. 저희가 구하려는 강사를 찾지 못할까 봐 걱정하시는 걸 알고 있어요. 걱정 마세요. 제가 채용 대행사에 연락했는데, 그쪽에서 회의 자리를 마련하고 싶어 해요. 당신 책상에 연락 정보를 남겨 놨어요. 다음 주 중으로 **회의를 잡아 주실래요**? 고마워요.

1. What type of industry does the speaker most likely work in?
   (A) Education
   (B) Manufacturing
   화자는 어떤 종류의 업계에서 일하겠는가?
   (A) 교육
   (B) 제조

2. What does the speaker suggest doing?
   (A) Moving to a new office
   (B) Hiring new employees
   화자는 무엇을 하자고 제안하는가?
   (A) 새로운 사무실로 이사하자고
   (B) 신규 직원들을 채용하자고

3. What does the speaker ask the listener to do?
   (A) Arrange a meeting
   (B) Post an announcement
   화자는 청자에게 무엇을 해달라고 요청하는가?
   (A) 회의를 잡아달라고
   (B) 공지를 올려달라고

어휘 go over 점검하다, 검토하다 | revenue 수익 | quarter 분기 | hire 고용하다 | instructor 강사 | host 주최하다 | look for 찾다 | not to worry 걱정할 것 없다 | reach out to ~에 연락하다 | recruitment agency 채용 대행사 | leave 남기다 | contact detail 연락처 | organize 계획하다, 준비하다

실전 문제 풀어보기
본서 P. 89

1. (C) **2.** (A) **3.** (A) **4.** (C) **5.** (B) **6.** (A)

미국

Questions 1-3 refer to the following announcement.

W ¹ Attention, Thunderbolt Railways passengers. ² Why not avoid waiting in line by trying out our new automated ticketing machines located near the main ticket counter? You can purchase your train tickets much more quickly and easily with these machines. ³ The touch-screen monitors make the ticket-purchasing process so simple that anyone can do it. If you do have any problems using the system, please inform one of our employees at the information desk. Thank you for choosing Thunderbolt Railways.

1-3번은 다음 안내 방송에 관한 문제입니다.

W 썬더볼트 철도 승객 여러분께 안내 말씀 드립니다. 줄 서서 기다리지 마시고, 주 매표소 근처에 위치해 있는 새 자동 발권기들을 사용해 보시는 게 어떨까요? 승객 여러분들께서는 이 기계들을 이용해 기차표를 훨씬 더 빠르고 쉽게 구매하실 수 있습니다. 터치스크린 모니터로 인해 구매 절차가 누구나 할 수 있을 만큼 간단합니다. 시스템을 사용하시는 데 문제가 있으시면, 안내 데스크에 있는 저희 직원에게 알려주세요. 썬더볼트 철도를 이용해 주셔서 감사합니다.

1. Where most likely is this announcement being made?
(A) On a tour bus
(B) At an airport
(C) At a train station
(D) At a boat terminal

안내 방송이 이루어지는 장소는 어디겠는가?
(A) 관광버스에서
(B) 공항에서
(C) 기차역에서
(D) 여객선 터미널에서

해설 첫 문장에서 '썬더볼트 철도 승객 여러분'이라고 언급했으므로 (C)가 정답입니다.

2. What is the speaker mainly talking about?
(A) A new ticketing system

(B) A revised train schedule
(C) A power failure
(D) An expanded waiting area

화자는 주로 무엇에 대해 이야기하고 있는가?
(A) 새로운 매표 시스템
(B) 수정된 열차 시간표
(C) 정전
(D) 확장된 대합실

해설 안내 방송의 앞부분에서 주 매표소 근처에 새 자동 발권 기계들이 설치되었음을 말하고 있고 이후에도 사용법과 관련된 안내를 하고 있으므로 (A)가 정답입니다.

3. What does the speaker say about the machines?
(A) They have touch-screen monitors.
(B) They are located near the main entrance.
(C) They are only available in English.
(D) They are currently out of order.

기계에 관하여 화자는 뭐라고 말하는가?
(A) 터치스크린 모니터가 있다.
(B) 정문 근처에 위치해 있다.
(C) 영어로만 이용 가능하다.
(D) 현재 고장 나 있다.

해설 터치스크린 모니터로 간단하게 티켓을 구매할 수 있다고 했으므로 (A)가 정답입니다.

호주

Questions 4-6 refer to the following telephone message and weather forecast.

M Hello, this is Izumi. ⁴ I have some information regarding the book sale that we're planning. I checked the weather forecast again, and I think we need to hold the sale inside. ⁵ Although it should be clear by then, there are still two days of heavy snow before the day of the sale. So I'm concerned because the grounds might still be slippery. Oh, and as I recall, ⁶ you're in charge of contacting the bookstores, right? Can you give them a call to let them know about the move?

4-6번은 다음 전화 메시지와 일기 예보에 관한 문제입니다.

월	화	수	목	금

M 안녕하세요. 이주미입니다. 우리가 준비 중인 도서 판매에 관한 몇 가지 정보가 있어요. 일기 예보를 다시 확인해 봤는데요, 판매는 실내에서 해야 할 것 같아요. 그때쯤이면 날씨가 개긴 하겠지만, 판매 당일 전에 이틀 동안 폭설이 내릴 거예요. 그래서 땅이 여전히 미끄러울까 봐 걱정이에요. 아, 그리고 제 기억에 따르면 당신이 서점 연락을 담당하고 있는데, 맞죠? 서점에 전화해서 장소 이동에 관해 알려 주시겠어요?

4. Who most likely is the speaker?

(A) An author

(B) A publishing agent

(C) An event coordinator

(D) A journalist

화자는 누구겠는가?

(A) 저자

(B) 출판사 직원

(C) 행사 기획자

(D) 기자

해설 화자가 전화 메시지 초반에 준비 중인 도서 판매에 대해 안내할 것이 있다고 말한 것으로 보아 화자는 행사 담당자임을 알 수 있으므로 (C)가 정답입니다.

5. Look at the graphic. What day will the sale take place?

(A) Tuesday

(B) Wednesday

(C) Thursday

(D) Friday

시각 자료를 보시오. 판매는 어느 요일에 할 것인가?

(A) 화요일

(B) 수요일

(C) 목요일

(D) 금요일

해설 판매를 실내에서 해야 할 것 같다고 말하며 그때쯤엔 날씨가 개일 테지만 판매 당일 전에 이틀간 폭설이 예보돼 있다고 했고, 일기 예보상 폭설이 있는 날은 월요일과 화요일이므로 판매일은 그 다음 날인 수요일임을 알 수 있습니다. 따라서 (B)가 정답입니다.

6. What is the listener asked to do?

(A) Contact some businesses

(B) Create a floor plan

(C) Reschedule an event

(D) Order some supplies

청자는 무엇을 하도록 요청받는가?

(A) 몇몇 업체들에 연락한다

(B) 평면도를 작성한다

(C) 행사 일정을 다시 잡는다

(D) 몇 가지 비품을 주문한다

해설 화자가 청자에게 서점에 연락을 취하는 담당자가 맞는지 확인하며, 서점에 장소 이동에 대해 알려줄 것을 요청했으므로 (A)가 정답입니다.

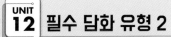

Point ① Check up   본서 P. 91

미국

W Hello and welcome to **How To Save** on KMLO Radio. I'm your host, Stacy Marvin. Today, we will offer some **money saving tips** that will keep your wallet full even in this busy holiday season. Joining us next, we'll have Joyce Stanton. She is the highly acclaimed **author** of the **new book**, *Tips for Shopping*. In the book, Joyce suggests several ways to save money and get better deals when you shop. Anyway, let's hear some of the **tips** directly **from** Joyce.

W 안녕하십니까, 케이엠엘오 라디오 방송국의 〈어떻게 절약할 것인가〉 쇼에 오신 것을 환영합니다. 저는 여러분의 진행자인 스테이시 마빈입니다. 오늘은 이렇게 정신없이 바쁜 연휴 기간에도 여러분의 지갑을 가득 차게 유지할 수 있는 돈 절약 팁을 알려 드리고자 합니다. 이제, 조이스 스텐튼이 함께해 주실 것입니다. 그녀는 새로 나온 책 〈쇼핑을 위한 팁〉으로 널리 호평 받고 있는 저자입니다. 그 책에서, 조이스는 여러분께서 돈을 절약하면서 더 저렴하게 쇼핑하는 다양한 방법들을 제안하고 있습니다. 어쨌든, 조이스에게서 직접 몇몇 조언들을 들어봅시다.

1. What is the topic of the radio program?

(A) Saving money

(B) Fashion trends

라디오 프로그램의 주제는 무엇인가?

(A) 돈 절약

(B) 패션 경향

2. What did Joyce Stanton do recently?

(A) Go shopping

(B) Publish a book

조이스 스텐튼은 최근에 무엇을 했는가?

(A) 쇼핑을 갔다

(B) 책을 출간했다

3. What will Joyce Stanton probably do next?

(A) Answer questions from listeners

(B) Give some advice

조이스 스텐튼은 다음에 무엇을 할 것인가?

(A) 청취자들의 질문에 대답한다

(B) 조언을 해준다

어휘 host 진행자 | saving 절약, 모으기 | tip (실용적인) 조언 | highly acclaimed 널리 호평을 받는 | author 저자 | suggest 제안하다 | way 방법 | directly 직접

미국

Ⓜ Tired of the same old thing? If you want something new and fresh, come visit us at Organic Ranch. We **offer** an extensive **breakfast** and **lunch menu** — all **served** with the **freshest** meats and vegetables. Our chéfs select the **finest** products — it's almost as if we grew them ourselves. And for first-time customers, all breakfast orders come with a **complimentary** morning **coffee**. Visit us at Organic Ranch today!

Ⓜ 매일 똑같은 것이 지겨우신가요? 무언가 새롭고 신선한 것을 찾고 계신다면, 저희 올가닉 랜치를 방문해 보세요. 저희는 다양한 아침과 점심 메뉴를 제공하고 있습니다. 가장 신선한 고기와 채소로 제공합니다. 저희 요리사들이 마치 직접 재배한 것 같은 가장 좋은 제품들을 선별합니다. 그리고 처음으로 방문하는 고객분들께는 모든 아침 식사 주문 시 무료 모닝커피를 제공해 드립니다. 오늘 바로 올가닉 랜치를 방문해 주세요!

1. What kind of business is being advertised?

(A) Supermarket

(B) Restaurant

어떤 종류의 업체가 광고되고 있는가?

(A) 슈퍼마켓

(B) 식당

2. What is special about Organic Ranch?

(A) It uses the freshest products.

(B) It has received awards.

올가닉 랜치는 무엇이 특별한가?

(A) 가장 신선한 재료를 사용한다.

(B) 상을 받았다.

3. What is being offered to new customers?

(A) A coupon book

(B) A free drink

새 고객들에게 무엇이 제공되고 있는가?

(A) 쿠폰 책자

(B) 무료 음료

어휘 tired of ~에 싫증 난 | offer 제공하다 | extensive 광범위한, 대규모의 | chéf 요리사 | select 고르다, 선별하다 | finest 가장 좋은 | as if 마치 ~한 것처럼 | grow 기르다, 재배하다 | complimentary 무료의

1. (B)　**2.** (C)　**3.** (A)　**4.** (C)　**5.** (B)　**6.** (A)

영국

Questions 1-3 refer to the following broadcast.

Ⓦ It's now time for Channel 79's local news. **¹ This evening, our local football team, the Erinville Tigers will play their rival from across town, the Sunnydale Lions. ² According to Barry Federer, the ticket sales manager for Jones Stadium, tonight's match sold out two days ago. ³ If you don't have a ticket to tonight's game, you can watch it right here on Channel 79, where we will have exclusive live coverage of the match starting at six.**

1–3번은 다음 방송에 관한 문제입니다.

Ⓦ 이제 채널 79의 지역 뉴스 시간입니다. 오늘 저녁에 우리 지역 축구팀인 에린빌 타이거즈가 건너편 마을 경쟁자인 써니데일 라이언즈와 경기를 합니다. 존스 경기장의 입장권 판매 관리자이신 베리 페더럴에 따르면, 오늘 밤 경기는 이틀 전에 매진되었습니다. 오늘 밤 경기 입장권이 없으시다면, 저희가 6시부터 독점으로 생중계해 드리는 경기를 바로 여기 채널 79에서 보실 수 있습니다.

1. What is the main topic of the broadcast?

(A) A match result

(B) A sports event

(C) A theater play

(D) A dance competition

방송의 주제는 무엇인가?

(A) 경기 결과

(B) 스포츠 행사

(C) 극장 연극

(D) 댄스 경연

해설 방송 도입부에서 '우리 지역 축구팀인 에린빌 타이거즈가 건너편 마을 경쟁자인 써니데일 라이언즈와 경기를 합니다'라고 말하므로 스포츠 행사에 관한 방송임을 알 수 있습니다. 따라서 (B)가 정답입니다.

2. What does the speaker say about tickets?

(A) They are inexpensive.

(B) They can be exchanged today.

(C) They are sold out.

(D) They can be purchased online.

화자는 입장권에 관하여 뭐라고 말하는가?

(A) 비싸지 않다.

(B) 오늘 교환할 수 있다.

(C) 매진되었다.

(D) 온라인으로 구매할 수 있다.

해설 방송 중간 부분에서 '존스 경기장의 입장권 판매 관리자이신 베리 페더럴에 따르면 오늘 밤 경기는 이틀 전에 매진되었습니다'라고 말하므로 (C)가 정답입니다.

해설 최신 IX 휴대전화에 또렷하고 선명한 사진 촬영이 가능한 고화질 카메라가 내장돼 있다고 말하므로 (C)가 정답입니다.

3. When will tonight's broadcast begin?
   (A) At 6:00 P.M.
   (B) At 7:00 P.M.
   (C) At 8:00 P.M.
   (D) At 9:00 P.M.

오늘 밤 방송은 언제 시작할 것인가?
(A) 오후 6시에
(B) 오후 7시에
(C) 오후 8시에
(D) 오후 9시에

해설 방송 마지막 부분에서 '오늘 밤 경기 입장권이 없으시다면, 저희가 6시부터 독점으로 생중계 드리는 경기를 바로 여기 채널 79에서 보실 수 있습니다'라고 말하므로 (A)가 정답입니다.

호주

Questions 4-6 refer to the following advertisement.

M Do you want a super slim phone that takes amazing photos? Then, 4 the brand-new IX mobile phone from LAN Wireless is just for you! It has an automated high-definition camera that takes such clear and sharp photos. 5 You can order the IX phone by calling 555-8820. Customer representatives are standing by to take your call. And just for today, 6 the first 50 callers will receive a free designer phone case with their IX mobile phone. **What are you waiting for?** Call now.

4-6번은 다음 광고에 관한 문제입니다.

M 놀랄 만한 사진을 찍을 수 있는 아주 얇은 전화기를 원하십니까? 그렇다면, LAN Wireless에서 나온 신제품 IX 휴대전화가 고객님께 딱입니다! 이 제품은 또렷하고 선명한 사진을 찍어주는 고화질 자동카메라가 내장돼 있습니다. 555-8820번으로 전화하시면 IX 휴대전화를 주문하실 수 있습니다. 고객서비스 직원들이 여러분의 전화를 기다리고 있습니다. 그리고 오늘 하루에 한해서, 전화 주시는 첫 50분은 IX 휴대전화와 함께 유명 브랜드의 휴대전화 케이스를 무료로 받으실 겁니다. 무엇을 기다리십니까? 지금 전화하십시오.

4. What is a feature of the IX mobile phone?
   (A) It is waterproof.
   (B) It has a long battery life.
   (C) Its camera takes high-quality photos.
   (D) Its screen is larger than other models.

IX 휴대전화의 한 가지 특징은 무엇인가?
(A) 방수 처리가 되어 있다.
(B) 배터리 수명이 길다.
(C) 카메라로 고화질 사진을 찍는다.
(D) 화면이 다른 기종들보다 더 크다.

5. How can customers order an IX mobile phone?
   (A) By mailing an order form
   (B) By calling a customer representative
   (C) By visiting a website
   (D) By going to a local store

고객들은 어떻게 IX 휴대전화를 주문할 수 있는가?
(A) 주문서를 우편으로 보냄으로써
(B) 고객서비스 직원에게 전화함으로써
(C) 웹사이트를 방문함으로써
(D) 가까운 매장에 감으로써

해설 전화번호를 알려주며 이 번호로 전화하면 IX 휴대전화를 주문할 수 있고, 고객서비스 직원들이 기다리고 있다고 말하므로 (B)가 정답입니다.

6. Why does the speaker say, "What are you waiting for"?
   (A) He encourages listeners to take advantage of a promotion.
   (B) He asks listeners to participate in an upcoming sale.
   (C) He advises listeners to attend a product demonstration.
   (D) He suggests that listeners fill out a customer survey.

화자는 왜 "무엇을 기다리십니까"라고 말하는가?
(A) 판촉 행사를 이용하라고 권한다.
(B) 다가올 할인 판매에 참가하라고 요청한다.
(C) 제품 시연회에 참석하라고 권한다.
(D) 고객 설문을 작성하라고 제안한다.

해설 전화를 한 고객들을 대상으로 선착순 50명에게 IX 휴대전화와 함께 유명 브랜드의 휴대전화 케이스를 무료로 주겠다고 말한 것으로 보아 청자들에게 판촉 행사 참여를 독려하는 말임을 알 수 있습니다. 따라서 (A)가 정답입니다.

RC

UNIT 01 명사

Point ①② Check up
본서 P. 101

1. The location is ideal for **offices**.

그 장소는 사무실용으로 이상적이다.

해설 전치사 for 뒤에는 명사가 와야 합니다.

2. He read Ms. Anderson's **report**.

그는 앤더슨 씨의 보고서를 읽었다.

해설 소유격(명사's) 뒤에는 명사가 와야 합니다.

Point ③④ Check up
본서 P. 102

1. He sends me **statements**.

그는 나에게 명세서를 보내준다.

해설 동사 sends가 4형식으로 쓰여 「간접목적어(me) + 직접목적어」의 순서가 되어야 합니다. 이때, statement는 가산 명사이므로 a statement 또는 복수 형태여야 합니다.

2. Employees have **access** to the building.

직원들은 건물에 접근할 수 있다.

해설 동사 have 뒤의 목적어 자리이며, access는 명사일 때 불가산 명사이므로 단수 형태로만 쓰입니다.

Point ⑤ Check up
본서 P. 103

1. Customers can contact the service department for **assistance**.

고객들은 도움을 받기 위해 서비스 부서에 연락하면 된다.

해설 전치사 for 뒤의 명사 자리에 사람을 의미하는 assistant '비서'와 사물 명사 assistance '도움' 중 문맥상 자연스러운 것은 assistance입니다.

2. Docmeds Corp. is the primary **distributor**.

덕메즈 사는 주요 배급업체이다.

해설 the 뒤에 이어질 사람 명사와 사물 명사 중 의미상 자연스러운 것은 '회사 = 배급업체'이므로 distributor가 정답입니다.

Point ⑥ Check up
본서 P. 104

1. They have various job **openings**.

그들은 다양한 일자리 공석을 가지고 있다.

해설 명사 job과 함께 어울려 하나의 복합 명사를 이루는 openings가 정답입니다.

2. Please follow the **safety** precautions.

안전 예방 조치를 따르십시오.

해설 「the + 빈칸 + 명사」에서 빈칸은 보통 형용사 자리지만 '안전 예방 조치'라는 복합 명사의 경우는 명사 자리이므로 외워두어야 합니다.

Point ⑦ Check up
본서 P. 105

1. We need the manager's **approval**.

우리는 매니저의 승인을 필요로 한다.

해설 소유격 뒤에는 명사가 와야 하며 approval은 -al로 끝나는 명사의 형태입니다.

2. The store received many **complaints** from the customers.

그 상점은 고객들로부터 많은 불만 사항을 받았다.

해설 many 뒤의 복수 명사의 형태는 complaints입니다. complains는 동사의 형태입니다.

🔍 단서 보며 풀어보기
본서 P. 106

1. (A) **2.** (B) **3.** (A) **4.** (A) **5.** (A) **6.** (B)

1. **Confirmation** of your hotel reservation will be sent by e-mail.

귀하의 호텔 예약 확인서는 이메일로 전송될 것입니다.

해설 문장의 주어 자리에는 명사 (A)가 들어가야 합니다.

2. In **response** to customers' requests, the shop offers new menus.

고객 요청에 대응하여, 그 상점은 새로운 메뉴를 제공한다.

해설 전치사 In 뒤에는 명사 (B)가 와야 합니다.

3. A temporary worker will be hired during Mr. Kurosawa's **absence**.

쿠로사와 씨의 부재중에 임시 직원이 고용될 것이다.

해설 소유격(명사's) 뒤에는 명사 (A)가 들어가야 합니다.

4. An **agreement** should be carefully reviewed by the manager.

합의서는 매니저에 의해서 꼼꼼하게 검토되어야 한다.

해설 An 뒤에는 반드시 단수 가산 명사 (A)가 와야 합니다.

5. Many job **applicants** participated in our internship program last summer.

작년 여름에 많은 일자리 지원자들이 우리 인턴십 프로그램에 참여했다.

해설 동사(participated in)의 의미상 주어는 사람 명사 (A)가 되어야 합니다.

6. For **safety** reasons, all personnel should wear safety goggles.

안전상의 이유로, 모든 직원은 안전 고글을 착용해야 한다.

해설 「전치사 + 빈칸 + 명사」의 구조로 원래는 빈칸 자리에 형용사가 들어가야 하지만, 「명사 + 명사」의 복합 명사로 쓰이는 safety reasons라는 표현이므로 (B)가 정답입니다.

실전 문제 풀어보기   본서 P. 107

1. (D) **2.** (D) **3.** (D) **4.** (B) **5.** (C) **6.** (B)

1. Products must meet the **requirements** of the company.

제품들은 회사의 필수 조건들을 충족시켜야만 한다.

해설 the 뒤의 자리이므로 명사 (D)가 들어가야 합니다.

2. The proposal includes the **construction** of a new parking lot to offer better service.

제안서에는 더 나은 서비스를 제공하기 위해 새 주차장을 건설하는 것이 포함되어 있다.

해설 동사 includes 뒤의 목적어 자리이므로 명사 (D)가 들어가야 합니다.

3. If you experience any problem with our product, please call our support center for **assistance**.

저희 제품과 관련해 어떠한 문제를 겪으신다면, 도움을 받기 위해 저희 지원 센터에 전화 주십시오.

해설 전치사 for 뒤에는 명사가 필요하며, 사람 명사 (B) assistant와 사물 명사 (D) assistance 중 문맥상 자연스러운 것은 (D)입니다.

4. Most employees at the factory assess the workplace for stressful **tasks**.

공장 대부분의 직원은 일터를 스트레스 받는 업무를 하는 곳으로 평가한다.

해설 전치사 for와 형용사 stressful 뒤는 명사 자리이며, 가산 명사 task는 앞에 a를 쓰거나 복수 명사의 형태로 쓰여야 하므로 정답은 (B)입니다.

5. Mr. Paulson has received **approval** from his supervisor to take a day off.

폴슨 씨는 하루 휴가를 내기 위해 그의 상사로부터 승인을 받았다.

해설 동사 has received 뒤의 목적어 자리이므로 명사가 들어가야 합니다. (C)는 -al로 끝나는 명사의 형태입니다.

6. All of the office **supplies** are kept in a storage area on the third floor.

모든 사무용품은 3층의 보관 구역에 보관되어 있다.

해설 동사 are kept는 복수이며 All부터 빈칸까지는 주어이므로 복수 형태 명사 (B) supplies가 필요합니다. 또한, office supplies는 복합 명사로 외워둬야 합니다.

UNIT 02 대명사

Point ❶ Check up   본서 P. 109

1. **They** will go on vacation next week.

그들은 다음 주에 휴가를 갈 것이다.

해설 주어 자리에는 주격 They가 들어가야 합니다.

2. **Their** company was built in 2001.

그들의 회사는 2001년에 지어졌다.

해설 문장의 맨 앞이지만 뒤에 명사 company가 있으므로 소유격 Their가 들어가야 합니다.

Point ❷ Check up   본서 P. 110

1. The supervisor dislikes her idea, but he likes **mine**.

상사는 그녀의 아이디어를 싫어하지만, 그는 나의 것(나의 아이디어)을 좋아한다.

해설 동사 likes 뒤에는 목적격 me와 소유대명사 mine 모두 가능하지만 문맥상 비교 대상이 '그녀의 아이디어'이므로 '나의 아이디어'를 의미하는 mine이 들어가야 합니다.

2. The office supplies on the desk are **hers**.

책상 위에 있는 사무용품들은 그녀의 것(그녀의 사무용품)이다.

해설 be동사 뒤에 대명사가 들어가면 주어와 동격이 됩니다. 주어인 사무용품은 '그녀'가 아닌 '그녀의 것'이므로 hers가 정답입니다.

Point ❸ Check up   본서 P. 111

1. The employees solved the problem by **themselves**.

직원들은 그들 스스로 문제를 해결했다.

해설 전치사 by 뒤에는 두 가지 모두 가능하지만 앞에서 칭하는 대상이 주어인 employees이며 문맥상 '스스로'란 의미가 자연스러우므로 재귀대명사가 정답입니다.

2. Mr. Clark met the client **himself**.

클락 씨는 직접 그 고객을 만났다.

해설 완전한 문장의 맨 끝에서 강조 용법으로 쓰인 두 개의 재귀대명사 중, 주어가 남자인 Mr. Clark이므로 himself가 정답입니다.

1. Our warranty is longer than **that** of other shops.

우리의 품질 보증 기간은 다른 상점들의 그것(품질 보증 기간)보다 길다.

해설 앞의 단수 명사 warranty를 가리킬 때 알맞은 것은 that입니다.

2. **Those** who are interested in the seminar should contact Nikko Papas.

세미나에 관심이 있는 사람들은 니코 파파스에게 연락해야 한다.

해설 who의 수식을 받으며 '사람들'이란 의미로 쓰이는 것은 those 입니다. They는 who의 수식을 받을 수 없습니다.

1. One brand always competes with **another**.

하나의 브랜드는 항상 다른 (아무거나 하나) 브랜드와 경쟁한다.

해설 하나의 브랜드가 경쟁하는 다른 브랜드의 개수가 정해져 있지 않기 때문에 '아무거나 하나'란 의미의 another가 정답입니다.

2. Of four employees, one is cleaning the equipment, and **the others** are taking a break.

4명의 직원 중, 한 명은 장비를 청소하고 있고 나머지 다른 사람들(3명)은 휴식을 취하고 있다.

해설 정해져 있는 4명 중 한 명을 제외한 나머지는 3명이므로 '정해져 있는 여러 명'을 의미하는 the others가 정답입니다.

단서 보며 풀어보기   본서 P. 114

1. (A)   **2.** (A)   **3.** (B)   **4.** (B)   **5.** (B)   **6.** (A)

1. **You** may order any necessary office supplies through the Internet.

당신은 인터넷을 통해 필요한 어떠한 사무용품들이라도 주문할 수 있다.

해설 동사 may order 앞은 주어 자리이므로 주격 인칭대명사 (A)가 들어가야 합니다.

2. Employees who want to go on a vacation should contact **their** managers by June 2.

휴가를 가고 싶은 직원들은 그들의 매니저에게 6월 2일까지 연락해야 한다.

해설 빈칸 뒤에 명사가 있으며 명사 앞에서 쓰이는 인칭대명사는 소유격 (A)입니다.

3. Although Mr. Adam's presentation was too long, **mine** met the time limit.

아담 씨의 프레젠테이션은 너무 길었지만, 내 것은 시간제한을 맞췄다.

해설 빈칸은 동사 met 앞의 주어 자리이므로 주어, 목적어, 보어 자리에 쓰일 수 있는 소유대명사 (B)가 들어가야 합니다.

4. Mr. Jones will travel by **himself** to the conference next Monday.

존스 씨는 다음 주 월요일에 혼자서 학회에 출장을 갈 것이다.

해설 전치사 by 뒤에는 (A)와 (B) 모두 들어갈 수 있지만 앞에 가리키는 명사가 주어 Mr. Jones뿐이며 의미상 '혼자서, 스스로'란 표현이 자연스러우므로 (B)가 정답입니다.

5. **Those** who are interested in the training seminar can contact this number.

교육 세미나에 관심 있는 사람들은 이 번호로 연락하면 됩니다.

해설 주어 자리에 쓰이며 who의 수식을 받는 것은 (B)입니다.

6. If you have any problem with our PT Mixer, you can exchange it for **another**.

저희 PT 믹서기에 어떤 문제가 있다면, 그것을 (아무거나) 다른 것으로 교환하실 수 있습니다.

해설 문장 내에서 몇 개인지 정해져 있지 않고 아무거나 다른 하나로 교환해 주는 것이므로 (A)가 정답입니다. (B)는 정해져 있는 것 중 남은 하나를 의미합니다.

실전 문제 풀어보기   본서 P. 115

1. (C)   **2.** (B)   **3.** (D)   **4.** (D)   **5.** (A)   **6.** (B)

1. To increase customer satisfaction, **we** must create a new system.

고객 만족을 높이기 위해서, 우리는 새로운 시스템을 개발해야만 한다.

해설 빈칸 앞의 콤마까지는 수식어이며 빈칸은 동사 must create 앞의 주어 자리이므로 주격 인칭대명사 (C)가 정답입니다.

2. Mr. Kim's hotel reservation for his business trips is made by **his** assistant.

김 씨의 출장을 위한 호텔 예약은 그의 비서가 한다.

해설 빈칸 뒤의 명사 assistant 앞에 쓰일 수 있는 것은 소유격 (B)입니다.

3. The new director, Ms. Anderson, prepared the presentation **herself**.

신임 부장인 앤더슨 씨는 그녀가 직접 프레젠테이션을 준비했다.

해설 동사 prepared를 중심으로 주어와 목적어가 있는 완전한 문장의 끝에 수식어처럼 쓰일 수 있는 것은 강조 용법으로 쓰이는 재귀대명사 (D)뿐입니다.

4. Of the ten attendees, nine are from Korea, but **the other** is from Germany.

10명의 참석자 중에 9명은 한국에서 왔으나, 나머지 한 명은 독일에서 왔다.

해설 빈칸은 단수 동사 is 앞의 주어 자리이며 앞에 10명이라는 정해진 수에서 9을 뺀 나머지 한 명이므로 (D)가 들어가야 합니다. (A)는 단독으로 쓰일 수 없고, (B)와 (C)는 복수 명사이므로 단수 동사와 어울리지 않습니다.

5. Ms. Jeong indicated that all supplies in the boxes were **hers**.

정 씨는 상자 안에 있는 모든 용품이 그녀의 것이라고 말했다.

해설 빈칸은 be동사인 were 뒤의 보어 자리이며 were의 주어는 all supplies이므로 해석상 '그녀의 것'이란 의미가 자연스럽습니다. 따라서, 소유대명사 (A)가 정답입니다.

6. **Those** who show excellent communication skills will be considered for the manager position.

훌륭한 의사소통 능력을 보여주는 사람들은 매니저 직책에 고려될 것이다.

해설 주어 자리에 쓰이며 who 이하의 수식을 받을 수 있는 것은 (B)뿐입니다.

UNIT 03 형용사와 부사

Point ① Check up
본서 P. 117

1. There was a **sharp** increase in sales.

판매가 급증했다.

해설 a와 명사 increase 사이에서 뒤의 명사를 수식하는 형용사 sharp가 정답입니다. 참고로, increase는 명사와 동사의 형태가 같습니다.

2. The building is easily **accessible** by the employees.

그 건물은 직원들이 쉽게 접근할 수 있다.

해설 동사 is 뒤의 보어자리에서 부사 easily의 수식을 받을 수 있는 형용사 accessible이 들어가야 합니다.

Point ② Check up
본서 P. 118

1. C&B Industries has various **openings** for the positions.

C & B 산업은 직책들에 다양한 공석들이 있다.

해설 형용사 various 뒤에는 복수 명사가 와야 하므로 openings가 들어가야 합니다. opening은 -ing 형태의 명사입니다.

2. You should complete the report in a **timely** fashion.

당신은 시기적절하게 보고서를 작성해야 한다.

해설 명사 fashion을 수식하는 형용사 자리이므로 「명사 + -ly」 형태의 형용사 timely가 정답입니다.

Point ③ Check up
본서 P. 119

1. The company offers **reliable** service to the customers.

그 회사는 고객들에게 믿을 수 있는 서비스를 제공한다.

해설 뒤의 service를 수식하며 문맥상 자연스러운 것은 '믿을 수 있는'이라는 의미의 reliable입니다.

2. The pilot is **responsible** for the safety of the passengers.

조종사는 승객들의 안전을 책임진다.

해설 is 뒤에 보어로 쓰여 주어인 pilot의 상태를 나타내는 것으로 be responsible for '~을 책임지다'란 표현으로 쓰이는 responsible이 정답입니다.

Point ④ Check up
본서 P. 120

1. The system will be **completely** operational.

그 시스템은 완전히 작동할 것이다.

해설 be동사 뒤에 보어인 형용사 operational이 있으므로 이를 수식하는 부사 completely가 정답입니다.

2. **Regrettably**, we do not have the stock.

안타깝게도 저희는 재고가 없습니다.

해설 절의 맨 앞에 콤마가 있고 괄호는 뒤의 절을 수식하므로 부사 Regrettably가 정답입니다.

Point ⑤ Check up
본서 P. 121

1. The attendance at the seminar was **high**.

세미나의 참석률은 높았다.

해설 2형식 동사 was 뒤에 보어가 필요하므로 형용사와 부사 둘 다로 사용되는 high가 형용사로서 정답입니다. highly는 부사로만 쓰이므로 보어 자리에 쓰일 수 없습니다.

2. Ms. Lee is a **highly** qualified manager.

리 씨는 매우 자격을 갖춘 매니저이다.

해설 뒤의 형용사 qualified를 수식하며 '매우'란 의미로 쓰인 highly가 들어가야 합니다. highly qualified '매우 자격을 갖춘'이란 표현을 알아두세요.

🔍 단서 보며 풀어보기
본서 P. 122

1. (A) **2.** (A) **3.** (B) **4.** (B) **5.** (B) **6.** (B)

1. The new employee, Eddie Harvey, has already become a **valuable** employee.

신입 직원인 에디 하베이는 이미 소중한 직원이 되었다.

해설 a와 명사 employee 사이에서 명사를 수식하는 형용사 (A)가 들어가야 합니다.

2. The new employees should become **familiar** with company policies.

신입 직원들은 회사 정책에 친숙해져야 한다.

해설 2형식 동사 become의 보어 자리에 쓰이는 것은 형용사 (A)입니다.

3. All applications for this position should be submitted in a **timely** manner.

그 직책의 모든 지원서는 시기적절하게 제출되어야 한다.

해설 a와 명사 manner 사이에 형용사가 들어가야 하며 「명사 + -ly」는 형용사이므로 (B)가 정답입니다.

4. The personnel director emphasized the safe storage of **confidential** documents.

인사팀장은 기밀 서류의 안전한 보관에 대해 강조했다.

해설 선택지는 모두 형용사인데 빈칸 뒤의 명사 documents를 수식하며 문맥상 자연스러운 것은 (B)입니다.

5. It has become an **increasingly** popular brand in the market.

그것은 시장에서 점점 더 인기 있는 브랜드가 되고 있다.

해설 「the + 빈칸 + 형용사 + 명사」의 구조로, 형용사 앞에는 이를 수식하는 부사 (B)가 들어가야 합니다.

6. Renovations to the floor in the building's main lobby are **nearly** finished.

건물 본관 로비의 바닥 보수 공사는 거의 끝났다.

해설 빈칸은 「be + p.p.」 사이의 부사 자리로 (B)는 '거의'란 의미의 부사이고 (A)는 '가까운', '가까이'란 의미의 형용사와 부사입니다. 문맥상 '거의 끝났다'가 자연스러우므로 (B)가 정답입니다.

💡 실전 문제 풀어보기

1. (C) **2.** (B) **3.** (D) **4.** (A) **5.** (B) **6.** (B)

1. Mr. Anderson gave a very **informative** presentation to his clients.

앤더슨 씨는 그의 고객들에게 매우 유익한 발표를 했다.

해설 「a + 부사 + 빈칸 + 명사」의 구조로, 뒤의 명사를 수식하는 형용사 (C)가 들어가야 합니다.

2. The new nurse, Linda Wither, is especially **friendly** to the children.

새로 온 간호사인 린다 위더는 특히나 어린이들에게 다정하다.

해설 빈칸은 부사 especially의 수식을 받으며 is 뒤의 보어로 쓰이는 형용사 자리입니다. 선택지 중 friendly는 「명사 + -ly」 형태의 형용사라는 것을 기억해두세요. 정답은 (B)입니다.

3. Winner Power **successfully** negotiates a contract with Green Energy Systems.

위너 파워는 그린 에너지 시스템즈와의 계약을 성공적으로 협상한다.

해설 빈칸은 주어와 동사 사이이므로 부사 (D)가 들어가야 합니다.

4. The manager developed a new system, and the team members found it **useful**.

매니저는 새로운 시스템을 개발했고 팀원들은 그것이 유용하다는 것을 알았다.

해설 빈칸은 5형식 동사 find의 과거형 「found + 목적어(it) + 목적격 보어」 자리입니다. 따라서, 부사가 아닌 보어로 쓰이는 형용사 (A)가 들어가야 합니다.

5. It is **advisable** to follow the safety regulations while working in the factory.

공장에서 일하는 동안 안전 규정을 준수하는 것이 바람직하다.

해설 동사 is 뒤의 보어로 형용사 '조언의'란 의미의 (A)와 '바람직한'의 의미인 (B) 중 자연스러운 것을 골라야 합니다. 문맥상 '~하는 것은 바람직하다'가 되어야 하므로 (B)가 정답입니다.

6. Each employee will work **closely** with their team members to make the project successful.

모든 직원은 프로젝트를 성공적으로 만들기 위해 팀원들과 밀접하게 일을 할 것이다.

해설 1형식 동사 work 뒤에 문맥상 어울리는 것은 '밀접하게'란 의미의 부사 (B)입니다.

UNIT 04 동사의 형태와 수 일치

Point ① Check up

1. The company has **opened** a branch in this area.

그 회사는 이 지역에서 지점을 열었다.

해설 동사 has 뒤에 올 수 있는 형태는 p.p. 형태의 opened입니다. -ed 형태는 과거동사지만 have나 be동사와 함께 쓰이면 p.p.로 봅니다.

2. Please **be** ready for the next presentation.

다음 프레젠테이션을 준비해 주십시오.

해설 명령문의 형태인 Please 뒤에는 동사원형이 들어갑니다.

Point ② Check up

1. Mr. Martine **has** new applications to review.

마틴 씨는 검토할 새로운 지원서들을 가지고 있다.

해설 주어가 Mr. Martine이며 이는 He로 바꿔 쓸 수 있습니다. 즉, 3인칭 단수이므로 동사 has가 정답입니다.

2. The managers **reviewed** all applications for the position.

매니저들은 그 자리의 모든 지원서들을 검토했다.

해설 주어가 복수이므로 복수 동사인 review가 쓰여야 하지만 괄호에 없으므로 모든 주어와 어울리는 과거 시제가 정답입니다.

30 시작 토익 LC+RC

Point ③ Check up 본서 P. 127

1. There were **limitations** to the new plan.

새로운 계획에 제한이 있었다.

해설 There were는 뒤에 주어가 있으며, were가 복수 동사이므로 복수 명사가 들어가야 합니다.

2. JH Pharmaceuticals **provides** the best quality medicine for children.

JH 제약은 아이들을 위한 최고 품질의 약을 제공한다.

해설 주어가 고유 명사일 때 -s가 붙어도 단수 취급을 하므로 단수 동사가 쓰입니다.

Point ④ Check up 본서 P. 128

1. The website includes **much** information.

그 웹사이트에는 많은 정보가 포함되어 있다.

해설 many 뒤에는 복수 명사, much 뒤에는 불가산 명사(단수 형태)가 옵니다.

2. **All** employees should attend the workshop.

모든 직원들은 워크숍에 참석해야만 한다.

해설 Every 뒤에는 가산 명사의 단수 형태만, All 뒤에는 가산 명사의 복수 형태나 불가산 명사가 올 수 있습니다.

Point ⑤ Check up 본서 P. 129

1. One of the products **is** defective.

제품들 중 하나가 결함이 있다.

해설 「One of the + 복수 명사」이지만 주어는 One이므로 단수 동사가 와야 합니다.

2. **Each** of the new employees was greeted by the new president.

신입 직원들 각자는 신임 사장에 의해 환영을 받았다.

해설 Every는 뒤에 명사가 바로 오는 한정사로만 쓰이며 Every of the의 형태로 쓰이지 않습니다.

🗸 단서 보며 풀어보기 본서 P. 130

1. (B) **2.** (A) **3.** (A) **4.** (A) **5.** (A) **6.** (B)

1. The head of the department has **finalized** the contract with the new client.

부서장은 새로운 고객과의 계약을 마무리 지었다.

해설 동사 has 뒤에는 또 다른 동사 finalize가 올 수 없으며 「have + p.p.」의 형태로 (B)가 들어가야 합니다.

2. Employees can **participate** in any of our time management seminars.

직원들은 우리의 시간 관리 세미나 중 어떤 것이라도 참석할 수 있다.

해설 조동사 can 뒤에는 동사원형 (A)를 써야 합니다.

3. New rules **regulate** the working hours of the employees.

새로운 규정들이 직원들의 근무 시간을 규제하고 있다.

해설 주어 New rules가 복수이므로 복수 동사인 (A)가 정답입니다.

4. GD Electronics **has** chosen John Adams as the new vice president.

GD 전자는 존 애덤스를 새로운 부사장으로 선정했다.

해설 주어인 GD Electronics는 회사 이름의 고유 명사이므로 -s의 형태여도 단수 취급을 합니다. 따라서 단수 동사 (A)가 정답입니다.

5. **All** participants of the workshop should sign up on the website.

워크숍의 모든 참여자들은 웹사이트에서 등록해야만 한다.

해설 빈칸 뒤의 복수 명사 participants와 어울려 쓰이는 것은 (A)입니다. Each는 뒤에 단수 가산 명사만 올 수 있습니다.

6. Many of the **applicants** for the vacancy are trained in different fields of science.

그 공석의 지원자들 중 많은 사람들은 다른 과학 분야에서 교육을 받았다.

해설 Many of the 뒤에는 복수 명사가 와야 하므로 (B)가 정답입니다.

💡 실전 문제 풀어보기 본서 P. 131

1. (A) **2.** (C) **3.** (B) **4.** (D) **5.** (C) **6.** (D)

1. The new washing machines **become** popular in Japan.

새로운 세탁기는 일본에서 인기가 있다.

해설 복수 주어인 machines와 어울리는 것은 복수 동사인 (A)입니다. 나머지는 단수 동사이며 (C)는 동사가 아니므로 빈칸에 들어갈 수 없습니다.

2. There is **speculation** that the previous president was fired.

이전 사장이 해고되었다는 추측이 있다.

해설 There is 뒤에는 단수 명사가 주어로 와야 하므로 (C)가 정답입니다.

3. **Every** seminar attendee has to sign a non-disclosure agreement.

모든 세미나 참석자는 비공개 계약서에 서명해야만 한다.

해설 단수 가산 명사 attendee와 어울려 쓰일 수 있는 것은 (B)뿐입니다. 나머지 선택지들은 뒤에 복수 명사가 와야 합니다.

4. The Seventh Annual Book Fairs will be **held** in Ashville on May 10.

제7회 연례 도서 박람회는 5월 10일 애쉬빌에서 열릴 것이다.

해설 be 뒤에 올 수 있는 동사의 형태는 현재분사(동사-ing)나 과거분사(p.p.)입니다. 진행 동사 「be + 동사-ing」 뒤에는 명사가 와야 하며 수동 동사 「be + p.p.」 뒤에는 명사가 없습니다. 빈칸 뒤에 수식어가 있으므로 (D)가 정답입니다.

5. One of the **responsibilities** of the president is to evaluate the performance of the managers.

사장의 책임들 중 하나는 매니저들의 성과를 평가하는 것이다.

해설 「One + 가산 단수 명사」, 「One of the + 가산 복수 명사」가 와야 하므로 (C)가 정답입니다.

6. Mr. Anderson **has seen** the new model for the renovations of the office building.

앤더슨 씨는 사무실 건물의 보수 공사를 위한 새로운 모델을 보았다.

해설 빈칸은 단수 주어 Mr. Anderson과 어울려 쓰이는 단수 동사 (D)가 정답입니다. 동사 자리이므로 동사가 아닌 (B)와 (C)는 들어갈 수 없습니다.

UNIT 05 동사의 시제와 태

Point **1** Check up 본서 P. 133

1. Mr. Kang **finished** the report last month.

강 씨는 지난달에 보고서를 끝냈다.

해설 현재 시제와 과거 시제 중 시간 표현 last month와 어울리는 것은 과거 시제입니다.

2. The shop **will raise** the prices next month.

그 상점은 다음 달에 가격을 올릴 것이다.

해설 현재 시제와 미래 시제 중 시간 표현 next month와 어울리는 것은 미래 시제입니다.

Point **2** Check up 본서 P. 134

1. Dr. Cooker **has conducted** tests since three years ago.

쿠커 박사는 3년 전부터 실험을 해오고 있다.

해설 과거와 현재 완료 시제 중 「since + 과거 시점」과 어울려 쓰이는 것은 현재 완료 시제입니다.

2. Before he joined the company, he **had graduated** from university.

그는 회사에 입사하기 전에 대학을 졸업했다.

해설 「Before + 주어 + 동사」가 과거를 의미하므로 과거보다 더 이전의 상황을 나타내는 과거 완료 시제가 정답입니다.

Point **3** Check up 본서 P. 135

1. The managers **are meeting** the new employees now.

매니저들은 현재 신입 직원들을 만나고 있는 중이다.

해설 과거와 현재 진행 시제 중 현재를 나타내는 now와 어울려 쓰이는 것은 현재 진행 시제입니다.

2. Mr. Thomson **will have finished** the report by tomorrow.

톰슨 씨는 내일까지 보고서를 끝낼 것이다.

해설 미래 완료와 과거 완료 시제 중 미래 시점을 나타내는 by tomorrow와 어울려 쓰이는 것은 미래 완료 시제입니다.

Point **4** Check up 본서 P. 136

1. All orders **are shipped** by train.

모든 주문품들은 기차로 배송된다.

해설 현재 진행과 현재 수동태의 차이는 뒤에 목적어인 명사가 있는지의 여부입니다. 뒤에 목적어 없이 by 이하의 수식어구가 있으므로 수동태가 들어가야 합니다.

2. T&T Co. **developed** the innovative products.

T&T 사는 혁신적인 제품들을 개발했다.

해설 과거 시제와 과거 수동태 중 뒤에 명사인 목적어가 있으므로 능동태인 과거 시제가 들어가야 합니다.

Point **5** Check up 본서 P. 137

1. Employees who are interested **in** the position should contact the HR team.

그 직책에 관심이 있는 직원들은 인사팀에 연락해야 한다.

해설 'be interested in(~에 관심이 있다)'이라는 수동태 표현입니다.

2. The estimated value of buildings is based **on** the property's structural condition.

건물의 예상 가치는 부동산의 구조적 상태를 기초로 한다.

해설 'be based on(~에 기초하다)'이라는 수동태 표현입니다.

단서 보며 풀어보기

본서 P. 138

1. (B) **2.** (A) **3.** (A) **4.** (A) **5.** (A) **6.** (B)

1. Employees at Saturn Manufacturing **work** every Saturday.

새턴 제조업의 직원들은 매주 토요일에 일을 한다.

해설 빈칸은 동사 자리이며 every Saturday라는 시간 표현과 어울려 쓰이는 것은 현재 시제 (B)입니다.

2. The technicians **will finish** the maintenance work next Monday.

기술자들은 다음 주 월요일에 유지보수 작업을 끝낼 것이다.

해설 미래를 나타내는 시간 표현 next Monday와 어울리는 것은 미래 시제 (A)입니다.

3. Mr. Park **has taught** beginner yoga at this institute for seven years.

박 씨는 이 학원에서 7년 동안 기초 요가를 가르쳐왔다.

해설 for seven years라는 기간을 나타내는 표현과 어울려 쓰이는 것은 현재 완료 시제 (A)입니다.

4. Our new branches **are located** in the downtown area.

우리 새 지점들은 시내 중심 지역에 위치하고 있다.

해설 빈칸 뒤에 in 이하의 수식어구가 있으므로 능동태가 아닌 수동태의 형태 (A)가 들어가야 합니다.

5. According to the policy, no drinks may be **kept** in the theater.

정책에 따르면, 음료는 극장에 보관될 수 없다.

해설 be kept는 수동태, be keeping은 능동태이며 뒤에 수식어구가 있으므로 수동태가 만들어지는 (A)가 정답입니다.

6. Mr. Job's keynote address is scheduled **for** 9 A.M. on Monday.

잡스 씨의 기조연설은 월요일 오전 9시로 예정되어 있다.

해설 수동태 뒤에는 행위자를 나타내는 전치사 by를 쓰지만 다른 전치사를 쓰는 표현들이 있습니다. 'be scheduled for(~로 예정되다)'라는 표현이므로 정답은 (B)입니다.

🗨 실전 문제 풀어보기
본서 P. 139

1. (C) **2.** (B) **3.** (B) **4.** (C) **5.** (D) **6.** (A)

1. The chief financial officer **revised** the proposal about the new project last week.

최고 재무 담당자는 새로운 프로젝트에 대한 제안서를 지난주에 수정했다.

해설 last week이라는 과거 시점을 나타내는 표현과 어울리는 것은 과거 시제인 (C)입니다.

2. All assembly machinery must be **inspected** by a technician every month.

모든 조립 기계들은 기술자에 의해 매월 점검되어야만 한다.

해설 빈칸 뒤의 by 이하는 수식어이므로 수동태를 만드는 (B)가 정답입니다.

3. Next Friday, Health for Life **will create** a new feedback system.

다음 주 금요일, 헬스 포 라이프는 새로운 피드백 시스템을 만들 것이다.

해설 문장 맨 앞의 Next Friday는 미래를 나타내는 시간 표현이므로 미래 시제인 (B)가 들어가야 합니다.

4. The company's awards ceremony **had begun** before all participants attended.

회사 시상식은 모든 참여자가 참석하기 전에 시작했다.

해설 접속사 before 뒤의 동사가 과거 시제이므로 과거보다 전에 있었던 일을 나타내는 과거 완료 시제인 (C)가 들어가야 합니다.

5. The film director, Andy Brook **is known** for his well-made movies.

영화감독인 앤디 브룩은 그의 명작 영화로 알려져 있다.

해설 빈칸은 뒤에 수식어구인 for 이하가 있으므로 수동태인 (D)가 정답입니다. 'be known for(~로 알려져 있다)'라는 수동태 표현입니다.

6. Last month, the company **implemented** a new compensation program.

지난달, 회사는 새로운 보상 프로그램을 시행했다.

해설 과거 시간 표현인 Last month와 어울리는 과거 시제는 (A)와 (C)이며 (A)는 능동태, (C)는 수동태입니다. 빈칸 뒤에 a 이하는 목적어이므로 능동태인 (A)가 정답입니다.

UNIT 06 to부정사와 동명사

Point 1 Check up
본서 P. 141

1. **To make** a reservation online is very convenient.

온라인으로 예약하는 것은 매우 편리하다.

해설 동사 is가 이미 있으므로 문장의 주어 역할을 하는 to부정사가 들어가야 합니다.

2. In order to **reduce** the cost, we need a new plan.

비용을 줄이기 위해서, 우리는 새로운 계획이 필요하다.

해설 In order to는 to부정사 표현이므로 to 뒤에는 동사원형이 와야 합니다.

Point 2 Check up
본서 P. 142

1. **Reducing** the production costs is necessary.

생산 비용을 줄이는 것이 필요하다.

해설 문장에 동사인 is가 이미 있고 앞에 주어가 필요하므로 동사를 명사로 바꾼 동명사가 정답입니다.

2. We are interested in **attending** the dinner party.

우리는 저녁 행사에 참석하는 것에 관심이 있다.

해설 전치사 in 뒤에는 동사가 아닌 명사가 와야 하므로 동명사가 들어가야 합니다.

1. The rent includes the maintenance of the apartment.

임대료에는 아파트 유지보수가 포함되어 있다.

해설 한정사 the 뒤에는 동명사가 아닌 명사가 들어가야 합니다.

2. The factory continues to progress by upgrading its facilities.

그 공장은 시설물을 업그레이드함으로써 계속 발전하고 있다.

해설 전치사 by 뒤에는 명사가 와야 하며 뒤에 목적어 its facilities가 있으므로 동사이면서 명사 성격을 갖는 동명사가 들어가야 합니다.

1. We hope to see you again soon.

우리는 당신을 곧 다시 만나기를 바랍니다.

해설 동사 hope 뒤에는 to부정사가 목적어로 옵니다.

2. We are able to provide great service.

저희는 훌륭한 서비스를 제공해드릴 수 있습니다.

해설 be able to '~할 수 있다'란 표현이므로 to 뒤에는 동사원형이 와야 합니다.

1. We are looking forward to seeing you again.

저희는 당신을 다시 뵙기를 기대합니다.

해설 look forward to -ing '~하는 것을 기대하다'란 표현은 전치사 to이므로 명사나 동명사가 와야 합니다.

2. The company is devoted to providing the best service.

그 회사는 최고의 서비스를 제공하는 데 전념하고 있다.

해설 be devoted to -ing '~하는 것에 전념하다'란 표현은 전치사 to이므로 명사나 동명사가 와야 합니다.

단서 보며 풀어보기 본서 P. 146

1. (B) **2.** (A) **3.** (A) **4.** (B) **5.** (B) **6.** (A)

1. The purpose of the workshop is to provide you with information.

워크숍의 목적은 여러분에게 정보를 제공하는 것입니다.

해설 동사 is 뒤에는 또 다른 동사가 올 수 없고, 동사의 보어가 필요하므로 to부정사 (B)가 들어가야 합니다.

2. In order to finish the reports, Mr. Hansen has to work overtime.

보고서를 끝내기 위해, 한슨 씨는 초과 근무를 해야만 한다.

해설 In order to 뒤에는 동사원형 (A)가 와야 합니다.

3. Confirming a reservation is important.

예약을 확인하는 것은 중요하다.

해설 빈칸부터 a reservation까지가 문장의 주어이므로 동명사 (A)가 들어가야 합니다.

4. Mr. Martin plans to submit marketing reports to the vice president.

마틴 씨는 부사장에게 마케팅 보고서를 제출할 계획이다.

해설 동사 plan은 뒤에 목적어로 to부정사를 취합니다. 따라서 (B)가 정답입니다.

5. All employees enjoyed talking to the newly appointed CEO.

전 직원들은 새로 임명된 대표 이사와 이야기 나누는 것을 즐겼다.

해설 동사 enjoy는 뒤에 동명사를 목적어로 취하는 동사이므로 (B)가 정답입니다.

6. We are committed to providing the best services to our clients.

저희는 고객들에게 최고의 서비스를 제공하는 데 헌신하고 있습니다.

해설 be committed to '~에 헌신하다'라는 표현에서 to는 전치사이므로 뒤에 명사나 동명사가 와야 합니다. 따라서 동명사 (A)가 정답입니다.

실전 문제 풀어보기 본서 P. 147

1. (B) **2.** (C) **3.** (B) **4.** (C) **5.** (D) **6.** (C)

1. We wish to apologize for any inconvenience we may have caused you.

저희가 귀하께 끼친 불편에 대해 사과드리고 싶습니다.

해설 동사 wish 뒤에는 to부정사가 목적어로 옵니다. 따라서 (B)가 정답입니다.

2. Ms. Roberta made a reservation at the Hilton Hotel for the year-end party.

로베르타 씨는 송년회 행사를 위해 힐튼 호텔에 예약을 했다.

해설 한정사 a 뒤에는 명사가 와야 하므로 (C)가 정답입니다. 동명사는 a 뒤에 쓸 수 없습니다.

3. The museum successfully held an exhibit by innovatively displaying famous paintings.

그 박물관은 유명한 그림들을 혁신적으로 전시함으로써 전시회를 성공적으로 개최했다.

해설 전치사 by와 동명사 displaying 사이에서 동명사를 수식하는 것은 부사 (B)입니다.

4. The employees at Delta Music are dedicated to providing excellent service to their customers.

델타 뮤직의 직원들은 그들의 고객들에게 훌륭한 서비스를 제공하는 데 헌신하고 있다.

해설 be dedicated to -ing '~하는 데 헌신하다'라는 표현이므로 정답은 (C)입니다.

5. The president considered **relocating** the company headquarters to Toronto.

사장은 회사의 본사를 토론토로 이전하는 것을 고려했었다.

해설 동사 considered 뒤에 오며 빈칸 뒤의 명사 the company headquarters를 목적어로 취하는 것은 동명사 (D)입니다.

6. All passengers are required to **present** a boarding pass to the flight attendant.

모든 승객들은 비행 승무원에게 탑승권을 제시하도록 요구된다.

해설 be required to -ing '~하도록 요구되다'라는 표현이므로 to부정사의 형태인 'to + 동사원형'이 되어야 합니다. 정답은 (C)입니다.

UNIT 07 분사

Point ① Check up
본서 P. 149

1. Mr. Carter became **interested** in marketing.

카터 씨는 마케팅에 관심이 있게 되었다.

해설 2형식 동사 became 뒤의 주격 보어 자리이므로 형용사 역할을 하는 분사가 들어가야 합니다.

2. He was the **recently** appointed president.

그는 최근에 임명된 사장이었다.

해설 뒤의 분사 appointed는 형용사이므로 부사가 수식을 합니다.

Point ② Check up
본서 P. 150

1. The newly **installed** program will increase performance.

새로 설치된 프로그램은 성과를 높여줄 것이다.

해설 명사 program을 수식하고 해석상 프로그램은 '설치된' 수동의 대상이므로 과거분사가 정답입니다.

2. Mr. Cruise opened one of the **enclosed** files.

크루즈 씨는 동봉된 파일 중 하나를 열었다.

해설 명사 files는 '동봉된' 수동의 대상이므로 과거분사의 수식을 받아야 합니다.

Point ③ Check up
본서 P. 151

1. Mr. Parker met the people **attending** the seminar.

파커 씨는 세미나에 참석 중인 사람들을 만났다.

해설 명사 people을 분사가 뒤에서 수식하는 구조로, 뒤에 명사 the seminar가 목적어로 왔으므로 현재분사가 정답입니다.

2. This is the file **attached** in the e-mail.

이것은 이메일에 첨부된 파일이다.

해설 명사 file을 분사가 뒤에서 수식하는 구조이며 뒤에 목적어 없이 수식어구 in the e-mail이 왔으므로 과거분사가 들어가야 합니다.

Point ④ Check up
본서 P. 152

1. The manager was **satisfied** with Mr. Jones' outstanding performance.

매니저는 존스 씨의 뛰어난 성과에 만족했다.

해설 was 뒤의 보어 자리이고 주어가 사람이므로 과거분사가 정답입니다. 'be satisfied with (~에 만족하다)'라는 표현입니다.

2. Too many pictures and charts were **distracting**.

너무 많은 그림과 표들은 산만했다.

해설 were 뒤의 보어 자리로 주어가 사물이므로 현재분사가 정답입니다.

Point ⑤ Check up
본서 P. 153

1. DMZ Manufacturing is a **leading** company in the region.

DMZ 제조업은 그 지역의 선도적인 회사이다.

해설 분사 leading은 현재분사로 굳어진 형태입니다.

2. The company hired many **experienced** employees.

그 회사는 많은 숙련된 직원들을 고용했다.

해설 분사 experienced는 과거분사로 굳어진 형태입니다.

🔍 단서 보며 풀어보기
본서 P. 154

1. (B)   **2.** (B)   **3.** (A)   **4.** (B)   **5.** (A)   **6.** (A)

1. Mr. Reed received a **revised** report about the upcoming event.

리드 씨는 곧 있을 행사에 대한 수정된 보고서를 받았다.

해설 a와 명사 report 사이는 형용사 자리로 분사가 들어갈 수 있으며 보고서는 '수정된' 대상이므로 과거분사 (B)가 정답입니다.

2. All gifts will be wrapped in **brightly** colored paper.

모든 선물은 밝은색의 종이에 포장될 것이다.

해설 「빈칸 + 분사 + 명사」의 구조로 분사는 뒤의 명사를 수식하는 형용사이므로 그 앞에는 부사가 와서 분사를 수식합니다. 따라서 (B)가 정답입니다.

3. Please send the **completed** application to our personnel department by June 15.

작성된 지원서를 6월 15일까지 저희 인사팀에 보내주십시오.

해설 the와 명사 application 사이는 형용사 자리로 지원서는 '작성된' 수동의 대상이므로 과거분사 (A)가 들어가야 합니다.

4. Linko is an online store **selling** various office supplies.

링코는 다양한 사무용품을 판매하는 온라인 상점이다.

해설 빈칸 앞은 완전한 절이며 빈칸 이하가 앞의 명사 store를 수식합니다. 이때, 빈칸 뒤에 목적어로 various 이하가 왔으므로 현재분사 (B)가 정답입니다.

5. Team members at the sales department were **disappointed** with their sales figures.

영업 부서의 팀원들은 그들의 매출 수치에 실망했다.

해설 빈칸 were 뒤의 보어 자리이며 주어인 Team members는 사람이므로 과거분사 (A)가 정답입니다. 감정 관련 분사는 사람 명사를 수식하거나 보충할 때 과거분사를 씁니다.

6. You can take advantage of our clearance sale for a **limited** time only.

한정된 시간 동안만 저희 재고 정리 세일을 이용하실 수 있습니다.

해설 명사 time을 수식하는 형용사 자리에 쓰이는 분사 limited는 한 가지 형태만 있으므로 과거분사 (A)가 정답입니다.

💡 실전 문제 풀어보기   본서 P. 155

1. (B)   **2.** (A)   **3.** (C)   **4.** (D)   **5.** (C)   **6.** (D)

1. The vice president visited the **proposed** site for the new factory.

부사장은 새로운 공장으로 제안된 장소에 방문했다.

해설 the와 명사 site 사이는 형용사 자리로, 장소는 '제안된' 것이므로 수동의 의미인 과거분사 (B)가 정답입니다.

2. Shoppers are not recommended to go out as there is an **approaching** storm.

쇼핑객들은 접근 중인 폭풍 때문에 밖으로 나가는 것이 권장되지 않습니다.

해설 an과 명사 storm 사이는 형용사 자리로, 폭풍은 능동적으로 '접근하는' 것이므로 현재분사 (A)가 정답입니다.

3. The researchers summarized the test results in the **attached** file.

연구원들은 첨부된 파일에 실험 결과들을 요약해두었다.

해설 명사 file을 수식하는 자리로 형용사인 분사 (C)가 들어가야 합니다.

4. The terms and conditions **outlined** in this contract are agreed by both parties.

이 계약서에 요약된 조건들은 양측 당사자들에 의해 합의가 되었다.

해설 빈칸 앞은 문장의 주어이며 동사는 are agreed로, 빈칸부터 contract까지는 주어를 뒤에서 수식하는 형태이므로 형용사 역할을 하는 분사가 들어가야 합니다. 빈칸 뒤의 in 이하는 수식어이므로 과거분사 (D)가 들어가야 합니다.

---

5. The All For You Computec is one of the **leading** suppliers of computer equipment in the area.

올포유 컴퓨테크는 그 지역의 컴퓨터 장비의 선도적인 공급업체 중 하나이다.

해설 명사 suppliers를 수식하는 형용사 자리로 leading은 현재분사로만 쓰이는 분사이므로 (C)가 정답입니다.

6. The newly released product achieved an **overwhelming** success in the market.

새로 출시된 제품은 시장에서 엄청난 성공을 거두었다.

해설 명사 success를 수식하는 형용사 자리로, 형용사 역할을 하는 분사 중 overwhelming은 감정을 나타내는 분사로 사물과 어울려 쓰이므로 (D)가 정답입니다.

UNIT 08 전치사

Point ❶ Check up   본서 P. 157

1. New job openings will begin **in** April.

새로운 일자리 공석은 4월에 시작될 것이다.

해설 월(April) 앞에는 '~에'란 의미로 in을 씁니다.

2. Please submit the report **by** Friday.

금요일까지 보고서를 제출하십시오.

해설 마감 시점(Friday)까지 '제출하는' 동작을 한 번만 완료하면 되므로 by가 들어가야 합니다.

Point ❷ Check up   본서 P. 158

1. The weekly team meeting will be held **at** 4 P.M.

주간 팀 회의가 오후 4시에 열릴 것이다.

해설 시각(4 P.M.)은 시점을 나타내는 명사이므로 시점 전치사 at을 씁니다. for는 뒤에 기간을 나타내는 명사가 옵니다.

2. You can exchange the defective item **within** 30 days.

당신은 30일 이내에 결함 있는 제품을 교환할 수 있습니다.

해설 30 days는 기간을 나타내는 명사이므로 within이 들어가야 합니다. by는 시점을 나타내는 전치사입니다.

Point ❸ Check up   본서 P. 159

1. He walked **between** two buildings.

그는 두 건물 사이를 걸었다.

해설 빈칸 뒤의 two와 어울리는 것은 '둘 사이에'라는 의미의 between입니다. among은 '셋 이상' 사이를 의미합니다.

2. The tree is **near** the building.

나무가 건물 근처에 있다.

해설 '~근처에'라는 의미의 전치사는 near입니다. next는 next to로 써야 전치사로 알맞습니다.

Point 4 Check up   본서 P. 160

1. You cannot access the information **without** proper permission.

당신은 적절한 허가 없이는 정보에 접근할 수 없다.

해설 문맥상 뒤의 명사 permission과 어울리는 것은 '~없이'라는 의미의 without입니다.

2. They will expand their business **by** developing new products.

그들은 신제품을 개발함으로써 사업을 확장할 것이다.

해설 문맥상 '~함으로써'라는 의미의 by -ing 표현이 들어가야 합니다.

Point 5 Check up   본서 P. 161

1. This contains detailed information **concerning** the warranty.

여기에는 품질 보증에 관한 자세한 정보가 포함되어 있다.

해설 문맥상 '~에 대한 정보'라는 의미로 '-ing' 형태의 전치사 concerning이 쓰여야 합니다.

2. I need clothes, **such as** T-shirts and jeans.

나는 티셔츠와 청바지 같은 옷이 필요하다.

해설 앞의 명사 clothes의 종류가 뒤에 나열되어 있으므로 구 전치사 such as가 들어가야 합니다.

☑ **단서 보며 풀어보기**   본서 P. 162

1. (B)   **2.** (B)   **3.** (A)   **4.** (A)   **5.** (B)   **6.** (B)

1. The new chief operating officer will visit our factory **on** March 10.

신임 최고 운영 담당자가 3월 10일에 우리 공장을 방문할 것이다.

해설 '~에'라는 의미의 전치사 중 특정 날짜 앞에 쓰이는 것은 (B)입니다. (A)는 in March와 같이 월 앞에 쓰입니다.

2. Health Gym plans to open five new stores **over** the next three months.

헬스 짐은 앞으로 3개월 동안 5개의 새로운 상점들을 열 계획이다.

해설 빈칸 뒤는 기간을 나타내는 명사이므로 기간 전치사 (B)가 들어가야 합니다. (A)는 시점 명사와 어울리는 전치사입니다.

3. The new restaurant will be constructed **along** the coast.

그 새 음식점은 해안가를 따라 건설될 것이다.

해설 빈칸 뒤의 장소 명사와 어울리며 문맥상 자연스러운 것은 (A)입니다. (B)는 뒤에 A and B 또는 복수 명사가 와야 합니다.

4. Mark is responsible for leading a team **as** a manager.

마크는 매니저로서 팀을 이끌 책임이 있다.

해설 빈칸 뒤의 '자격'을 나타내는 명사와 어울려 쓰이며 문맥상 자연스러운 것은 (A)입니다.

5. I have some questions **regarding** our products.

나는 우리 제품들에 대해 몇 가지 질문이 있다.

해설 문맥상 '~에 관하여'라는 의미로 -ing 형태의 전치사 (B)가 정답입니다.

6. All costs below are subject to change based **on** the types of materials.

아래의 모든 비용은 재료의 종류를 바탕으로 변경될 수 있습니다.

해설 based on '~을 바탕으로' 구 전치사가 들어가야 하므로 정답은 (B)입니다.

💡 **실전 문제 풀어보기**   본서 P. 163

1. (B)   **2.** (B)   **3.** (C)   **4.** (D)   **5.** (A)   **6.** (C)

1. The company's fifth anniversary party will last **until** midnight.

그 회사의 5주년 창립 기념일 행사는 자정까지 지속될 것이다.

해설 시점을 나타내는 전치사들 중 '지속하다'란 의미의 동사 last와 어울리는 것은 '지속'의 의미를 가진 (B)입니다.

2. Jay & Rat Dry Cleaners is located **near** Reed Shopping Center.

제이앤랫 드라이 클리너스는 리드 쇼핑센터 근처에 위치하고 있다.

해설 빈칸 뒤의 장소를 나타내는 명사와 어울려 쓰이며 문맥상 자연스러운 것은 (B)입니다. (A)와 (C)는 뒤에 복수 명사가 와야 하며 (D)는 시간을 나타내는 전치사이므로 어울리지 않습니다.

3. You can exchange a defective item **within** 30 days of purchase.

당신은 구입일로부터 30일 이내에 결함 있는 제품을 교환할 수 있습니다.

해설 빈칸 뒤의 기간을 나타내는 명사 30 days와 쓰이며 문맥상 자연스러운 것은 (C)입니다. 나머지 선택지는 시점을 나타내는 명사와 어울려 쓰여야 합니다.

4. **As a result** of the recent renovation, the employee lounge has been temporarily closed.

최근 보수 공사의 결과로 직원 휴게실은 임시로 문을 닫았다.

해설 '~의 결과로'라는 의미의 구 전치사이므로 정답은 (D)입니다.

5. Visitors are not allowed to access the laboratory **without** official permission.

방문객들은 공식적인 허가 없이는 실험실에 접근이 허락되지 않습니다.

해설 빈칸 뒤의 '허가'라는 명사와 쓰이며 문맥상 자연스러운 것은 '~없이'라는 의미의 (A)입니다. 나머지는 장소와 어울려 쓰이는 전치사들입니다.

6. Article submissions to Travelpia Magazine must not exceed 5 pages **excluding** pictures.

트레블피어 매거진에 기사 제출은 사진을 제외하고 5페이지를 초과해서는 안 됩니다.

해설 빈칸 뒤의 명사를 앞의 문장과 연결해 주며 문맥상 자연스러운 것은 (C)입니다. excluding은 -ing 형태의 전치사임을 기억해야 합니다.

UNIT 09 접속사

Point 1 2 Check up   본서 P. 165

1. The company gave Mr. Nam a job offer, **but** he has not yet responded.

회사는 남 씨에게 일자리 제안을 했으나, 그는 아직 답변을 하지 않았다.

해설 앞뒤 문맥상 자연스러운 것은 '제안을 했으나 수락하지 않았다'는 대조적 내용이므로 but이 들어가야 합니다.

2. Both Mr. Parker **and** Ms. Allen will attend the meeting.

파커 씨와 앨런 씨 둘 다 회의에 참석할 것이다.

해설 앞의 Both와 함께 어울려 상관접속사로 쓰이는 것은 and입니다.

Point 3 Check up   본서 P. 166

1. **It** is important that all factory workers follow the safety regulations.

모든 공장 직원들이 안전 규정을 따르는 것이 중요하다.

해설 원래 뒤의 that절이 주어였으나 뒤로 옮겨가며 앞에 가주어 It을 쓰게 된 구조입니다.

2. I do not know **whether** he accepted or refused the offer.

나는 그가 그 제안을 수락했었는지 거절했었시 모른다.

해설 whether와 that은 모두 명사절 접속사지만 문맥상 '~인지 아닌지' 모르겠다는 내용이 자연스럽고 뒤의 or와 어울려 쓰이는 것은 whether입니다.

Point 4 Check up   본서 P. 167

1. **As soon as** you have finished the report, please send it to me.

당신은 보고서를 끝내자마자, 제게 그것을 보내주십시오.

해설 절과 절의 문맥상 '~하자마자' 보내달라는 것이 자연스러우므로 시간 접속사 As soon as가 들어가야 합니다.

2. I will hire him as an assistant **if** he is competent.

만약 그가 유능하다면 나는 그를 비서로 고용할 것이다.

해설 문맥상 '그가 유능하다면' 고용하는 것이므로 조건을 나타내는 if가 들어가야 합니다. unless도 조건이지만 문맥상 알맞지 않습니다.

Point 5 Check up   본서 P. 168

1. **Even though** Michael was sick, he came to work.

마이클은 아팠음에도 불구하고 회사에 왔다.

해설 문맥상 아팠음에도 '불구하고' 회사에 갔다는 내용이므로 양보의 접속사 Even though가 들어가야 합니다.

2. Jim Parker worked **so** hard that he got a promotion.

짐 파커는 매우 열심히 일해서 승진을 했다.

해설 빈칸 뒤의 hard는 부사이므로 앞에는 so가 들어가야 합니다. 참고로, such는 뒤에 명사가 옵니다.

Point 6 Check up   본서 P. 169

1. **Due to** the rise in fuel prices, there are fewer vehicles on the road.

연료 가격의 인상 때문에, 도로에 차량이 줄었다.

해설 둘은 의미가 같지만 Due to는 전치사이고 Because는 접속사입니다. 괄호부터 콤마까지는 명사구이므로 전치사가 들어가야 합니다.

2. Mr. Thomas read the newspaper **while** he waited for a flight to New York.

토마스 씨는 뉴욕행 비행기를 기다리는 동안 신문을 읽었다.

해설 둘은 의미가 같지만 during은 전치사이고 while은 접속사입니다. 앞뒤의 절과 절을 연결해야 하므로 접속사 while이 들어가야 합니다.

🔍 **단서 보며 풀어보기**   본서 P. 170

1. (A)   **2.** (B)   **3.** (B)   **4.** (A)   **5.** (B)   **6.** (A)

1. You should submit the report on Monday **or** Tuesday.

당신은 월요일 또는 화요일에 보고서를 제출해야 한다.

해설 문맥상 월요일 '또는' 화요일에 제출하는 것이 자연스러우므로 (A)가 정답입니다. 참고로, 등위접속사 so는 결과 절만 연결하므로 답이 될 수 없습니다.

2. **Neither** Mr. Jones nor Mr. Adams accepted the job offer from our competitor.

존스 씨와 애덤스 씨 둘 다 우리 경쟁사로부터의 일자리 제안을 수락하지 않았다.

해설 상관접속사 Neither A nor B 'A와 B 둘 다 아닌'을 묻는 문제이므로 (B)가 정답입니다.

3. A survey indicates **that** the response to the new product is positive.

설문 조사에는 신제품에 대한 반응이 긍정적이라는 것이 나타나 있다.

해설 빈칸 이하는 동사 indicates의 목적어 역할을 해야 하므로 명사절 접속사 (B)가 정답입니다.

4. The meeting was canceled **because** a problem was found in Room 101.

101호에서 문제가 발견되었기 때문에 회의가 취소되었다.

해설 문맥상 '문제가 발견되었기 때문에'라는 의미로 이유를 나타내는 접속사 (A)가 들어가야 합니다.

5. The project was so successful **that** the manager gave the team a bonus.

프로젝트가 매우 성공적이어서 매니저는 팀에게 보너스를 주었다.

해설 빈칸 앞의 so와 함께 어울려 '매우 ~해서 ~하다'라는 의미로 쓰이는 접속사 (B)가 정답입니다.

6. Ms. Warden called in sick, so Mr. Wang will replace her **during** her absence.

워든 씨가 전화로 병결을 알려서 왕 씨가 그녀의 결근 중에 그녀를 대신할 것이다.

해설 선택지는 '~동안에'라는 의미의 전치사와 접속사이며 빈칸 뒤에는 명사구(her absence)가 있으므로 전치사 (A)가 들어가야 합니다.

💡 실전 문제 풀어보기
본서 P. 171

1. (B) **2.** (D) **3.** (A) **4.** (B) **5.** (B) **6.** (C)

1. Mr. Jones caught an earlier flight, **so** he was able to finish the meeting successfully.

존스 씨는 더 이른 비행기를 탔고, 그래서 그는 회의를 성공적으로 끝낼 수 있었다.

해설 문맥상 적절한 등위접속사를 고르는 문제입니다. 빈칸 앞뒤 내용상 '결과'를 의미하는 (B)가 가장 자연스럽습니다.

2. The marketing team finished the project successfully **though** the work was behind schedule.

일이 일정보다 늦어졌음에도 불구하고 마케팅 팀은 프로젝트를 성공적으로 끝냈다.

해설 빈칸 앞뒤의 절과 절을 연결하며 문맥상 자연스러운 것은 (D)입니다. 같은 의미의 (A)와 (B)는 전치사이므로 들어갈 수 없습니다. (C)는 in order to '~하기 위해서'라는 표현의 일부입니다.

3. We have not determined **whether** the seminar will be held in Room 101 or 102.

우리는 세미나를 101호에서 열지 102호에서 열지 결정하지 않았다.

해설 빈칸 뒤의 절은 동사 have not determined의 목적어 역할을 하므로 명사 역할을 하며 or not과 어울려 쓰이는 것은 명사절 접속사 (A)입니다. (B)와 (C)는 접속사가 아니며 (D)는 부사절 접속사입니다.

4. Please fill out a form about your experience **so that** we can improve our service.

저희가 서비스를 개선할 수 있도록 귀하의 경험에 대해 서식을 작성해 주십시오.

해설 빈칸 앞뒤의 문맥상 자연스러운 것은 '~하도록'이라는 의미의 (B)입니다. (A)와 (D) 역시 접속사지만 의미상 맞지 않고, (C)는 접속사가 아니므로 절과 절을 연결할 수 없습니다.

5. The company announced **that** Justin Cooper became the new president.

그 회사는 저스틴 쿠퍼가 새로운 사장이 되었다고 발표했다.

해설 빈칸 앞뒤의 절과 절을 연결하며 동사 announced의 목적어 역할을 하는 것은 명사절 접속사 (B)입니다.

6. House Holding sells not only office furniture **but** office supplies.

하우스 홀딩은 사무 가구뿐만 아니라 사무용품들도 판매한다.

해설 상관접속사 not only A but (also) B 'A뿐만 아니라 B도'를 묻는 문제이므로 (C)가 정답입니다. also는 부사이므로 생략 가능합니다.

UNIT 10 관계대명사

Point ① Check up
본서 P. 173

1. She interviewed two applicants **who** passed the test.

그녀는 시험에 통과한 두 명의 지원자들을 면접을 보았다.

해설 빈칸 앞의 절과 뒤의 절을 연결하며 뒤의 동사 passed의 주어 역할을 해야 하므로 주격 관계대명사가 들어가야 합니다.

2. The company hired Mr. Jones, and **he** has excellent skills.

그 회사는 존스 씨를 고용했고, 그는 뛰어난 기술을 가지고 있다.

해설 앞뒤의 절이 이미 접속사 and로 연결되었으므로, has의 주어로 대명사 he가 들어가면 됩니다.

Point 2 Check up   본서 P. 174

1. Mr. Jacob opened a restaurant **which** attracts many customers.

제이콥 씨는 많은 고객들을 유치하는 레스토랑을 열었다.

해설 앞의 선행사가 사물 명사(restaurant)이므로 which가 들어가야 합니다. who는 선행사가 사람 명사일 때 쓰입니다.

2. This is the book **that** the manager read during her vacation.

이것은 매니저가 휴가 중에 읽은 책이다.

해설 주어(the manager)와 동사(read) 뒤에 목적어가 없으므로 목적격 관계대명사 that이 정답입니다.

Point 3 Check up   본서 P. 175

1. Applicants who **have** strong computer skills are preferred.

능숙한 컴퓨터 능력을 갖춘 지원자들이 선호된다.

해설 who 뒤의 동사는 앞의 선행사에 수 일치를 해야 해요. 선행사(Applicants)가 복수 명사이므로 have가 정답입니다.

2. He attached a document which **includes** the project details.

그는 프로젝트 세부 사항을 포함하고 있는 서류 하나를 첨부했다.

해설 주격 관계대명사 which 뒤의 동사의 능동/수동 여부는 뒤의 목적어를 확인해야 합니다. the project details라는 목적어가 있으므로 능동태인 includes가 정답입니다.

Point 4 5 Check up   본서 P. 176

1. The person **whom** you met at the conference was my supervisor.

당신이 학회에서 만났던 그 사람은 저의 상사였습니다.

해설 뒤에 '주어(you)+동사(met)'가 왔으며 met 뒤에 목적어가 없으므로 목적격 관계대명사가 들어가야 합니다.

2. The company **whose** products are made in Korea is very successful.

제품이 한국에서 만들어지는 그 회사는 매우 성공하고 있다.

해설 뒤에 '주어(products) + 동사(are made)'가 있으나 동사가 수동태이므로 목적어가 필요 없습니다. 따라서, 명사 products 앞에 소유격 관계대명사가 와야 합니다.

Point 6 7 Check up   본서 P. 177

1. Those **interested** in the seminar should contact Mr. Bretton.

세미나에 관심 있는 사람들은 브레튼 씨에게 연락하십시오.

해설 괄호부터 seminar까지는 주어인 Those를 수식해요. 이때 Those 뒤에는 '주격 관계대명사 + be동사(who are)'가 생략되어 있으므로 be interested in '~에 관심이 있다'이라는 표현의 일부인 interested가 정답입니다.

2. Mr. Moore attended a seminar, **which** provided useful information.

무어 씨는 세미나에 참석했는데, 그 세미나는 유용한 정보를 제공했다.

해설 콤마 뒤에는 that이 올 수 없으므로 which가 들어가야 합니다. which는 앞의 a seminar를 보충 설명하는 주격 관계대명사입니다.

🔍 단서 보며 풀어보기   본서 P. 178

1. (A)   **2.** (B)   **3.** (A)   **4.** (B)   **5.** (A)   **6.** (A)

1. Customers **who** want to pay by check should show their ID.

수표로 지불하기를 원하는 고객들은 그들의 신분증을 보여주어야만 한다.

해설 빈칸 앞의 선행사가 사람 명사(Customers)이므로 (A)가 정답입니다. (B)는 선행사가 사물 명사일 때 쓰입니다.

2. Mr. Anderson opened a store **which** became very profitable.

앤더슨 씨는 매우 수익성이 있는 상점을 열었다.

해설 빈칸 앞의 선행사가 사물 명사(a store)이므로 (B)가 정답입니다. (A)는 선행사가 사람 명사일 때 쓰입니다.

3. All employees who **operate** the new equipment must wear safety helmets.

새 장비를 작동시키는 모든 직원들은 안전모를 착용해야만 한다.

해설 주격 관계대명사 who 뒤는 동사 자리이며 이때 동사는 태가 맞아야 합니다. 빈칸 뒤에 명사인 목적어가 있으므로 능동태 (A)가 정답입니다. (B)는 수동태이며 뒤에 목적어 없이 쓰입니다.

4. The company **whose** tickets are affordable attracts more customers.

표가 저렴한 그 회사는 더 많은 고객들을 유치한다.

해설 빈칸부터 affordable까지는 앞의 선행사를 수식하며 이때 빈칸 뒤에 명사 tickets가 있으므로 명사 앞에 소유격 관계대명사 (B)가 들어가야 합니다.

5. The new manager **he** met was his previous supervisor.

그가 만난 새로운 매니저는 그의 이전 상사였다.

해설 빈칸부터 met까지는 앞의 선행사를 수식하며 이때 빈칸 앞에는 목적격 관계대명사 whom / that이 생략되어 있으므로 met 앞에 주격 대명사 (A)를 넣어야 합니다.

6. Our company is seeking new employees, **who** can work abroad.

저희 회사는 해외에서 근무할 수 있는 신입 직원들을 찾고 있습니다.

해설 사람 명사(employees)를 수식하며 빈칸 뒤에 동사가 있으므로 주격 관계대명사 (A)가 들어가야 합니다. 빈칸 앞에 콤마(,)가 있으므로 (B)는 들어갈 수 없습니다.

실전 문제 풀어보기

1. (A) **2.** (C) **3.** (B) **4.** (A) **5.** (D) **6.** (A)

1. The critic met the well-known writer **who** published a novel last year.

그 비평가는 작년에 소설을 출판한 유명한 저자를 만났다.

해설 빈칸 앞의 선행사(writer)는 사람 명사이며 빈칸 뒤에는 동사 (published)가 있으므로 주격 관계대명사 (A)가 들어가야 합니다.

2. We will contact applicants **whose** qualifications meet the requirements.

우리는 자격이 필요 조건을 충족시키는 지원자들에게 연락할 것이다.

해설 빈칸 앞의 선행사(applicants)는 사람 명사이며 빈칸 뒤에는 명 사(qualifications)가 있으므로 소유격 관계대명사 (C)가 정답 입니다.

3. The new book store, **which** is now under construction, is scheduled to open next month.

현재 공사 중인 새 서점은 다음 달에 문을 열 예정이다.

해설 빈칸 앞의 선행사(The new book store)는 사물 명사이며 빈칸 뒤에는 동사(is)가 있으므로 주격 관계대명사 (B)가 정답입니다. (D)는 콤마 뒤에 쓰일 수 없습니다.

4. Those **who** are interested in the seminar should contact the HR department.

세미나에 관심 있는 사람들은 인사부에 연락해야만 한다.

해설 빈칸 앞의 Those는 '사람들'이란 의미로 쓰이므로 사람 선행사 로 볼 수 있고 빈칸 뒤에는 동사 are가 있으므로 (A)가 정답입니 다. Those who '~하는 사람들'을 외워두어야 합니다.

5. Green World is an organization **whose** mission is to protect the environment.

그린 월드는 환경을 보호하는 것이 임무인 조직이다.

해설 빈칸 앞의 선행사(an organization)는 사물 명사이며 빈칸 뒤에 는 명사(mission)가 있으므로 소유격 관계대명사 (D)가 정답입 니다.

6. The manager praised the employees who **were involved** in the volunteering work.

매니저는 자원봉사 일에 참여한 직원들을 칭찬했다.

해설 주격 관계대명사 who 뒤는 동사 자리이며 이때 동사는 앞의 선 행사와 수 일치, 시제, 태가 맞아야 해요. 빈칸 뒤에 수식어구(in 이하)가 있으므로 빈칸에는 수동태 (A)가 정답입니다.

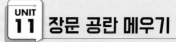

UNIT 11 장문 공란 메우기

RC

Point 1 대명사 문제
본서 P. 180

Dear Ms. Gordon,

Thank you for choosing Veltri Resort for your upcoming company event. I believe that once you see our modern amenities, you will definitely want to book your event here. I would like to meet with you at the resort to answer any questions you may have. During **(A) our** appointment, we will offer you a full tour of the facility. Please let me know a convenient date and time for you.

고든 씨에게,

귀하의 곧 있을 회사 행사에 벨트리 리조트를 선택해 주신 것에 감사 드립니다. 귀하께서 저희의 최신 시설을 보신다면 분명 이곳에서 귀하 의 행사를 예약하고 싶어질 것입니다. 저는 리조트에서 귀하를 만나 궁 금하신 점에 대해 답변을 드리고 싶습니다. **우리의** 약속 중에, 저희는 귀하께서 시설 전체를 둘러보실 수 있게 해드리겠습니다. 귀하께서 편 하신 날짜와 시간을 알려주십시오.

Point 2 시제 문제
본서 P. 181

Blooming Department Store is seeking two full-time employees for personal shopper positions. The personal shoppers **(B) will be assisting** customers with merchandise selection and outfit coordination. Two years' experience in a retail sales environment is preferred. However, applicants with an extensive knowledge of fashion will also be considered. Applications can be picked up at our customer service counter.

블루밍 백화점은 개인 쇼핑 상담사 자리의 정규직 직원 두 명을 구하 고 있습니다. 개인 쇼핑 상담사들은 고객들의 제품 선택과 의상 코디를 **도울 것입니다.** 소매업 환경에서 2년간의 경력이 선호됩니다. 하지만, 지원자의 패션에 대한 폭넓은 지식 또한 고려 대상이 됩니다. 지원서는 저희 고객 서비스 센터에서 가져가실 수 있습니다.

Point 3 접속부사 문제
본서 P. 182

At the Library, we value feedback from our patrons. Many library users have made complaints about the old computers available to the public. Fortunately, the board has approved funding, and we have added seven new computers. Also, there is increasing demand among users for learning computer programs. **(D) Therefore,** the library will be holding monthly workshops to meet the needs. These workshops will be offered free of charge.

저희 도서관은 고객들의 의견을 소중히 생각합니다. 많은 도서관 이용객들이 대중들이 이용 가능한 낙후된 컴퓨터에 대해 불만을 가지고 있습니다. 다행히도 이사회에서 자금을 승인하여 7대의 새 컴퓨터를 추가합니다. 또한, 이용객 사이에서 컴퓨터 프로그램을 배우고 싶다는 요구가 증가하고 있습니다. **그러므로**, 도서관에서는 이 요구에 부응하고자 매월 워크숍을 개최할 것입니다. 이 워크숍은 무료로 제공될 것입니다.

Point ④ 문장 넣기 문제　　　　　　본서 P. 183

Dear Mr. King,

My name is Alicia Turner, and I am the assistant editor of Tech Monthly. I'm currently making arrangements for our next issue, which will feature successful entrepreneurs in the industry. You definitely fall into this category, so I would like to interview you for an article. If you have time to talk to us sometime next week, please let me know. **(B) I am able to visit your office at any time.** Thank you for your consideration.

(A) We are hiring a new journalist soon.
(B) I am able to visit your office at any time.
(C) It was an enjoyable meeting.
(D) He is now on a business trip.

킹 씨께,

제 이름은 알리샤 터너이며 저는 〈월간 테크〉의 부편집자입니다. 저는 현재 업계에서 성공한 기업가들을 특집으로 다룰 저희 다음 호를 준비 중입니다. 귀하께서는 당연히 이에 해당하시므로 기사 인터뷰를 하고 싶습니다. 다음 주 중에 저희와 이야기를 나눌 시간이 있으시면 제게 알려주십시오. **저는 언제든지 귀하의 사무실에 방문할 수 있습니다.** 고려해 주셔서 감사합니다.

(A) 저희는 새로운 기자를 곧 고용할 것입니다.
(B) 저는 언제든지 귀하의 사무실에 방문할 수 있습니다.
(C) 즐거운 회의였습니다.
(D) 그는 현재 출장 중입니다.

✅ 단서 보며 풀어보기　　　　　　본서 P. 184

1. (A)　**2.** (B)　**3.** (A)　**4.** (A)

Questions 1-4 refer to the following e-mail.

To: Theresa Dorsey <tdorsey@alvesfinancial.com>
From: Greg Whitten <gwhitten@alvesfinancial.com>
Date: June 9
Subject: Reimbursement of expenses

Dear Ms. Dorsey,

I received your e-mail on May 30 about reimbursement for your business dinner. Unfortunately, your request was submitted too late. **(A) Therefore**, this month's paycheck does not include this amount. Your request **(B) will be processed** next week. In the future, please submit all receipts to the accounting department on time to avoid delays in **(A) payment**. **(A) Thank you for your cooperation.**

Sincerely,
Greg Whitten
Head accountant, Alves Financial

1-4번은 다음 이메일에 관한 문제입니다.

수신: 테레사 도시 <tdorsey@alvesfinancial.com>
발신: 그레그 휘튼 <gwhitten@alvesfinancial.com>
날짜: 6월 9일
제목: 비용 환급

도시 씨께,

귀하께서 사업상 저녁을 드신 것의 환급에 대한 이메일을 5월 30일에 받았습니다. 안타깝게도, 귀하의 요청서는 너무 늦게 제출되었습니다. **그러므로**, 이번 달 급여에는 이 금액이 포함되지 않습니다. 귀하의 요청서는 다음 주에 **처리될 것입니다.** 앞으로는 **지급**의 지연을 피하기 위해서 시간에 맞게 회계 부서에 모든 영수증을 제출해 주십시오. **협조해 주셔서 감사합니다.**

그레그 휘튼 드림
알버즈 파이낸셜, 수석 회계사

1. 해설 빈칸 앞에는 요청서가 늦게 제출되었다는 내용이, 빈칸 뒤에는 이번 달 급여에는 금액이 포함되지 않는다는 내용이 나오고 있으므로 빈칸에는 결과를 나타내는 접속부사 (A)가 정답입니다.

2. 해설 빈칸 뒤에 next week이 있으므로 미래 시제인 (B)가 들어가야 합니다.

3. 해설 문맥상 금액의 '지급'이 지연된 것이므로 이를 피하기 위해서는 제때에 영수증을 제출해 달라는 내용이므로 (A)가 정답입니다.

4. 해설 부서 간에 협조를 부탁하는 내용이므로 협조에 감사한다는 형식적인 인사가 글의 마지막에 가장 적절합니다. 따라서 (A)가 정답입니다.

1. (C) **2.** (D) **3.** (B) **4.** (A)

Questions 1-4 refer to the following letter.

Dear Ms. Lewis,

This letter is in response to your request for the **(C) replacement** of the air conditioning unit you purchased on June 7. **(D) We are sorry for the malfunction with your device.** Now, we are happy to send you a new model as quickly as possible. **(B) However**, in accordance with the warranty, you are required to send a copy of the receipt first. Once we receive **(A) it**, we can process your request. If you have any questions about the process, please call us at 1-800-555-0683.

Sincerely,
Emily Mendez
Warranty Services, Durham Appliances

1-4번은 다음 이메일에 관한 문제입니다.

루이스 씨께,

이 편지는 귀하께서 6월 7일에 구매하신 에어컨의 **교체** 요청에 대한 답변입니다. **기기의 오작동에 대해 사과드립니다.** 현재, 저희는 가능한 한 빨리 새로운 모델을 보내드리고자 합니다. **하지만,** 품질 보증서에 따르면, 귀하께서 먼저 영수증 사본 한 부를 보내주셔야 합니다. 저희가 **그것을** 받고 나서, 귀하의 요청을 처리할 수 있습니다. 처리에 대해 궁금한 점이 있으시면 1-800-555-0683으로 전화 주세요.

에밀리 멘데즈 드림
더햄 가전, 품질 보증 서비스팀

1. 해설 6월 7일에 이미 에어컨을 구입했고 아래 내용에서 새로운 모델을 보내준다고 했으므로 문제가 생겨 '교체'해준다는 내용임을 알 수 있습니다. 따라서 (C)가 정답입니다.

2. 해설 빈칸 뒤의 내용에서 새로운 모델을 보내준다고 했고 조건으로 영수증 사본을 먼저 보내달라고 했으므로 에어컨(기기)에 문제가 있음을 알 수 있습니다. 이에 사과하는 내용인 (D)가 들어가야 합니다.

3. 해설 빈칸 앞의 내용에서는 새로운 모델을 보내준다고 했으나 빈칸 뒤의 문장에서 영수증을 보내달라고 조건을 제시했으므로 이 조건이 안 맞는다면 새 모델을 보내줄 수 없으므로 앞뒤의 내용이 대조적일 때 쓰이는 (B)가 정답입니다.

4. 해설 문맥상 알맞은 대명사를 고르는 문제입니다. 앞의 문장에서 a copy of the receipt를 보내달라고 했고 이것을 받으면 처리가 된다고 했으므로 단수 사물 명사를 대신하는 (A)가 정답입니다.

UNIT 12 독해

Point 1 핵심 정보 문제   본서 P. 186

Dear Mr. Fox,

Thank you for offering me the opportunity to speak at Boyd High School. As a proud alumnus of the school, I would be honored to take part. I looked over the available dates, and Wednesday, June 15 will provide the best fit for my schedule.

Q. What is the purpose of the e-mail?
(A) To request a schedule
(B) To accept an invitation

폭스 씨께,

보이드 고등학교에서 강연할 기회를 주셔서 감사합니다. 자랑스러운 동문으로 참여하게 되어 영광입니다. 시간이 되는 날짜를 검토했는데, 6월 15일 수요일이 제 일정상 가장 적합합니다.

Q. 이메일의 목적은 무엇인가?
(A) 일정을 요청하려고
(B) 초대에 응하려고

Point 2 상세 정보 문제   본서 P. 187

Thank you for your purchase of Guarave!

This is how to get started on using your GP2.

Your GP2 will need to log onto our servers. Make sure you go onto our website to create your account first. Press the power button, and you will be prompted to log in. Enter your details, and if it is successful, you should be taken to the home screen.

Q. What should the user do first?
(A) Make an account
(B) Register a device

구아라브를 구입해주셔서 감사합니다!

GP2 사용을 시작하는 방법은 다음과 같습니다.

GP2 서버에 로그인이 필요합니다. 저희 웹사이트에 접속하여 먼저 계정을 만들어야 합니다. 전원버튼을 누르면 로그인하라는 메시지가 나타납니다. 세부 정보를 입력하고, 문제 없으면 홈 화면으로 넘어갑니다.

Q. 사용자는 가장 먼저 무엇을 해야 하는가?
(A) 계정을 만들어야 한다
(B) 기기를 등록해야 한다

Albany Grand Hotel
Room Service Order

Room Number: 418
Guest: Edna Sosa

Order Received: July 13 at 4:30 P.M.
Order Details: Dinner Special Platter 2 and Dessert Set 4
Order Total: $51.70

Q. What is indicated about Ms. Sosa?
(A) She ordered two items from the hotel.
(B) She requested a room change.

알바니 그랜드 호텔
룸서비스 주문서

객실 번호: 418호
투숙객: 에드나 소사

주문 시각: 7월 13일 오후 4시 30분
주문 내역: 디너 스페셜 플래터 2 및 디저트 세트 4
총 주문 금액: 51.70달러

Q. 소사 씨에 관하여 알 수 있는 것은 무엇인가?
(A) 호텔에서 두 개의 품목을 주문했다.
(B) 룸 변경을 요청했다.

(12 February) – The Australia-based Futura Corporation announced on Tuesday the new CEO to lead the company following Thomas Griffin's retirement. It was announced that Jane Oliver will assume the position of CEO.

Ms. Oliver has been with the company for 15 years. She spent the first few years of her career here expanding the company's operations to cover America and China. In her current position, Ms. Oliver serves as the Director of Strategy for the Mexico division.

Q. The word "cover" in paragraph 2, line 2, is closest in meaning to
(A) protect
(B) include

(2월 12일) – 호주에 본사를 둔 퓨처라 코퍼레이션에서 토마스 그리핀의 퇴임 후 회사를 이끌 새로운 CEO를 화요일에 발표했다. 제인 올리버가 CEO직을 맡게 된다고 발표되었다.

올리버 씨는 이 회사에서 15년 동안 근무해왔다. 그녀는 직장 생활의 처음 몇 년을 미국과 중국을 포함하도록 회사의 사업을 확장하면서 보냈다. 현 직무에서 올리버 씨는 멕시코 지부의 전략본부장을 맡고 있다.

Q. 두 번째 단락, 두 번째 줄의 단어 "cover"와 의미상 가장 가까운 것은
(A) 보호하다
(B) 포함시키다

Nellie Cohen (11:21 A.M.)
Good morning, team. Has anyone managed to contact Mr. Arnold regarding the Laguna Mall blueprints? We still haven't received them, and we can't begin construction until we do.

Mario Spencer (11:23 A.M.)
Perhaps they're in our mailbox. Did you check the mailbox marked "Fletchers Development"?

Nellie Cohen (11:25 A.M.)
Sure did. No luck.

Q. At 11:25 A.M., what does Ms. Cohen most likely mean when she writes, "No luck"?
(A) She has not contacted the sender.
(B) She has already checked the mailbox.

넬리 코헨 (오전 11시 21분)
팀원 여러분, 안녕하세요. 라구나 몰 설계도 관련하여 아놀드 씨와 연락 한 분 계신가요? 저희가 아직도 못 받았는데, 받을 때까지 공사를 시작할 수 없어요.

마리오 스펜서 (오전 11시 23분)
어쩌면 메일함에 있을지도 몰라요. "플레쳐 개발"이라고 표시된 메일함 확인해 보셨나요?

넬리 코헨 (오전 11시 25분)
물론 했죠. 운이 없네요.

Q. 오전 11시 25분에, 코헨 씨가 "운이 없네요"라고 할 때 무엇을 의미하겠는가?
(A) 발신자에게 연락하지 못했다.
(B) 메일함을 이미 확인했다.

Dear staff,

Please note the following announcements for the month of September. —[1]—.

You may have heard on the news that due to extended drought, the price of most vegetables has risen. To reflect this, we will also be temporarily raising our prices. —[2]—.

Q. In which of the positions marked [1] and [2] does the following sentence best belong?

"We will be placing a notice on our doors to relay this to our customers."

(A) [1]

(B) [2]

직원 여러분께,

다음 9월 공지 사항에 주목해 주시기 바랍니다. —[1]—.

길어진 가뭄으로 인해 채소 가격이 대부분 올랐다는 소식을 들어보셨을 겁니다. 이를 반영해, 저희도 임시로 가격을 인상할 예정입니다. —[2]—.

Q. [1]과 [2]로 표시된 곳 중, 다음 문장이 들어갈 위치로 가장 적절한 것은?

"고객에게 이를 알리기 위해 문에 안내문을 붙일 예정입니다."

(A) [1]

(B) [2]

본서 P. 192

단서 보며 풀어보기

1. (B) **2.** (B) **3.** (B) **4.** (B)

Questions 1-2 refer to the following information.

[1] Congratulations on your purchase of the PTech's SmartWatch. We would like to extend our deepest gratitude for choosing PTech. Note that from the time of your purchase, you have a five-year warranty period. [2] If you notice any defects in your watch during this time, log on to our website. You will find instructions on how to apply for a replacement.

1-2번은 다음 안내문에 관한 문제입니다.

귀하의 PTech 스마트워치 구매를 축하드립니다. PTech를 선택해 주셔서 진심으로 감사드립니다. 구입 시점부터 5년간 품질 보증을 받게 된다는 점을 기억해 주세요. 이 기간 중 시계에 결함을 발견하시면, 당사 웹사이트에 접속해 주세요. 교체품 신청 방법에 관한 설명서를 찾아보실 수 있습니다.

1. For whom is the information most likely intended?

(A) PTech employees

(B) Watch owners

안내문은 누구를 대상으로 하겠는가?

(A) PTech 직원

(B) 시계 소유자

해설 첫 번째 줄에서 Congratulations on your purchase of the PTech's SmartWatch. We would like to extend our deepest gratitude for choosing PTech. (귀하의 PTech 스마트워치 구매를 축하드립니다. PTech를 선택해 주셔서 진심으로 감사드립니다.)라고 하여 스마트워치를 새로 구입한 사람에게 보내는 안내문이라는 것을 알 수 있으므로 (B)가 정답입니다.

2. According to the information, what is available on the company's website?

(A) Guide on fixing common minor issues

(B) Procedure for receiving a replacement

안내문에 따르면, 회사 웹사이트에서 무엇을 이용할 수 있는가?

(A) 흔히 발생하는 사소한 문제 해결 가이드

(B) 교체품 받는 절차

해설 세 번째 줄에서 If you notice any defects in your watch during this time, log on to our website. You will find instructions on how to apply for a replacement. (이 기간 중 시계에 결함을 발견하시면, 당사 웹사이트에 접속해 주세요. 교체품 신청 방법에 관한 설명서를 찾아보실 수 있습니다.)라고 했으므로 지문의 instructions on how to apply for a replacement를 비슷한 표현으로 바꿔 쓴 (B)가 정답입니다.

Questions 3-4 refer to the following text-message chain.

Lowell Floyd (10:35 A.M.)

[1] Hi, Luke and Dora. [2] I wanted to go over a few things before I leave for my trip. [1] When will the two of you have time this week to get together?

Luke Spencer (10:37 A.M.)

Hi, Lowell. Sorry, but this is news to me. When are you leaving?

Dora Vasquez (10:38 A.M.)

Hi, Lowell. Good call. [2] I was about to suggest the same thing.

3-4번은 다음 문자메시지 대화문에 관한 문제입니다.

로웰 플로이드 (오전 10시 35분)

안녕하세요, 루크, 도라. 제가 출장 가기 전에 몇 가지 점검하고 싶어요. 두 분 이번 주에 언제 모이는 게 좋으세요?

루크 스펜서 (오전 10시 37분)

안녕하세요, 로웰. 죄송하지만, 처음 듣는 소식이네요. 언제 떠나세요?

도라 바스케스 (오전 10시 38분)

안녕하세요, 로웰. 좋아요. 저도 같은 제안을 하려던 참이었어요.

3. Why is Mr. Floyd writing to Mr. Spencer and Ms. Vasquez?

(A) To notify them of a business trip

(B) To organize a meeting

플로이드 씨는 왜 스펜서 씨와 바스케스 씨에게 메시지를 보내고 있는가?

(A) 출장을 알리려고

(B) 회의를 소집하려고

해설 오전 10시 35분에 로웰 플로이드가 Hi, Luke and Dora. (안녕하세요, 루크, 도라.)라고 하며 When will the two of you have time this week to get together? (두 분 이번 주에 언제 모이는 게 좋으세요?)라고 했으므로 (B)가 정답입니다.

4. At 10:38 A.M., what does Ms. Vasquez most likely mean when she writes, "Good call"?

(A) She is glad that Mr. Floyd called a client.

(B) She agrees with Mr. Floyd's suggestion.

오전 10시 38분에, 바스케스 씨가 "좋아요"라고 할 때 무엇을 의미하겠는가?

(A) 플로이드 씨가 고객에게 전화해서 기쁘다.

(B) 플로이드 씨의 제안에 동의한다.

해설 오전 10시 35분 ~ 오전 10시 38분 대화에서 로웰 플로이드가 I wanted to go over a few things before I leave for my trip.(제가 출장 가기 전에 몇 가지 점검하고 싶어요.)이라고 한 말에, 도라 바스케스가 Good call.(좋아요.)이라고 하며 I was about to suggest the same thing.(저도 같은 제안을 하려던 참이었어요.)이라고 말한 것이므로 (B)가 정답입니다.

💡 실전 문제 풀어보기   본서 P. 194

1. (C)   **2.** (A)   **3.** (B)   **4.** (C)

Questions 1-2 refer to the following memo.

MEMO

To: All Tropicalia Staff

From: Kristine Massey

Subject: Returned Parcels

2 Date: 9 September

1 We have received reports of our parcels being returned to us. We have determined the problem to be due to our system automatically routing parcels going to Asia through our Davidson hub. However, our Davidson hub is currently not operating. Our IT team is currently working on changing the routing on our system. **2** The fix is expected to be completed within the month. Until the fix is in, please route parcels going to Asia manually.

1-2번은 다음 회람에 관한 문제입니다.

회람

수신: 트로피칼리아 전 직원

발신: 크리스틴 매시

제목: 반송 소포

날짜: 9월 9일

저희 소포가 반송되고 있다는 보고를 받았습니다. 그 문제가 데이비슨 허브를 거쳐 아시아로 가는 소포를 자동으로 발송하는 시스템 때문인 것으로 확인했습니다. 하지만 데이비슨 허브는 현재 작동하고 있지 않습니다. IT 부서에서 현재 시스템상 발송을 변경하는 작업을 진행 중입니다. **수리는 이번 달 내에 완료될 예정입니다.** 수리가 될 때까지 아시아로 가는 소포를 수동으로 발송해 주시기 바랍니다.

---

1. What is the purpose of the memo?

(A) To remind staff to update a form

(B) To request a change on a menu

(C) To notify staff of a problem

(D) To explain a policy change

회람의 목적은 무엇인가?

(A) 직원에게 양식을 업데이트하라고 알려주려고

(B) 메뉴 변경을 요청하려고

(C) 직원에게 문제를 알려주려고

(D) 정책 변경 사항을 설명하려고

해설 도입 문장에서 We have received reports of our parcels being returned to us.(저희 소포가 반송되고 있다는 보고를 받았습니다.)라고 했으므로 (C)가 정답입니다.

2. When will the IT department complete its task?

(A) In September

(B) In October

(C) In November

(D) In December

IT 부서는 언제 업무를 완료할 것인가?

(A) 9월에

(B) 10월에

(C) 11월에

(D) 12월에

해설 회람 작성일이 9월 9일로 되어 있는데, The fix is expected to be completed within the month.(수리는 이번 달 내에 완료될 예정입니다.)라고 하여 9월 안에 완료할 것임을 알 수 있으므로 (A)가 정답입니다.

Questions 3-4 refer to the following e-mail.

To: Felix Coleman

From: Lucy King

Date: October 18

Subject: Flight booking reference #495ST

Dear Mr. Coleman,

I am writing this e-mail regarding booking reference #495ST. It is for a flight from Darisville to Wellsburg, flying out on October 21. —[1]—. **3 As you may know, the weather has made the flight impossible.** —[2]—. I called the airline help desk, and I was advised to contact you regarding the refund process.

4 As I understand it, I am eligible for a full refund due to the cancellation being made by the airline. —[3]—. However, I could not find any information on how the refund is given and in what timeframe. —[4]—. If possible, I would like the refund to be processed as soon as possible. Thank you for your understanding in this matter.

Best regards,

Lucy King

3–4번은 다음 이메일에 관한 문제입니다.

수신: 펠릭스 콜맨

발신: 루시 킹

날짜: 10월 18일

제목: 항공 예약 번호 495ST

콜맨 씨께,

예약 번호 495ST 관련하여 이메일을 드립니다. 10월 21일 출발하는 다리스빌발 웰스버그행 항공편입니다. —[1]—. **아시다시피, 날씨로 인해 비행이 불가능하게 됐습니다.** —[2]—. 항공사 안내 데스크로 전화했더니, 환불 절차 관련하여 당신께 연락하라고 안내 받았습니다.

제가 알기로는, 항공사 사유로 취소되어 전액 환불 받을 수 있다고 알고 있습니다. —[3]—. 그런데 환불 방법과 시기에 관해서는 정보를 찾지 못했습니다. —[4]—. 가능하다면, 최대한 빨리 환불이 처리되었으면 합니다. 이 문제에 대해 이해해 주셔서 감사합니다.

루시 킹 드림

3. What is indicated about Ms. King's flight?

(A) It is an overbooked flight.

(B) It has been canceled.

(C) It is landing in Darisville.

(D) It includes a hotel reservation.

킹 씨의 항공편에 관하여 알 수 있는 것은 무엇인가?

(A) 초과 예약되었다.

(B) 취소되었다.

(C) 다리스빌에 착륙하고 있다.

(D) 호텔 예약이 포함된다.

해설 첫 번째 단락에서 As you may know, the weather has made the flight impossible. (아시다시피, 날씨로 인해 비행이 불가능하게 됐습니다.)이라고 했으므로 made the flight impossible을 비슷한 의미의 다른 표현으로 바꿔 쓴 (B)가 정답입니다.

4. In which of the positions marked [1], [2], [3], and [4] does the following sentence best belong?

"If I am incorrect regarding your policy, please let me know."

(A) [1]

(B) [2]

(C) [3]

(D) [4]

[1], [2], [3], [4]로 표시된 곳 중, 다음 문장이 들어갈 위치로 가장 적절한 것은?

"규정과 관련해서 제가 잘못 알고 있다면 알려주세요."

(A) [1]

(B) [2]

(C) [3]

(D) [4]

해설 두 번째 단락에서 As I understand it, I am eligible for a full refund due to the cancellation being made by the airline. (제가 알기로는, 항공사 사유로 취소되어 전액 환불 받을 수 있다고 알고 있습니다.)이라고 하여 주어진 문장이 이어지기에 자연스러우므로 (C)가 정답입니다.